Dr. med. Slavko Ivkovic
Dr. med. Antje Müller-Schubert

Oxidativer Stress

Risikofaktor Nr. 1 für Ihre Gesundheit

Dr. med. Slavko Ivkovic
Dr. med. Antje Müller-Schubert

E-Mail Kontakt zu den Autoren:
oxidativer-stress@oxidativer-stress.info

Oxidativer Stress - Risikofaktor Nr. 1 für Ihre Gesundheit

ISBN: 3-00-013116-7, 1. Auflage, 2004

Printed in Germany

Illustrationen, Umschlaggestaltung, Satz und Layout:
Steffen Hoffmann / quantumscio, Schlanstedt

Druck: Halberstädter Druckhaus GmbH

Warum ich dieses Buch schreibe

In den letzten fünf Jahren wurden die Erkenntnisse über die Freien Radikale, d. h. die freien Ionen des Sauerstoffs oder auch reaktiven Sauerstoffteilchen (ROS, reactive oxygen species), sowie deren Verbindung mit vielen chronischen, für die heutige Medizin unheilbaren Krankheiten in Zusammenhang gebracht. Obwohl diese Entdeckung 100 Jahre alt ist, gab es bislang keine sichere, beweisbare Bestätigung dafür. Und auch in der Praxis war kaum bekannt, dass Sauerstoff einerseits Leben gibt, es aber auch nehmen kann.
Entsteht im Körper ein Überhang an Freien Radikalen (ROS) gegenüber den Antioxidantien und ist gleichzeitig der Körper in dieser Situation nicht mehr in der Lage, dieses Ungleichgewicht auszugleichen, entsteht der Risikofaktor Oxidativer Stress.
Die Beweise gründen sich hauptsächlich auf zahlreiche Experimente, die an verschiedenen Zellkulturen, an großen und kleinen Tieren durchgeführt wurden, wobei wir uns auf die Ähnlichkeit zu unserem Organismus verlassen. Darüber hinaus ist es immer noch sehr schwer, mit exakten Methoden einen Beweis für das Vorkommen Freier Radikale zu erhalten, da diese Substanzen wegen ihrer Reaktivität besonders unbeständig und von kurzer Lebensdauer sind. Zudem treten sie oft nur in geringen Konzentrationen auf.
Wir alle wissen, dass Metalle rosten, wenn sie mit Sauerstoff in Berührung kommen: ein rostendes Auto oder ein Schiff, ein alter, rostiger Zaun. Umso schwerer fällt es uns zu begreifen, dass auch der Mensch der Veränderung durch den Sauerstoff unterliegt und es zu Zerstörungen auf biologischer Ebene kommt, die manche auch als "biologisches Rosten" bezeichnen. Dieses Rosten zu verhindern ist inzwischen zu einem der großen Ziele moderner Forschungsprojekte im Bereich der Prävention und der Altersforschung geworden.
In den letzten Jahren wurden präventive Untersuchungen mit verschiedenen natürlichen Antioxidantien (Vitamin C, Vitamin E, β-Carotin) zur Verhinderung der zerstörerischen Wirkung der Freien Radikale durchgeführt. Diese Antioxidantien minderten zwar das Auftreten einiger Krankheiten, die Forschungsarbeiten blieben aber

insgesamt ohne bedeutende Ergebnisse. In der Folge dieser Studien kamen die verschiedensten Antioxidantien auf den Markt, von denen es heute eine Vielzahl gibt, von natürlichen und synthetischen Vitaminen bis hin zu Substanzen aus Nahrungsmitteln wie Tee, Wein, Tomaten, Obst und Gemüse.

Nach den ersten euphorischen Veröffentlichungen werden mittlerweile jedoch auch die Grenzen ihrer Wirksamkeit beschrieben. Und es wird deutlich, dass eine Selektion notwendig wird, besonders in Bezug auf die Anwendung, der zu erwartenden Wirkung und der Einnahmedauer. Sicher ist auch der Zeitpunkt der Einnahme bedeutsam, und welche Kombinationsmöglichkeiten zu anderen Heilmitteln bestehen, in welchen Fällen sie unabdingbar sind und wann eine Einnahmepause einzulegen ist.

Die Anwendung der bisherigen Antioxidantien hat also bislang zu keinen spektakulären Resultaten geführt, teils wegen ungenügender Wirkungskapazität, teils da deren Wirkung nicht weitreichend war oder die ganze Theorie über die Freien Radikale nicht soviel Beachtung erfährt.

In den vergangenen Jahren habe ich mich intensiv mit der Thematik der Freien Radikale und deren Auswirkungen auf den menschlichen Organismus beschäftigt. Mehr und mehr konzentrierte ich mich dabei auf die Anwendung von Antioxidantien und den daraus resuliterenden Möglichkeiten für Körper, Immunsystem, Therapiebegleitung und Gesundheitsvorsorge durch eine entsprechende Prävention. Mein Ziel war und ist es, dieses neue Kapitel der Medizin, sowie meinen eigenen Zugang zu diesem, bis jetzt ungenügend erforschtem Gebiet, zu erhellen.

Dr. Slavko Ivkovic
Nephrologe / Facharzt
für Innere Medizin

Bleiben Sie länger jung und dynamisch!

Durch meine jahrelange anästhesiologische Tätigkeit in einer Universitätsklinik bin ich mit sehr viel Leid konfrontiert worden. Ich begegnete jeden Tag Menschen, die sich auf Operationen vorbereiten mussten, vor deren Auswirkungen sie oftmals zu Recht mit einem unguten Gefühl beseelt waren, deren Ursachen sie aber in der Regel kaum kannten. Als eine Ärztin, die in der Reparaturmedizin arbeitete, war auch mir manchmal der Blick auf die Ursachen nicht gegenwärtig. Oder wenn er doch auf der Hand lag (wie etwa eine Lungenkrebs-Operation bei einem Patienten mit jahrelangem Zigarettenkonsum), so verdrängte ich in der täglichen Arbeit diese Gedanken oft. Erst die Verlagsarbeit als Wissenschaftsjournalistin in den Jahren nach Beendigung meiner medizinischen Tätigkeit brachte mich dem "Gesundheitsbewusstsein" der Menschen näher.
Heute ist es eines meiner Ziele, den Menschen Ideen zu geben, wie sie ihre Gesundheit möglichst lange selbst steuern können. Es gehört nicht einmal viel dazu, sich länger jung zu fühlen und auch in höherem Alter gesund und dynamisch zu bleiben. Die gemeinsame Arbeit mit Slavko Ivkovic an diesem faszinierenden Thema hat mir die Möglichkeit gegeben, innere Berufung mit eigenen Interessen sowie dem Protokollieren von Sachverhalten und Vermitteln in einer verständlichen Sprache zu verbinden.
Ich fühle mich geehrt, mit diesem außergewöhnlichen Mediziner gemeinsam ein Buch zu erstellen, dessen forscherischer Inhalt von großer Bedeutung für ein gesundes Leben ist.

Dr. med. Antje Müller-Schubert
Ärztin und Wissenschaftsjournalistin, Berlin

Zum Umgang mit diesem Buch

Grün - Orange - oder Rot - Sie entscheiden über Ihr Wissen

Das Thema vom Oxidativen Stress scheint mittlerweile in aller Munde zu sein. Bei der Planung zu diesem Buch mussten wir aber immer wieder feststellen, dass das Wissen über die Grundlagen oft nicht ausreichte, um sich wirklich ein umfassendes Bild machen zu können. Wir sprachen mit Menschen, denen die Begriffe Freie Radikale oder Antioxidantien ganz geläufig über die Lippen kamen, die aber dann wieder Lücken in den anatomischen Bereichen des Körpers aufwiesen oder Zusammenhänge nicht erkannten, weil der "entspannte Überblick" über dieses gewaltige uns in Zukunft noch sehr bewegende Thema einfach nicht vorhanden war.
Dieses Buch will Ihnen genau hier zur Hand gehen. Es ist geschrieben für die Menschen, die sich bereits viel mit dem Thema auseinander gesetzt haben und manche Grundlagen einfach beherrschen. Genauso ist es aber auch für denjenigen verfasst, der noch einmal weit vorn beginnen möchte. Die Entscheidung liegt bei ihnen.
Zur Erleichterung Ihres Einstiegs geben wir Ihnen ein Leitsystem an die Hand: Sie wählen selbst aus, was Ihnen wichtig erscheint: Zählen Sie zu den Insidern, so mag Ihnen der Einstieg im rot markierten Bereich ausreichen. Dem Leser, der sich diesem wichtigen Thema zum ersten Mal und nur vorsichtig nähert, raten wir, am Anfang, also bei grün zu starten. Ohnehin finden Sie auch an späterer Stelle immer wieder entsprechende Textverweise.
Am Ende finden Sie im ServiceCenter Tabellen und Daten sowie ein Glossar über die wichtigsten medizinischen oder wissenschaftlichen Begriffe zu diesem Thema.
Anregungen oder Kritik ist uns immer willkommen, zeigen sie uns doch, dass Sie sich mit diesem Thema auseinandersetzen und wir Einzelheiten verbessern können:

- im Internet: www.oxidativer-stress.info
- e-Mail: oxidativer-stress@oxidativer-stress.info

Nicht zuletzt gilt unser Dank...

Danken möchten wir dem Hersteller-Team aus den Reihen der ASTRA H&D GmbH, speziell dem Geschäftsführer Thomas Görner und dem Grafikspezialisten Steffen Hoffmann, den beiden Spitzensportlern Raimund Hecht und Thomas Loosch, die während ihrer heißesten Trainingsphasen Zeit für ein Interview fanden und den vielen ungenannten Freunden, Helfern sowie unseren Familien, die entweder durch eigenes Fachwissen oder Tipps und Ideen sowie Korrekturlesen eine große Hilfe darstellten und manches arbeitsames Wochenende ertragen haben.

Die Verfasser
Schlanstedt - Berlin, Januar 2004

Inhaltsverzeichnis

Verzeichnis der Infokästen

Verzeichnis der Illustrationen

1

Das Mysterium des Alterns

Der Traum vom ewigen Leben ist uralt und lebt - mehr oder weniger - in jedem Menschen. Ganz ist dieses Ziel noch nicht erreicht, aber im Verhältnis zu unseren Vorfahren, besitzen wir eine wachsende Lebensspanne. Betrug die durchschnittliche Lebenserwartung zur Zeit der alten Römer 22 Jahre und zu Anfang des 20. Jahrhunderts noch etwa 47, so liegt sie heute, zu Beginn des dritten Millenniums wesentlich darüber: Der durchschnittliche Amerikaner erreicht mittlerweile eine Lebensspanne von 76 Jahren, der Japaner von 77 und der Italiener von 78 Jahren. Jeder vierte, der zwischen 1946 und 1964 geboren ist, hat heutzutage die Chance 100 Jahre alt zu werden. Die Neugeborenen von heute werden es wohl sogar auf 120 Jahre bringen.Doch nicht nur die Zahl der Jahre fasziniert die Menschen seit jeher, auch die Möglichkeit, im Alter jung und dynamisch sein zu können. Wer wollte nicht wie der Pianist Vladimir Horowitz noch mit über 80 Jahren berauschende Klavierkonzerte geben oder fit sein wie der amerikanische Astronaut John Glenn, der 77 jährig noch einmal einen Flug ins Weltall unternahm, um sich für Altersstudien im schwerelosen Raum testen zu lassen.

Bis heute gehen Forscher davon aus, dass ein Alter von 120 Jahren die höchste theoretisch überhaupt erreichbare Lebensspanne darstellt. Einzelne Genetiker (wie z. B. Michael Jazvinski) hingegen behaupten mutig, dass in der Folgezeit auch das heutige Maximum für das natürliche Altern, sprich das Ende der Teilung unserer Zellen, sich wesentlich verlängern könnte: Nicht nur seine Prognosen gehen davon aus, dass wir ein Alter von bis zu 400 Jahren verlangen können. Zu verdanken ist dies der Wissenschaft, die das Verständnis über Zellteilung, die Entschlüsselung des menschlichen Genoms voran gebracht hat sowie Möglichkeiten auf der Spur ist, nachhaltig auf die Funktion der Telomerase (⇧ Glossar) einzuwirken.

Das Faszinierende am Alter ist, dass der Mensch eine Fülle an Lebenserfahrungen mit sich bringt. Das Berauschende an der Jugend ist ihre körperliche hohe Belastbarkeit und der rege Geist, mal ganz abgesehen von der Schönheit glatter Haut und wohlgeformter Muskulatur. Das, was sich bislang ausschloss gemeinsam zu genießen, ist der Traum der Menschen. Ganz entscheidend für den Gewinn an Jahren werden für die "jungen und dynamischen Alten" von morgen demnach auch folgende Aspekte sein:

- Worin besteht der Sinn und somit woraus besteht die Lebensqualität des Alters?
- Welche ökonomischen Möglichkeiten bietet die Gesellschaft der Zukunft?

All dies sind natürlich wichtige Themen, die mit Sicherheit nicht auf die Biologie der Zelle zu reduzieren sind. Sie ziehen viel weitere Kreise, umfassen Politik, Gesellschaft, ganze Werteverständnisse.

Entgegen diesen bewegenden Gedanken beharrt die Mehrzahl der Biologen weiterhin auf der Meinung, dass

Altern und Tod unausweichlich sind, denn die Natur hatte kein Motiv dafür, uns unsterblich zu machen. So, als wenn es der Natur nur wichtig war, dass wir unseren genetischen Code weitergeben und so die Art erhalten wird.

Gesundheit und Alter

Auch die alten Römer hätten durchschnittlich 78 Jahre leben können. Einzelne haben diese Zeitspannen auch damals schon erreicht. Die anderen, die Mehrheit, ist an bakteriellen oder viralen Infektionen oder Verblutungen gestorben. Heute werden derartige Erkrankungen standardmäßig entweder chirurgisch zum Stillstand gebracht oder mit entsprechenden Arzneien wie Antibiotika oder Virostatika geheilt.
Bei der Vision vom langen Leben verdrängt jeder diese Gedanken. Aber: Was biologisch in den Zellen programmiert ist, wird nur realisierbar, wenn keine akute oder chronische Krankheit die Lebenserwartung wesentlich mindert oder nach kurzer Zeit bereits zum Tode führt. Zu den bedeutendsten Faktoren, die in positiver oder negativer Hinsicht die durchschnittliche Lebenserwartung beeinflussen, zählen:

Die Wahrheit ist:
Wir leben heute nicht länger, weil wir anders altern sondern weil wir anders leben bzw. leben können.

1) Infektionen, durch Bakterien

Infektionen waren früher oft ein sicheres Todesurteil. Sie überrollten schlimmer als eine Kriegsarmee die Bevölkerung und ließen ganze Landstriche vereinsamen. Eine große Bedeutung für das Ende dieser Schreckensherrschaft brachte die Entdeckung des Penicillins durch *Alexander Fleming* im Jahre 1928. Zahlreiche todbringende Erkrankungen konnten besiegt werden, wie z. B. Infektionen nach der Geburt, nach operativen Eingriffen, Entzündungen der Lunge und des Herzmuskels.
Einen heftigen Dämpfer ihrer Euphorie erlitten Mediziner und Wissenschaftler dann jedoch zu Beginn des 21. Jahrhunderts: Denn inzwischen sind zahlreiche der bislang beherrschten Erregerarten "intelligent" geworden, d.h., sie haben ihren Schutz gegen Antibiotika verbessert und damit wiederum das eigene Erreger-Überleben gesi-

chert - sehr zum Leidwesen der Menschen. Der Grund: Bakterien mutieren nach längerer Antibiotika-Einnahme. Sie werden resistent oder andersherum: Das Antibiotikum verliert seine Wirkung. Ein anderer, mindestens genauso schwerwiegender, wenn nicht sogar noch stärker entscheidender Grund für die steigende Resistenz der Erreger ist der kritiklose Konsum von Antibiotika selbst bei kleinsten Infekten.

Was bedeutet es, wenn Erreger resistent werden? Die Keime können ungehindert ihren Eroberungszug im Organismus durchsetzen. Schlimmer noch, durch die Ausscheidungen werden resistente Keime in das Abwasser und damit in die Umwelt abgegeben. Darin sehen Forscher ein gefährliches Potential, das uns in Zukunft Epidemien größeren Ausmaßes bescheren kann, derer man dann nicht mehr so schnell Herr werden wird. Die gegen Antibiotika resistente Keime stellen bereits heute bei Krankenhaus-Infektionen ein großes Problem dar.

2) Viruserkrankungen

Zahlreiche Viruserkrankungen galten noch im vergangenen Jahrhundert als todbringend. Besonders stark betroffen waren stets die Kleinsten: Die Säuglings- und Kindersterblichkeit war enorm hoch. Nach der Entdeckung der Impfstoffe im vorigen Jahrhundert wurde auch das Wüten dieser Erreger verringert: Pocken, Kinderlähmung und Keuchhusten wären ohne sie niemals besiegt worden.

Heute bedrohen eine Reihe neuer Viruserkrankungen die Menschheit, wie z. B. Hepatitis B und C, HIV, Ebola und in neuester Zeit die Creuzfeld-Jakobs-Krankheit. Bislang sind für diese noch nicht die entsprechenden Therapien und erfolgreichen Impfstoffe entwickelt worden. Aber auch für jede einzelne dieser Geißeln der Menschheit wird es eines Tages eine Lösung geben.

Eines der augenscheinlich großen Probleme der bakteriellen und viralen Infektionen ist das Nord-Süd-Gefälle in Hinblick auf die Finanzkraft und damit auf die realen Behandlungsmöglichkeiten. Wenn wir davon sprechen, dass die durchschnittliche Lebenserwartung auf 78 Jahre angestiegen ist, dann meinen wir damit die reichen Länder, in denen der Gesundheitsschutz hoch entwickelt ist,

Schutzimpfungen zur Verfügung stehen, Antibiotika eingesetzt werden, eine bessere Diagnostik zur Verfügung steht und chirurgische Eingriffe rechtzeitig vorgenommen werden.

3) Chirurgische Methoden

Der Fortschritt bei den chirurgischen Methoden hat die Möglichkeiten zur Heilung von Gefäßerkrankungen, von Entzündungsprozessen und von traumatischen Folgeerkrankungen stark erweitert. Viele Eingriffe, die heute zum Standard jeder chirurgischen Abteilung zählen, waren noch vor wenigen Jahrzehnten unerreichter Traum. Auch die verbesserten Möglichkeiten der anschließenden Versorgung des Operierten minderten das Risiko enorm.

4) Moderne Diagnostik

Eine bessere Diagnostik ermöglicht schließlich einen früheren und zielgerichteten Einsatz von Heilmaßnahmen. Es ist heute möglich, sich ein umfassendes Bild von den Schäden oder Funktionsschwächen eines Organs zu machen, bevor invasive Eingriffe oder medikamentöse Therapien bereits begonnen haben.

5) Verbesserte Geburtshilfe

Einen besonderen Beitrag zur Verlängerung der durchschnittlichen Lebensdauer und zum Anheben der Lebensqualität wurde durch die verbesserte Geburtshilfe und pränatale Diagnostik (Kontrolle der Entwicklung des Kindes schon in der Gebärmutter) erreicht. Die Möglichkeit der Ultraschallkontrolle des Ungeborenen und verbesserte hygienische Bedingungen sowie medizinische Ausbildungen für normale oder operativ durchgeführte Geburten haben die Säuglings- und Müttersterblichkeit erheblich gemindert. Infektionen wie das gefürchtete Kindbettfieber konnten eingedämmt oder schnell durch die entsprechende Antibiotikabehandlung unter Kontrolle gebracht werden.

Kasten 1.1	Fazit: Gesundheit und Alter

Dank den Errungenschaften der Forschung ist es bis heute gelungen, die durchschnittliche Lebenserwartung zu vervierfachen. Dennoch ist nicht zu bestreiten, dass uns eine Reihe bislang unheilbarer Krankheiten vor weiterführende Aufgaben stellen. Diese Krankheiten, die früher wenig bekannt waren (manche sind lediglich überliefert auf Gemälden alter Meister oder beschrieben in alten Schriften), beeinträchtigen ganz erheblich die Lebenserwartung und die Lebensqualität. Hierzu zählen Krebs, chronische Herz-, Autoimmun-, degenerative und psychische Erkrankungen. Zahlreiche dieser Leiden waren früher unbekannt, weil die Menschen vor Manifestation der Symptome an Infektionen verstorben waren. Erst die gestiegene Lebenserwartung und das gestiegene Durchschnittsalter der Menschen gibt diesen Krankheiten Raum zur Entfaltung.

Außer viralen oder bakteriellen Infektionen, welche in der Regel nur unbehandelt zum Tode führen, stellen heute Karzinome und chronische Herzleiden 50 % Todesursachen dar. Die übrigen chronischen Krankheiten sind anzufinden im Bereich des zentralen Nervensystems wie Multiple Sklerose, Alzheimer und andere autoimmune oder degenerative Erkrankungen des zentralen Nervensystems.

Warum müssen Zellen altern?

*Die Zelle bildet eine eigene, komplexe Welt. Im 2. Kapitel ab Seite **36** erfahren Sie mehr dazu.*

Ein Mensch ist so alt, wie er sich fühlt. Darin steckt sehr viel Wahrheit. Körperliche und geistige Gesundheit sowie Einfühlungsvermögen vermitteln ein gutes Lebensgefühl. Und: Der Mensch sehnt sich nach ewiger Jugend. Dass bis heute ein Zurückdrehen der Uhr oder gar ein dauerhaftes Stoppen des programmierten Alterungsprozesses nicht möglich ist, beschert vielen Menschen sogar psychische Probleme: Obwohl das Altern sprichwörtlich so alt wie das Leben ist, wehren sich viele vehement gegen diese Tatsache.

Erschwerend kommt hinzu, dass der Begriff "Alter" nicht einheitlich gebraucht wird. Wenn wir an den Alterungsprozess denken, dann sprechen wir über das natürliche Absterben der Zellen oder das Ende ihrer Fähigkeit zur Teilung bzw. die Erneuerung der Zelle. Im Laufe der Jahre häufen sich zufällige Defekte an den Bausteinen des Lebens. Besonders betroffen davon sind die Erbsubstanz, Proteine, Kohlenhydrate und Lipide. Dieser Prozess setzt nicht erst ab einem gewissen Alter ein. Er geschieht von Jugend an, doch irgendwann werden die Selbstreparaturmechanismen des Körpers mit den Defekten nicht mehr fertig. Nach und nach beeinträchtigt dies schließlich Funktionen von Zellen, Geweben, Organen und ganzen Organsystemen. Die Folge: Der Organismus wird einerseits anfälliger für Krankheiten, zum anderen mehren sich die typischen Alterserscheinungen und es kommt zu Leistungseinbußen.

Kasten 1.2 — Alterungserscheinungen

- Verlust von Muskel- und Knochenmasse
- Rückgang der Reaktionsschnelligkeit
- Minderung des Seh- und Hörvermögens
- Verminderte Hautelastizität

Die Ursachen für die Defekte an den biologischen Molekülen sind vielfältig. Unglücklicherweise sind gerade die Prozesse, die für uns lebenserhaltend sind, auch ausgerechnet jene, die uns schaden. So entstehen bei der regulären Zellatmung in den Mitochondrien (das sind die Kraftwerke der Zellen) höchst aggressive Sauerstoffradikale. Diese Freien Radikale produzieren enorme Strukturschäden, die jedoch größtenteils von den Zellen selbst repariert werden können - allerdings nicht immer.

Altern bedeutet für viele Menschen, dass sie anfälliger werden für heute typische Krankheiten wie Krebs, Diabetes, Alzheimer, Herzleiden und so weiter. Allerdings sind diese Erkrankungen nur die heute auftretenden Begleiterscheinungen des Alterns und sind nicht zwingend damit verbunden. Man sollte sie also mit den Alterungsprozessen der Zellen nicht gleichsetzen. Diesen Erkrankungen wird die Wissenschaft und die Medizin über kurz oder lang Herr werden, wie sie schon viele früher todbringende Ursachen behoben hat (siehe oben). Doch davon wäre der Prozess des Alterns nicht ebenfalls aus der Welt geschaffen. An die Stelle der jetzigen Krankheiten betagter Menschen würden mit großer Wahrscheinlichkeit andere treten. Und irgendwann einmal werden es die natürlichen physiologischen Funktionsgrenzen sein, also z. B. ein Zusammenbruch des Kreislaufs, die das Leben beenden. Bis heute gilt die biologische Wahrheit, dass mit dem Anzünden der Lebensma-

Forscher gehen davon aus, dass die Sauerstoffradikale allmählich und irreparabel das Erbgut der Mitochondrien und damit die Zellatmung beschädigen. Im Laufe der Zeit gelingt es den Zellen immer weniger, das reguläre Zusammenspiel von Molekülen für wichtige Körperfunktionen noch aufrechtzuerhalten. Freie Radikale entfalten ihre schädigende Wirkung nicht nur in den Mitochondrien sondern auch an anderen Orten in den Zellen. *Lesen Sie mehr dazu in Kapitel 4 ab Seite 64.*

schine zugleich auch die Zündschnur für ihre Vernichtung entfacht wurde. Das heißt, obwohl das Altern unausweichlich geschieht, existiert dafür kein genetisches Programm. Die Mechanismen der Evolution würden eine Auslese spezieller Gene für einen physiologischen Abbau nach festgelegtem Zeitplan auch gar nicht zulassen. Gene sind dafür verantwortlich, dass es zu einer Informationsweitergabe an die nächste Generation kommt, dass sich z. B. aus einer befruchteten Eizelle ein seinerseits fortpflanzungsfähiges Lebewesen entwickelt. Wäre dies nicht so, würde ein Fortbestand der Art genetisch verankert nicht möglich sein. Ist die fruchtbare Phase der Lebenszeit allerdings überschritten, sind die Evolutionsmechanismen geradezu blind gegenüber ebenfalls genetisch verankerten Wirkungen, egal ob diese dem Organismus nützen oder ihm schaden oder einfach nur belanglos sind. So findet man regelmäßig bei schweren Krankheiten z. B. eine Beteiligung von Hormonen, die in der Jugend bei Wachstums- und Entwicklungsprozessen wichtig sind. Bei der Erkrankung hingegen fördern sie die zerstörerischen Prozesse.
Wenn es auch keine direkten Geneinwirkungen auf das Alter gibt, so beeinflussen doch zahlreiche Erbanlagen verschiedene Prozesse des Alterns. Das Altern ist gewissermaßen Randerscheinung von Wachstum und Entwicklung. Das ist auch der Grund, warum es bislang keine klaren Angriffsflächen gibt, um gegen Alterungsprozesse oder z. B. verschiedene spezielle Krankheiten vorgehen zu können. Zu viele Gene, zu viele biologische Vorgänge spielen große und kleine Rollen beim Alterungsprozess und bei Krankheiten. Weil alles so außergewöhnlich komplex ist, existieren heute zahlreiche Definitionen, die sich um eine Annäherung an das Mysterium Alter bemühen.

Theorien über den Zelltod

1) Theorie 1 handelt vom ***programmierten Zelltod***: Zellen, die in einer Nährkultur wachsen, verdoppeln sich nach einer scheinbar festgelegten Anzahl. Das bedeutet, in den Zellen existiert ein Programm, das eine bestimmte Anzahl an Teilungen vorschreibt. Im Anschluss daran

gehen die Zellen zunächst in eine Art Ruhephase über, um schließlich zu sterben. Experimente haben gezeigt, dass embryonale Zellen (⇧ Glossar) nach mehrfachen Klonverfahren bis zu ihrem jeweiligen Zelluntergang stets die gleiche Anzahl an Teilungen durchführten. Dies wird als ein Beweis dafür gewertet, dass die Zahl möglicher Teilungen in den Zellen immer gleich bleibt, unabhängig davon, wie oft an der Zellkultur dieser Test wiederholt wird. Mehr zu den Hayflickschen Vesuchen lesen Sie in Kapitel 2 auf Seite 41.

Der Begriff Replikation bezeichnet die genetisch verankerte Verdopplung der DNA.

2) Die zweite Theorie spricht vom ***Fehler in der Replikation***: Die normale DNA (Glossar Seite 200) ist entsprechend unseres Lebensalters Veränderungen unterworfen. Hierdurch kommt es nach einer gewissen Abfolge von Replikationen dazu, dass der Code nicht mehr fehlerfrei gelesen, übersetzt und demzufolge nur noch fehlerhaft übertragen werden kann. Es entstehen völlig andere Proteine, als benötigt. Diese wiederum können direkt oder indirekt durch Mutationen wesentlich zur Entstehung einer Krebserkrankung beitragen. Ganz gleich welcher Prozess abläuft, jeder führt zum Zelltod.

Für das Verständnis der Altersprozesse ist die Theorie der Freien Radikale inzwischen sehr verbreitet. Aber erst heute, gut 100 Jahre nach der Entdeckung des Sauerstoffatoms, sind seine fatalen Auswirkungen in der Selbstvernichtung der Zellen anerkannt: Das "biologische Rosten" der Zellen durch das Einwirken der ungepaarten Sauerstoffelektronen bilden ein bislang völlig unbeachtetes Gefahrenpotential auf Gesundheit, Alter, Lebensqualität und gleichermaßen Lebensdauer.

3) Die ***Zellentheorie nach J.F.Dice*** (1993) geht davon aus, dass sich die Zelle nach einer Anzahl von metabolischen Prozessen selbst verbraucht. Sie verliert im Laufe ihres Daseins nach und nach wichtige Potentiale, was zu einer immer schlechteren Zellfunktion führt.
Diese Theorie stützt den Ansatz, dass man bei Anheben des Zellmetabolismus gleichzeitig mit einem beschleunigten Altern und damit einem früher eintretenden Komplettausfall (Tod) der Zelle rechnen muss.

4) Die 4. Theorie ist die ***Theorie der Freien Radikale*** (*Sohal, R.S. & Weindruch, R.*, 1996). Lipide der Zellmembranen reagieren, wenn sie mit Freien Radikalen in Berührung kommen. Diese Freien Radikale treten in vielfältiger Form auf, z. B. als Anion des Superoxid ($H_2O_2^-$) oder als radioaktive Strahlung. Durch ihr Einwirken wird die freie Karbonoxidgruppe oxidiert:
Aus der COOH-Gruppe entsteht durch Zugabe von O_2^+ COOOH. Ein Lipidperoxid ist entstanden. Dieses ist sehr

reaktiv und verursacht eine Ruptur, ein Einreißen der Zellmembran. Die Folge dieser starken Beschädigung oder des entstandenen Lochs ist die Vernichtung der gesamten Zelle.
Versuche in-vitro (= im Labor) zeigen: Die Lebensdauer von Zellen, die in der Testkammer Freien Radikalen oder Strahlung ausgesetzt waren, wurde wesentlich verlängert, u. a. durch:

a) Zugaben von Vitamin E oder Superoxiddismutase (SOD-Enzym). Dieses hydrolysiert Superoxid zu Wasser und Sauerstoff.
b) Zugaben von Glutathionperoxidase (GSH Peroxidaseenzym), einem antioxidativ wirkenden Zellenzym.

Die in vivo (= am Organismus) durchgeführte Eingabe eines SOD-Gens inklusive zugehörigem Enzym (= Katalase) in das Genom von Obstfliegen hat deren Lebensdauer im Vergleich zur unbehandelten Kontrollgruppe um 30 % verlängert. Die Versuchsfliegen wiesen entsprechend geringere, für das Altern charakteristische, biochemische Befunde auf.
Die Stimulation eines weiteren antioxidanten Zellenzyms (Glutationreduktase) verhindert z. B. die Beschädigung der Zellen und ermöglicht ihnen so ein besseres Funktionieren. Derartige Versuche beweisen die Rolle der Freien Radikale bei der Entstehung von Krankheiten wie auch ihren Einfluss in Prozesse des Alterns.

5) Gesünder durch karge Kost? Die ***nutritive Theorie*** basiert auf der Beobachtung, dass Tiere, die nur mit 50 - 60 % der sonst üblichen Energiemenge ernährt wurden, nicht nur gesünder sondern auch länger und länger fit leben. So haben beispielsweise Nagetiere und Affen bei einer stark kalorienreduzierten Kost u. a. eine niedrigere Körpertemperatur und niedrigere Insulin-Spiegel. Außerdem bleibt der Blutspiegel bestimmter anderer Hormone, der gewöhnlich mit dem Alter sinkt, länger auf jugendlichem Niveau. Auch sinken bestimmte altersbedingte Krankheiten. Gegner dieser Theorie vertreten, dass diese Beobachtungen nicht ohne weiteres auf den

Menschen übertragbar seien, wobei eine klinische Untersuchung dieser Frage kaum durchführbar sein wird.

6) Im Laufe der Zeit verfestigt sich das Kollagen im Körper. Die ***Kollagentheorie*** erkennt die Probleme durch die Kollagenverhärtung: Das sind Bluthochdruck (Hypertension), der die ungestörte Blutzirkulation behindert, sowie Veränderungen im Grundaufbau der Organe, wodurch u. a. eine normale Verdauung nicht mehr möglich wird.

7) Die ***autoimmunologische Theorie*** befasst sich mit der Mutation der Zellen: Durch die Zellmemban empfangen gesunde Zellen Proteine und scheiden diese wieder aus. Im Laufe der Zeit entstehen Zellmutationen und damit auch veränderte Proteine. Durch die Mutation werden die Proteine, obwohl vom eigenen Körper produziert, vom Immunsystem nicht mehr erkannt. Das Immunsystem reagiert auf diese Zellen wie auf einen feindlichen Eindringling mit deren Zerstörung. Dabei wird die Zellemembran zerstört und der Zellstoffwechsel verhindert.

8) Bei der ***Theorie vom Neuroaltern*** geht es um Veränderungen in einem bestimmten Hirnbereich, dem Thalamus und Hypothalamus (sogenannte thalamo-hipothalamopituitäre- oder THP-Linie) und um neuronische Degeneration (Verfall der Nervenzellen). Die THP-Linie gilt als "natürlicher Schrittmacher" für alle Zellen des Körpers und nimmt gleichzeitig Einfluss auf psychologische Prozesse.
Im Laufe des Lebens kommt es in den Zellen zu Veränderungen, z. B. zur Verringerung der Hormonproduktion: Die Ausschüttung von Hormonen pegelt sich auf einem niedrigeren Niveau ein. Außerdem verringert sich der Anteil an Rezeptoren (Wirkungsstellen auf der Zellmembran), so dass es auch hierdurch zu einer geringeren Hormonwirkung kommt. Die ausführenden Zellen, sogenannte Targetzellen, erhöhen ihren Widerstand gegen eintreffende Signale, so dass auch hier eine weitere Barriere gegen den reibungslosen Ablauf entsteht.

9) In jüngster Zeit stärker im Fokus der Forschung: Die ***Telomerasetheorie***. Als Telomere werden die natürlichen

Telomere zeichnen sich durch eine charakteristische Sequenzabfolge aus, die 1985/86 entdeckt wurde: Bei allen Wirbeltieren findet man z. B. die sechs Nukleotide TTAGGG (genetischer Code). Diese Abfolge kann sich mehrere tausend Mal an jedem Chromosomenende wiederholen. Für den Stabilisierungseffekt ist auch die gefaltete Sekundärstruktur der Telomere wichtig.
T = Thymin
A = Arginin
G = Guanin
*Lesen Sie hierzu auch in Kapitel 2 auf Seite **43** über das zelleigene Selbstmordprogramm.*

Chromosomenendigungen bezeichnet. Sie sind wichtige Strukturelemente der DNA und sorgen für die Stabilität der Chromosomen.
Mit jeder Teilung der DNA werden die Telomere verkürzt. Anscheinend ist das hierfür verantwortliche Enzym, die Polymerase, nicht in der Lage, die gesamte DNA zu kopieren. Diese Aufgabe übernimmt das Enzym Telomerase. Es ergänzt diese Teile in der DNA-Kette. Unterschreitet die Telomerlänge ein kritisches Minimum, tritt gewöhnlich der Zelltod ein, denn mit dem Verlust der Telomerase gehen auch wichtige Teile des Chromosoms unwiederbringlich verloren. Im normalen Zellzyklus wirkt die Telomerase, ein Proteinkomplex der RNA (⇧ Glossar), der Verkürzung entgegen.
Fachleute diskutieren, inwiefern die Menge der Telomerase mit der direkten Zellteilungshäufigkeit in Verbindung steht.

Kasten 1.3 **Extrakopie des Telomerase Gens**

Am 16.01.1998 wurden im Science Magazin die Ergebnisse aus einem Test an zwei humanen Zelllinien veröffentlicht. Man hatte den Zelllinien eine Extrakopie des humanen Telomerase-Gens zugeführt. Damit war den Zellen eine große Menge an Telomerase zur Verfügung gestellt. Das Ergebnis: Beide Zelllinien teilten sich 20 Generationen länger als normale Zellen. Mit anderen Worten konnte dies nur bedeuten, sie blieben jung.

wissenschaftlich

Was Wissenschaftler in der Altersforschung derzeit diskutieren

...über die Telomerase...

Bedeutet dies etwa, dass wir die Formel für die ewige Jugend in der Hand halten? Nein, wir sind weit davon entfernt. Berechtigte Zweifel bestehen daran, ob dieses Experiment überhaupt etwas über die Mechanismen des menschlichen Alters aussagt. Wäre es zutreffend, dass die Lebenslänge von der Telomerasemenge abhängig ist, würde dies bedeuten, dass Menschen bei einem plötzlichen Telomerasemangel sofort sterben müssten. Dafür ist bis heute kein Beweis erbracht worden.

Verkürzung der Telomere mit zunehmendem Alter

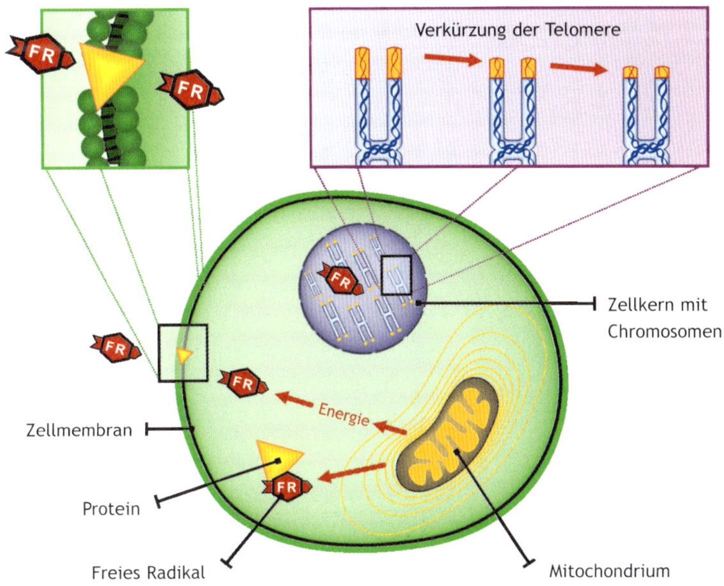

An den Enden der Chromosomen befinden sich sogenannte Telomere. Mit zunehmendem Alter verkürzen sich diese immer weiter. Unterschreiten die Telomere eine Mindestlänge, tritt der Zelltod ein. Dies ist ein Schutzmechanismus, der das Eintreten des programmierten Zelltod (Apoptose) garantiert.

Ganz im Gegenteil: Neuere Versuche an transgenetischen Mäusen, die überhaupt keine Telomerase besaßen, wiesen stattdessen eine normale Lebenserwartung auf. Und was den Menschen angeht, scheint der größte Teil seiner Zellen überhaupt gar keine Telomerase zu besitzen. Dagegen wurde Telomerase aber in 90 % aller Krebszellen gefunden! Und in diesen Zellen wird das unendliche Teilen durch die Telomerase unterstützt. Es stellte sich natürlich die Frage, inwiefern eine Krebserkrankung mit der Produktion von Telomerase in Verbindung steht? Die Antwort beruhigt: Bislang konnte in gesunden Zellen keine Umwandlung in entartete, also Krebszellen durch die Telomerase beobachtet werden. Gesunde Zellen teilten sich bei der Zugabe einer Extraportion Telomerase ebenfalls anstelle ihrer normalen 75 Mal mehrere hundert Mal.
Interessant sind schließlich die Forschungen an der malignen Zelle: Wie findet hier die eigentliche Telomerase-Produktion statt? Dabei fällt der Chemikalie hTERT eine Schlüsselfunktion im Auslösen einer Entartung zu. Eine Gegenchemikalie, hTERT-negativ, ruft eine gegen-

sätzliche Reaktion hervor bzw. unterdrückt die weitere Produktion von Telomerase in dieser Zelle.
Bislang konnten Versuche mit injiziertem hTERT-negativ an Mäusen eine außergewöhnliche Wirkung bei der Verkleinerung bzw. beim völligen Verschwinden von Tumoren zeigen.

Über das kontrollierte Zellsterben erfahren Sie mehr auf Seite 36 im Kapitel 2.

...über das Gen p21...

Interessant sind auch Forschungen am Institut von Illinois/USA über die Wirkung des Gens p21. Es wird mit zahlreichen Krankheiten des Alterns (Alzheimer) in Verbindung gebracht. Gleichzeitig hat p21 auch eine Funktion in der Kontrolle der Zellteilung. Es kontrolliert 40 andere Gene sowie den Prozess des kontrollierten Zellsterbens (Apoptose).
Seine Wirkungsweise ist noch immer nicht bis ins letzte Detail geklärt. Vor allem ist es zur Enttäuschung vieler Wissenschaftler bislang noch nicht gelungen, durch eine Programmierung des p21 das Absterben der Kebszelle zu erreichen. Die Hoffnung, durch eine Stimulation des p21 augenblicklich der unkontrollierten Zellteilung beim Karzinomen Herr zu werden und somit eine Lösung für maligne Erkrankungen zu erhalten, blieb unerfüllt.

...über den Mangel an bestimmten Substanzen ...

Bruce Ames, Professor für Biochemie und Molekulare Biologie (Proc. Natl. Acad. Sci. USA 90; 7915 - 7922) untersucht bedeutende Mutagene, die sowohl die DNA als auch das Abwehrsystem schädigen, das seinerseits die Zellen schützen soll. Außerdem widmet er sich der Erforschung des Alterns. Nach seiner Theorie ist das Altern eine an den Oxidationsprozess gebundene degenerative Erkrankung.
Zum einen weist *Ames* auf einen Folatmangel hin, der Unterbrechungen an den Chromosomen hervorruft. Ein niedrigeres Folatniveau führt zu einer erhöhten Konzentration von Uracil, einer der Basen-Bausteine der DNA, was zur Folge hat, dass vermehrt Uracil auch in die DNA eingebaut wird. Bei mehr als 10 % der amerikanischen Bevölkerung ruft dieser vermehrte Uracil-Einbau Chro-

mosomen-Schäden hervor. So fand man in Gesellschaft von niedrigen Folat-Beständen im Körper eine höhere Anzahl an Gehirnzellschäden.
Ein Mangel an Vitamin B12, B6, Eisen und anderer Elemente scheint zu einer so starken Beschädigung der DNA zu führen, dass hierdurch Krebs auslösen kann.
Ames schlussfolgert aus seinen Untersuchungen, dass ein chronischer Mangel ein Risiko darstellt für

- die Entstehung von Krebs,
- den mitochondrischen Zerfall,
- das Altern (hier führt *Ames* an, dass oxydative Beschädigungen an der mitochondrischen DNA häufiger zu beobachten sind als an der DNA des Zellkerns).

...über Mitochondrium und Alterungsprozess...

Zahlreiche wissenschaftliche Arbeiten zeigen, dass es eine Korrelation, eine Abhängigkeit zwischen den Mitochondrien und dem Alterungsprozess gibt. Nach *T. Hutcin* von der *University of California* ist das Risiko zur Alzheimer Erkrankung mit einer Veränderung des Mitochondriums verbunden. In seiner Veröffentlichung beschreibt er den Zusammenhang zwischen Mitochondrium und programmiertem Zelltod über ein Mitochondrium-Protein: Cytochrom C. Untersuchungen von *Beckmann* zeigten, dass dieses Cytochrom C zum Zeitpunkt der Apoptose, dem programmierten Zelltod, fehlt. Dass es Unterschiede in den Leberzellen sowie der mitochondrischen Funktion zwischen jungen und älteren Ratten gibt, wies *Hagen* nach.

Das Mitochondrium gilt als "Kraftwerk" der Zelle. Wie es im Verbund der Zelle funktioniert, erfahren Sie in Kapitel 2 ab Seite 36.

...über die Redox-Therapie...

Die altersgebundene progressive Zunahme an Mutationen der mitochondrischen DNA und eine gleichzeitig stattfindende Verringerung der Bioenergiezellen veranlasste *Antony Linnane* vom Zentrum für molekulare Biologie und Medizin aus Melbourne, die Anwendung einer Redox-Therapie vorzunehmen. Die Bioenergie ist in den Zellen ein wichtiger Faktor bei der Entstehung chronischer Krankheiten sowie beim Prozess des Alterns allgemein. Beim Test der Redox-Therapie auf Basis des Koenzyms Q10 an jungen und alten Ratten zeigte sich kein Effekt bei den jungen Versuchstieren.

...über den Genort 5Kb...

Auf dem Genort 5Kb des mitochondrischen Genoms ist das Merkmal "Eleminierung" lokalisiert, die mit zunehmendem Alter in vielen Organen erhöht ist. *Jd. Aikenu* von der Universität Wisconsin untersuchte Alterungsprozesse an Affen und stellte fest, dass derartige Eleminierungen besonders häufig im Muskel- und Nervengewebe anzutreffen waren. Die Ursache für diesen Prozess ist nicht bekannt, angenommen wird, dass der Oxidative Stress eine bedeutende Rolle spielt.

...über die Bedeutung der Antioxidantien bei der Prävention...

Harmann bewies die Bedeutung der Antioxidantien bei der Vorbeugung von bestimmten Erkrankungen. Allerdings besteht nach wie vor zwischen den verschiedenen Wissenschaftlern Unklarheit über die notwendige Menge und den Zeitraum der Einnahme (ständig oder nur zeitweilig).
Der Einfluss der Nahrung auf das Altern konnte in mehreren epidemiologischen und klinischen Studien nachgewiesen werden. Hierbei wurde die positiv Wirkung diätetischer Antioxidantien mehrfach bestätigt in Bezug auf:

- die altersgemäß bedingt nachlassende Leistung des Immunsystems,
- die Risikominderung hinsichtlich Erkrankung und Tod bei Herz-Kreislauferkrankungen und Krebs.

So z. B. fand der Wissenschaftler *Mohsen Meydani* vom Human nutrition research Center on aging in Boston, dass eine langfristige Vitamin E-Einnahme das Immunsystem älterer Tiere wieder stabilisiert.
Stephen Christen vom Department für molekulare und zelluläre Biologie der *University of California* behauptet, dass der Verzehr von Obst und Gemüse nicht nur das Erkrankungsrisiko sondern die Sterblichkeitsrate generell senkt. Er empfiehlt besonders hochwertiges Vitamin C, Carotin und Vitamin E.

Fazit:

In kaum einem anderen Bereich der Wissenschaft wird mehr geforscht als auf dem Gebiet des Alterns. Manchmal streifen andere Forschungszweige diesen Aspekt "nur" und fördern doch weitreichende neue Erkenntnisse zutage. Festzuhalten bleibt: Das ultimative Mittel gegen das Altern ist bislang noch nicht entdeckt.

Wichtige Begriffe aus Kapitel 1

Autoimmunologische Theorie
Chromosom
DNA
Embryonale Zellen
Genort 5Kb
Glutathionperoxidase, GSH
Hypothalamus
Kollagentheorie
Lipidperoxid
Nutritive Theorie
Polymerase
Redox-Theorie
Replikation
Superoxiddismutase, SOD
Telomerasetheorie
Thalamus
Theorie der freien Radikale
Theorie vom Neuroaltern
Uracil
Vitamin E
Zellentheorie
Zelltod, programmierter

2

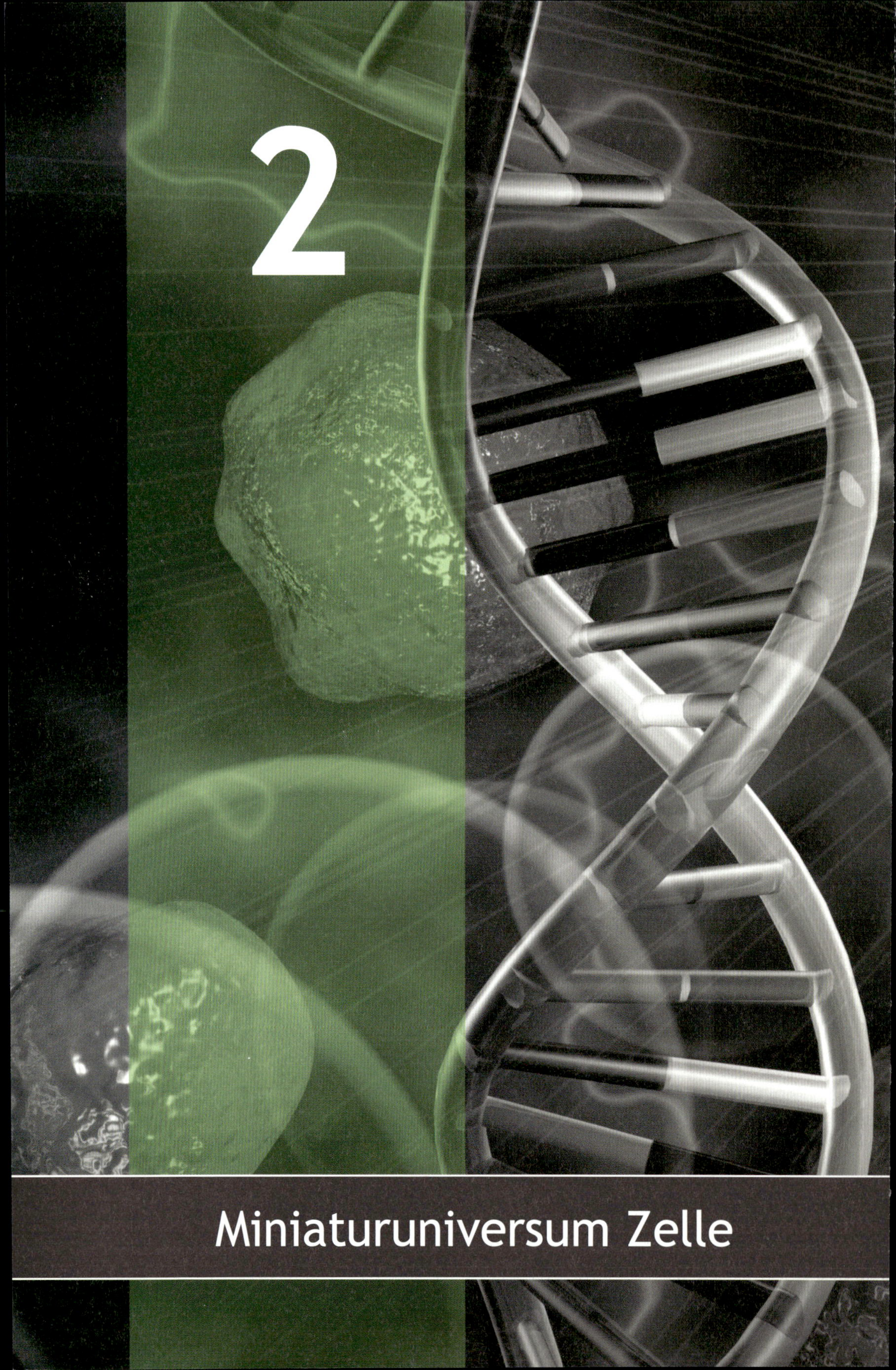

Miniaturuniversum Zelle

Vor unendlich langer Zeit wurde aus schwärzester Nacht mit Donner und Blitz das Universum geboren. Seine Entstehung hat einen gewaltigen Aufwand bedeutet und Ewigkeiten gedauert, bis sich die Vielfalt der heutigen Welt bunt wie ein Strauß Blumen präsentieren konnte. Egal was aus der Ursuppe entstanden ist - eines haben alle Lebewesen - ob Mensch, ob Narzisse, Tanne, Eichhörnchen - gemeinsam: Ihr Leben beinhaltet das Älterwerden und den Tod. Die Information zu beiden ist tief verankert im Lebensplan jeder einzelnen Zelle.

Mitochondrien - Kraftwerke der Zellen

Wissenswertes zu den Mitochondrien:
In Zellen mit hohem Energieverbrauch befinden sich besonders viele Mitochondrien: Muskelzellen, Nervenzellen, Sinneszellen. Mitochondrien werden nur durch die Mutter vererbt.

Sie sind das Herz jeder Zelle, in ihnen findet die Transformation der mit der Nahrung aufgenommenen Rohstoffe in direkt für den Organismus verwertbare Energie statt. Mitochondrien besitzen eine eigene DNA und sind von zwei Membranen, einer inneren und einer äußeren umhüllt. Die innere Membran enthält kamm- oder röhrenförmige Einfaltungen (Cristae oder Tubuli), wodurch die Oberfläche, an der die chemischen Reaktionen stattfinden sollen, erheblich vergrößert wird. Sie enthält die Enzyme der Atmungskette sowie große Proeteinkomplexe, welche für die eigentliche Energiegewinnung zuständig sind. Im Innern des Mitochondriums sind die Enzyme des Zitronensäurezyklus und des Fettsäureabbaus lokalisiert. Auch bei der Apoptose, dem programmierten Zelltod, spielen Mitochondrien eine wichtige Rolle.
Die Grundbausteine aller Lebewesen sind sich ähnlich: Höhere Pflanzen und Tiere bestehen aus einer unglaublich großen Anzahl von Zellen. Die meisten davon sind so winzig, dass man sie mit dem bloßen Auge nicht sehen kann. Beim Menschen sind es sogar Billionen davon. Heute weiß man, dass es etwa 200 verschiedene Zelltypen im menschlichen Körper gibt. Sie erfüllen alle spezielle Aufgaben: zum Beispiel als Nervenzelle oder als Schweißdrüsenzelle, als Muskelzelle oder Knochenzelle usw. Ihre jeweilige Gestalt ist charakteristisch, ebenso sind es ihre Aufgaben. Diese werden wie nach einem festgeschriebenen Rezept ununterbrochen erfüllt. Erst im Zusammenspiel dieser ganzen zellulären Fachabteilun-

Schema (eukaryotische) Zelle

Die Zelle ist reich an Inhaltsstoffen und sogenannten "Organellen", die wiederum spezielle Aufträge erfüllen: Sie sind notwendig, um die hoch komplizierten Funktionen der Zelle zu ermöglichen: Ernährung, Atmung, Verdauung, spezielle Aufgaben im Zellverband usw. Eine Membran umschließt sämtliche Mitspieler der Zelle und festigt somit die Einheit. Der Informationsfluss nach außen, also auch zu Nachbarzellen, erfolgt über Ladungsteilchen, welche durch sogenannte Neurotransmitter zwischen den einzelnen Zellen hin- und hertransportiert werden.
Die einzelnen Zellorganellen ermöglichen überhaupt erst den reibungslosen Ablauf der Zellfunktion. Einige der wichtigsten sind in dieser Abbildung dargestellt und Ihre Bezeichnungen sowie Aufgaben erklärt.

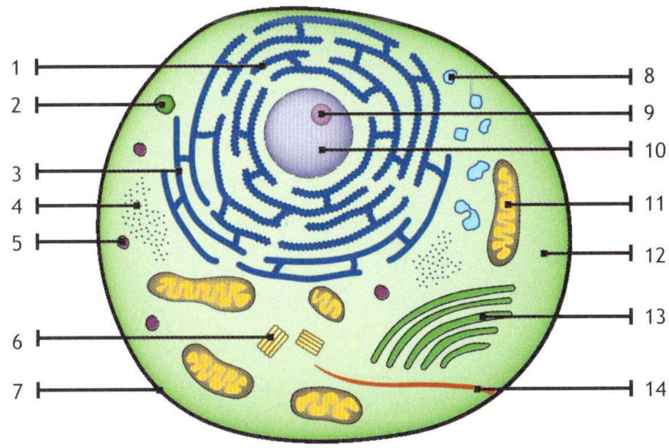

1 Rauhes Endoplasmatisches Retikulum (Rohrleitungssystem aus Elemtarmembranen aufgebaut; ist verbunden mit Zell- und Kernmembran; u. a. Produktionsort verschiedener Substanzen wie Lipide und Steroidhormone, Transportleitsystem)
2 Vakuole; u. a. zur Speicherung von Nährstoffen
3 Glattes Endoplasmatisches Retikulum (s.o.)
4 Freie Ribosomen (Körnchen von etwa 12-20 nm Größe; enthalten annähernd gleich viel Eiweiße und RNA; in Zellen mit hoher Wachstumsgeschwindigkeit sind besonders viele Ribosomen, weil sie eiweißsynthetisierende Funktionen haben)
5 Vesikel; submikroskopische rundliche bis ovale Bläschen
6 Zentriolen (Zentralkörperchen; beteiligt an der Kernteilung während der Mitose, siehe Seite 42)
7 Plasmamembran - (Trennung der Zellinnenwelt von der Außenwelt; stets dreischichtig aufgebaut; eingelagert sind Transportkanälchen für spezifische Substanzen)
8 Lysosomen (Transport spezifischer Enzyme aus der Zelle heraus oder zum Ort ihrer Anwendung; innerer Zellverdauungsaparat)
9 Nukleolus (Kernkörperchen)
10 Nukleus (Zellkern); In ihm liegt das Erbgut der Zelle. Der Zellkern kann als Steuerzentrum der Zelle verstanden werden.
11 Mitochondrien (Ort der Energiegewinnung, Kraftwerk der Zelle)
12 Zytoplasma (Zellplasma;) umgibt Zellkern, Organellen, paraplasmatische Einschlüsse; durchsichtig, zäh- oder dünnflüssig
13 Golgi-Apparat (Stapel mehrerer Membranen; Transportsystem)
14 Mikrotubuli; sogenannte Spindelfasern des Spindelapparat (Ausbildung während Mitos und Meiose)

Das Mitochondrium

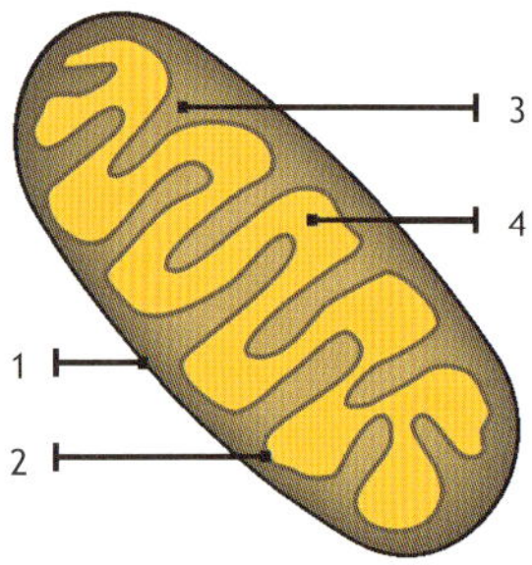

1. Innere Membran, 2. Äußere Membran, 3. Cristae, 4. Matrix

gen kann der Körper funktionieren, überhaupt existieren. Denn die Zellen kommunizieren miteinander, stimmen sich ab. Diese Kommunikation erfolgt durch chemische und/oder elektrische Nachrichten.
Trotz ihrer Spezialaufträge haben sämtliche Zellen eines Körpers aber etwas gemein: Sie sind Träger der Urinformation. Eine Gehirnzelle trägt in sich die Anleitung für den Bau von Knochen, Schweißdrüsen, Adern, obwohl sie niemals den Auftrag erhalten hatte, derartiges Zellmaterial mit entsprechender Funktion zu werden. Nach diesem "Ur-Plan" ist es selbst einer Fettzelle aus der Problemzone am Bauch möglich zu denken - nur sie tut es nicht: Zum Einen, weil ihr der spezielle Auftrag fehlt (Warum sollte das Bauchfett denken?), zum anderen hat die Fettzelle im Körper allein von der Lage keine Chance mit entsprechenden Strukturen in Kommunikation zu treten, die für das Fortleiten der Information notwendig wären. Die Fettzelle müsste lang gestreckt sein und von einem Mantel aus speziellem Isoliermaterial umhüllt im Gehirn liegen. Doch auch wenn alles gegen ihre wandelbare Funktionsfähigkeit spricht, so existiert dieser Bauplan.

Kasten 2.1 **Einzeller - Multitalente der Urzeit**

Als die Lebewesen auf der Erde nur aus einer einzigen Zelle bestanden, war diese in der Lage, zum Lebenserhalt sämtliche Funktionen auszuüben. Sie war Träger aller notwendigen Informationen, die sie dazu befähigten. Eine einzige Zelle konnte sich demnach mit Nahrung versorgen, sie in Energie umwandeln und diese nutzen. Und sie konnte die Endprodukte der eigenen Verdauung wieder ausstoßen.

Die Erbsubstanz DNA - eine erstaunliche Organisation

All diese Rezepte und Anleitungen liegen in den langen Molekülfäden, den sogenannten Chromosomen im Zellkern. Auf ihnen aufgereiht befinden sich auch Informationen zum Leben, Altern und zum Sterben. Die langen

Fäden wurden im April 1953 zum ersten Mal beschrieben: "Diese Struktur hat neuartige Eigenschaften, die von beträchtlichem biologischem Interesse sind."
Mit dieser wohl berühmtesten Untertreibung der Wissenschaft in der Fachzeitschrift *Nature* läuteten *Jamse D. Watson* und *Francis C. Crick* die erst kürzlich erfolgreich abgeschlossene Suche nach den Trägern der Erbinformation aus. In ihrer kurzen Mitteilung schlugen die beiden Forscher für die Erbsubstanz DNA (desoxyribonukleinacid [= Säure]) eine Doppelhelix-Struktur vor: Zwei schraubig umeinander gewundene Molekülstränge, die durch eine Art Reißverschlusssystem zusammengehalten werden. Auf einer Gesamtlänge von etwa zwei Metern reiht sich das DNA-Molekül über 46 Chromosomen verteilt auf.
DNA heißt wörtlich übersetzt: "Saurer Zucker aus dem Kern der Zelle, der zu wenig Sauerstoff hat". Eine Zelle enthält gewöhnlich nur ein oder zwei Exemplare von jedem DNA-Molekül. Diese Informationsfäden, die als Chromosomen sichtbar werden, enthalten die Eigenschaften des Körpers, z. B. die Augenfarbe, das markante Kinn, die Form der Nase usw.

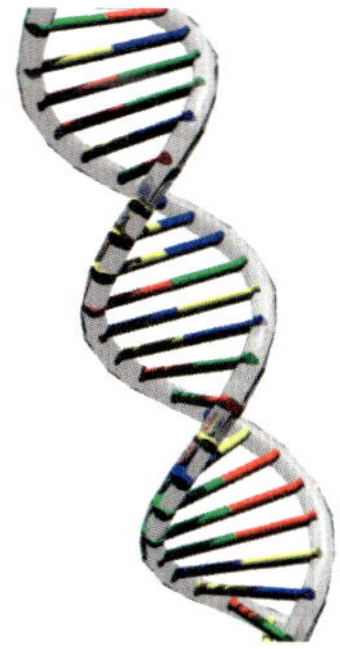

"Es ist unserer Aufmerksamkeit nicht entgangen, dass die spezifische Paarung, die wir postulieren, unmittelbar auf einen möglichen Kopiermechanismus für die Erbsubstanz verweist." (Watson und Crick)

***Die DNA** gibt für jede einzelne Zelle den Bauplan und die Funktion von wichtigen Genen und ihrer Produkte, der Proteine, vor. Durch die komplizierte Aufgabenverteilung der Gene, dieser "Verwalter der Erbinformation", wird der Lebensplan innerhalb der Zelle gesteuert. Das Merkmal einer gesunden Zelle ist die ausgeglichene Präsenz und Aktivität der Gene.*

Die DNA - eine Bibliothek des Lebens

Jeder DNA-Faden besteht aus vier verschiedenen Arten von Säurebausteinen, die in unterschiedlichsten Anordnungen die Geheimsprache der Erbinformation darstellen. Mittlerweile kann man diese Sprache entschlüsseln, und man weiß heute, dass verschiedenen Anordnungen bestimmte Merkmale zugeordnet sind, und dass diese Merkmale feste Plätze auf der DNA einnehmen. Diese Merkmale werden als Gene bezeichnet. Manchmal wird nur ein einziges Gen gebraucht, um eine bestimmte körperliche Ausprägung darzustellen. Oft liegen aber die einzelnen Bauanleitungen eines Merkmals auf verschiedenen Abschnitten der DNA. Die Zelle weiß, von welchen Genorten sie die einzelnen Informationen abrufen muss, um ihren Plan erfüllen zu können.

Kann es unsterbliche Zellen geben?

Der gesunde Zellverband funktioniert wie eine Gemeinschaft: Die Zellen sind voneinander abhängig, die Aufgaben sind gleichmäßig verteilt. Die Zellvermehrung unterliegt dem Informationsfluss zwischen den benachbarten Zellen. Diese nachbarschaftliche Kommunikation gewährleistet durch permanente gegenseitige Kontrolle, dass das Gewebe entsprechend seiner Funktion die ideale Ausdehnung der Struktur hält. Sind Zellen defekt, werden diese ausgetauscht. Das heißt, das Absterben wird beschleunigt (siehe Seite 43, Selbstmordprogramm der Zelle), neue Nachkommen nehmen den freigewordenen Platz wieder ein im Sinne der Gesamtaufgabe des Zellverbandes.

Nach diesem Prinzip funktionieren sämtliche Zellen eines Körpers. Im Grunde wäre dies fast ein Perpetuum mobile, das sich ständig selbst erneuerte, wäre da nicht auch noch der Faktor des Alters. Denn statt unendlicher Zellerneuerungen nimmt die Zahl der Zellteilungen mit dem Alter ab. Das bedeutet, dass die innere Uhr also nicht nur in jeder Zelle tickt - sondern schon bei ihrer Entstehung darüber informiert sein muss, wie alt der übrige Körper ist. Beim zellulären Schichtwechsel muss es also zu einer weitaus umfassenderen Informationsweitergabe kommen, als lange Zeit angenommen wurde. Die menschliche Zelle "weiß": Je älter der Mensch, desto seltener kann ich mich noch teilen.

Zurück zu der Frage nach der Unsterblichkeit von Zellen: Sie lässt sich bei einem stabilen, gesunden Organismus ganz klar mit Nein beantworten. Denn die Zellen sind Regeln unterworfen, die eindeutig festlegen, dass das Zusammenspiel der Zellen im Körper weitgehend verpflichtend ist. Aber - und das ist die Krux: Sie ist nicht auf Ewigkeit gesichert. - Denn wie in vielen Regelsystemen schon beobachtet, kann auch dieses jederzeit aus dem Gleichgewicht geraten (mehr dazu S. 45: Wie eine Krebszelle entsteht). Für die Organisation der Zellverbände ist es von großer Wichtigkeit, dass eine gewisse Kontrollfunktion aufrechterhalten wird. Dazu gehört auch, dass Zellen sich dem Gesamtsystem unterordnen können, was auch bedeutet, dass ihre Aktivität einge-

Kasten 2.2 — Zählwerk und Gedächtnis einer Zelle

Bereits in der Mitte des letzten Jahrhunderts wusste die Wissenschaft, dass die Teilungsrate von Zellen durch ein internes Programm begrenzt ist. *Prof. Leonard Hayflick* (*University of California*) beobachtete bei Bindegewebszellen zwischen 40 und 60 Teilungen. Kurz vor Ende dieses Teilungsprozesses beginnt das sogenannte "Phase-3-Phänomen": Die Zellen teilen sich zunächst immer langsamer (Alter) und sterben schließlich (Tod). In Phase 1 und 2 wachsen die Zellen gleichmäßig heran, insofern man sie lässt: Sobald aber eine normale Zelle die Oberfläche ihrer Wachstumsschale mit einer einlagigen Schicht bedeckt, beendet sie ihre Vermehrung vorzeitig.

Darüber hinaus entdeckte *Hayflick*, dass es eine Art Zellgedächtnis neben dem Zell-Zählwerk geben musste, nachdem er Zellen einer sterblichen Zellkultur über lange Zeiträume eingefroren hielt. Taute man die Zellen nach Jahren wieder auf, so machten sie noch genau die Menge an Teilungen durch, wie sie es unter normalen Bedingungen getan hätten. Man hatte zwar ein solches internes Zähl- und Speicherwerk in den Zellen vermutet, doch hatte niemand erwartet, dass es so lange funktionieren würde. *Hayflick* bestätigte 1990 stolz: "Wir haben in den letzten 28 Jahren aus 130 Gefäßen wieder Zellen aufgetaut. Ihr Gedächtnis ist noch genau so gut wie 1962."

schränkt oder sogar beendet werden muss, wenn es dem Gesamtorganismus schaden könnte.

Wachstumsfaktoren

Aber nicht die Urinformation allein spielt eine Rolle bei der Zellteilung: Außer ihr sind eigene Übermittler dieser speziellen Wachstums- oder Teilungsnachricht erforderlich. Die Wachstumsfaktoren. Sie geben das Okay für

Wachstumsfaktoren sind Proteine, die stets nur auf spezielle Zelltypen wirken. Das heißt, jede Zellart braucht ihren speziellen Wachstumsfaktor, um die eigene Existenz zu sichern bzw. weiterzuvererben.

Kasten 2.3 — Hayflick-Effekt und Qualitätsverlust

In jungen Lebensjahren funktioniert der Austausch und die Reparatur von defekten Zellen recht gut, allerdings treten mit Zunahme des Lebensalters zwei Hauptprobleme mehr und mehr in den Vordergrund:

1) Das zellinterne Zählwerk begrenzt die Anzahl der Teilungen einer Zelle. Diese Zählwerk begrenzt die Lebenszeit mehrzelliger Lebewesen. (Sogenannter Hayflick-Effekt)
2) Die Kopie der Zelle verliert nach einer gewissen Anzahl von Teilungen an Qualität und wird stattdessen immer fehlerhafter.

viele Abläufe, die vor der eigentlichen Verdoppelung ablaufen. Fehlt ein Wachstumsfaktor als Informationsträger und -übermittler, so stockt das Wachstum der Zelle. Wenn die wichtige Information versackt, erfahren die übrigen Zellbestandteile nicht, dass sie nun gefordert sind. Es kommt nicht zu den notwendigen Teilungen.

Ablauf der indirekten Zellteilung (Mitose)

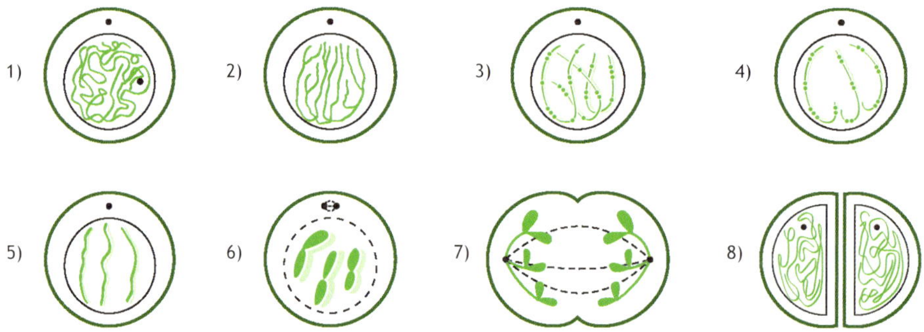

Prophase (1 - 2): Das Chromatingerüst wandelt sich zu Beginn der Prophase in ein Fadenknäuel um. Anschließend verdicken und verkürzen sich die Chromatinfäden durch Aufschraubung und Faltung. Es entstehen die lichtmikroskopisch sichtbaren Kernschleifen oder Chromosomen. Gegen Ende der Prophase entsteht der von Pol zu Pol verlaufende Spindelapparat, der bei späteren Aufteilungsvorgängen der Chromosomen eine Rolle spielt.

Metaphase (3 - 6): Die maximal verkürzten Chromosomen rücken in die Äquatorialebene des Spindelapparates und bilden dort die Äquatorplatte. Die Spindelfasern heften sich an die Zentromere, und zwar so, dass das Zentromer der einen Chromatide mit dem einen Pol, das der anderen Chromatide mit dem entgegengesetzten Pol verbunden ist.

Anaphase (7): Die Chromatiden werden vollständig getrennt und unter Mitwirkung der Spindelfasern zu den entgegengesetzten Polen gezogen. Zu jedem Pol gelangt eine Chromatide, d. h. jeder Pol enthält einen vollständigen Chromatidensatz. Die gleichmäßige Verteilung der Chromosomensubstanz auf die beiden künftigen Kerne ist damit abgeschlossen.

Telophase (8): In diesem Abschnitt verlaufen die Vorgänge umgekehrt wie in der Prophase: Die an den Polen liegenden "Ein-Chromatid-Chromosomen" entschrauben sich zu Chromatinfäden und bilden wieder je ein Kerngerüst. Es entstehen neue Kernhüllen. Anschließend erfolgt die Teilung der Zelle in zwei Tochterzellen.

In der Zelle fest programmiert: Der eigene Selbstmord

Die DNA (siehe S. 199) ist Träger der Erbinformationen - und sie ist Zeiger der Lebensuhr. Am Ende der DNA eines jeden Chromosoms sitzen Kappen, die aus einer festgelegten Reihenfolge von Basen (TTAGGG) bestehen. Die Aufgabe dieser Schutzkappen ist es, die DNA vor zersetzenden Stoffen zu schützen. Und das läuft folgendermaßen ab: Bei jeder Teilung wird diese Schutzkappe kurz abgehoben und danach wieder aufgesetzt. Doch im Laufe der Zeit wird sie schließlich brüchig, und schädigende Substanzen können auf die DNA einwirken. Dann nützen selbst Sauerstoff und Wachstumsfaktoren nichts mehr: In letzter Konsequenz stirbt die Zelle.
Dieses zelleigene Programm zum Selbstmord hat natürlich einen tieferen Sinn. Denn dadurch wird gewährleistet, dass stark beanspruchte und überstrapazierte Zellen ihrer Funktion enthoben werden. Sind sie erst einmal überflüssig, kann der Organismus schließlich ganz darauf verzichten. Neue, frische Zellen ersetzen sie und können die angestammte Aufgabe wieder voll erfüllen. Auf diese Weise wird im Laufe eines Menschenleben fast der gesamte Körper mehrmals ersetzt. Eine Generalüberholung ist etwa alle 7 Jahren vollzogen. Dennoch sehen wir natürlich nicht aus wie ein Neugeborenes. Das wiederum liegt daran, dass es neben dem Erneuerungsprogramm noch ein weiteres gibt:

Kasten 2.4 — Der Sinn von Altern und Sterben

Die Antwort darauf gibt die Evolution: Nur eine Spezies, die sich ständig anpassen kann und Lebenssituationen als günstig oder ungünstig erfahren kann, ist in der Lage, sich an wechselnde Umweltbedingungen dauerhaft anzupassen. Ändert sich z. B. die Umwelt durch Wechsel des Nahrungsangebotes, Umweltgifte, Temperatureinbrüche, vermehrte UV-Einstrahlung etc., so werden möglicherweise nur jene Nachkommen überleben können, deren Erbgut sich vorher durch eine gute Durchmischung innerhalb der Elterngeneration auf diese Situation vorbereiten konnte. Dann sterben zwar die Eltern, aber die Nachkommen nehmen ihren Platz ein und bewirken ihrerseits neue Evolutionsschübe.

Die Erhaltung der eigenen Art durch Veränderungen und Entwicklungen steht weiter über den privaten Interessen. Deshalb tragen wir Menschen die Programme von Alter, Veränderung und Tod in uns. Sie sind so fest verankert, dass sie eigentlich nicht rückgängig zu machen sind.

Das Programm für Altern und Sterben

Es führt dazu, dass die Rate der Erneuerungen und die Güte im Laufe der Zeit abnimmt. Auch das Programm hierfür ist der Zelle eigen: Sie trägt den eigenen Tod von Anfang an in sich. Wäre das nicht so, könnte der Mensch sehr lange leben, vielleicht wäre er sogar unsterblich.

Zellen, die nicht sterben

Bricht eine Zelle aus der Gesamtkommunikation und Zellkoordination heraus und vermehrt sich ohne Absprache, kann dies fatale Folgen haben: Krebs entsteht.
Es gibt viele Möglichkeiten, um aus einer normalen Zelle eine Krebszelle entstehen zu lassen. Die Auslöser für den Ausbruch aus dem bewährten Kommunikationssystem sind zahlreich (mehr dazu im Kapitel 4 ab Seite 64). Was sie bewirken sind Mutationen, das sind Veränderungen der Erbinformation einzelner Zellen. Wenn ein äußerer Störfaktor dauerhaft das Nachrichten- und Signalsystem eines Zellverbundes oder einer einzelnen Zelle überlastet, kann die ursprünglich verankerte Information "Wachstumshemmung" in das Gegenteil umschlagen. Anstelle von kontrolliertem Wachstum entgleist das gesamte System. Die Folge ist die ungebremste Freisetzung von Wachstumsfaktoren. Diese können schließlich sogar aus der Zelle ausbrechen und in benachbarte Systeme eindringen, was zu fatalen Kettenreaktionen führen kann.
Allerdings reicht das allein noch nicht, um eine Zelle entarten zu lassen: Sie muss auch für alle wachstumsbremsenden Signale aus dem Nachbarschaftsverbund unerreichbar sein. Ihre Tumorsuppressor-Gene sind inaktiv, oder sie fehlen ganz. Die entartete Zelle kann somit einfach nicht auf Bremssignale reagieren, weil sie diese gar nicht erst empfangen kann. Aus verschiedenen Studien wissen die Forscher inzwischen, dass sich Krebszellen, denen das Suppressor-Gen fehlt, wieder zu einem hohen Grade "normalisieren" lassen, wenn man das fehlende Gen einschleust.

Gene funktionieren u. a. als "Krebsunterdrücker" So genannte Proto-Onkogene fördern das Zellwachstum und gelten als Krebsgen-Vorläufer; Tumorsuppressor-Gene bremsen und korrigieren diese und funktionieren daher als tumorunterdrückende Gene.

Betriebssystem außer Kontrolle

Im Zuge ihrer Entartung können die Zellen alle Kontrollsysteme umgehen, die normalerweise Krebs vermeiden. Sie feuern sich selbst zu Wachstum an und werden sprichwörtlich taub gegen alle bremsenden Signale. Doch noch immer verfügt die Zelle über weitere Sicherungsprogramme. Eines ist das in jeder menschlichen Körperzelle vorhandene Selbstmordprogramm der Zelle (s.o.). Es wird eingeleitet, wenn wesentliche Bestandteile der Zelle beschädigt oder Kontrollmechanismen ins Schleudern geraten. Dann zerstört sich die Zelle selbst. Wie schon beschrieben gilt im Organismus das Gesetz: Der Untergang einer einzelnen Zelle ist sinnvoller als das Risiko einer weitreichenden Entartung mit den fatalen Folgen für den ganzen Körper.
Es dauert im allgemeinen Jahrzehnte, bis eine Zelle genügend Veränderungen (Mutationen) erfahren hat, die für eine Entartung notwendig sind. Warum dennoch viele Patienten in jungen Jahren an Krebs erkranken, liegt vermutlich in der Vererbung eines bereits mutierten krebsbegünstigenden Gens.

Familiäre Belastung: Krebsentstehung im Zeitraffer

Wird ein bereits verändertes Gen auf die Nachfahren vererbt, fallen die zeitraubenden ersten Jahre der allmählichen Zellentartung weg. Die Folgen sind frühzeitiges Auftreten und in manchen Familien überdurchschnittlich viele Fälle einer Krebserkrankung. Ganz typische Krebserkrankungen dieser Art sind die erbliche Form des Dickdarmkrebses oder eine Form des Brustkrebses. Auch ein bestimmter Augentumor bei Kindern (Retinoblastom) entsteht auf diese Weise.

Wie eine Krebszelle entsteht:

(Zeichnung auf der nächsten Seite) Eine Zelle (1), die sich aus dem Kommunikationssystem ausklingt, missachtet die Ordnung. Sie folgt ihrem eigenen Wachstumsprogramm. Aus dem Proto-Onkogen ist ein Krebs begünstigendes Onkogen entstanden, das die Zelle zu einem

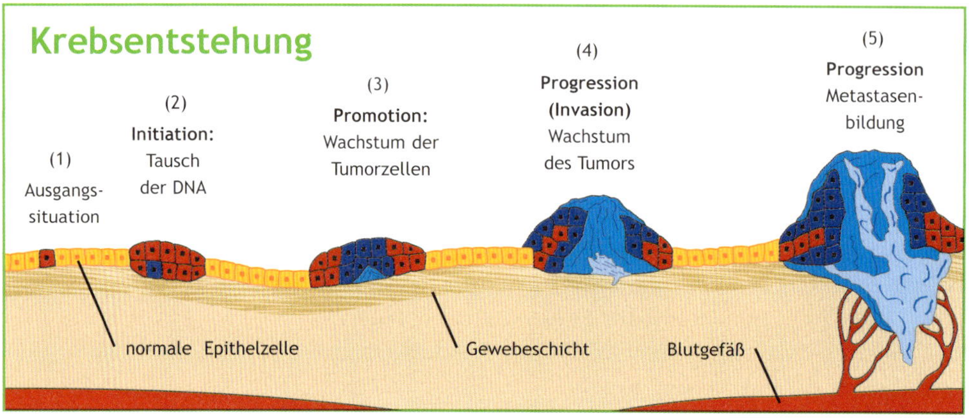

übermäßigen Wachstum anregt (2) - (3). Gleichzeitig hat sich die Aktivität des Tumorsuppressor-Gens stark vermindert oder ist zum Erliegen gekommen. Die Folge: Es kommt zu ungebremmstem und überschnellem Wachstum (4). Schließlich ist die Krebszelle sogar in der Lage, ihren Zellnachbar-Verbund zu verlassen und sich in fremdes Gewebe einzuschleusen (5). Nun kann sich sogar an weit entfernten Strukturen im Körper ein wucherndes Gewächs ausbreiten. Dabei wird im Laufe der Zeit das Wachstum der Krebszelle aggressiver: Die Geschwulst explodiert. Befällt sie in ihrem ungebremsten Ausdehnungsdrang lebenswichtige Organe, kann sie deren Funktion bis zum tödlichen Ausgang stören.
Die Zelle durchläuft etliche Vorstufen, ehe sie als Geschwulst erkennbar wird. Diese Entwicklung kann sich über Jahre und zahlreiche Zell-Generationen hinziehen. Beschleunigt wird sie, wenn gehäuft Mutationen auftreten. Entsprechend der unterschiedlichen Zellen und der verschiedenen Arten der Krebsentstehung, gibt es auch sehr viele Formen von Krebs.

Fazit: Das Gen der Unsterblichkeit

Was die Menschen am meisten interessiert: Wo nun liegt das Gen der Unsterblichkeit? Am besten untersucht man diese Frage an einer Zelle, die nicht altert. Solche unsterblichen Zellen sind zum Beispiel Krebszellen. Diesen fehlt das Programm zum Sterben (programmierter Zellentod), hingegen besitzen sie nach wie vor das Pro-

gramm für die Zellteilung. Da der Organismus die Kontrolle über diese Zellen verloren hat, können sich diese ungehindert vermehren und ein Geschwür wird größer und größer. Gesunde Zellen verfügen über beide Programme: teilen und sterben. Der Organismus kann diesen Prozess steuern und Mutationen verhindern.
Die Aufgabe auf der Suche nach unendlicher Jugend sollte demnach nicht sein, dass Gen zu finden, welches allein den Zelltod verhindert, dann müsste man gleichzeitig das Gen isolieren, welches für die Zellteilung verantwortlich ist. Da jedoch Zellen einer gewissen "Abnutzung" unterliegen - besonders deutlich an Hautzellen erkennbar - kann dies nicht die Lösung der Aufgabe sein. Sinnvoller erscheint da der Ansatz, den Prozess der Zellteilung und des Zelltods derart unter Kontrolle zu behalten, dass die Zellteilung ohne Defizite in den neuen Zellen stattfindet, was freilich eine einwandfreie Kommunikation der Zellen voraussetzt. Sind also Mutter und Tochterzelle tatsächlich identisch, besitzt der Körper die Möglichkeit, sich fehlerfrei zu regenerieren. Hinlänglich würden wir das als fehlenden Alterungsprozess beobachten. Freilich sollte man hierbei ethische Betrachtungen nicht vernachlässigen, bedenkt man, dass die Natur kein Interesse an der Unsterblichkeit hat - vor allem in Hinblick auf die Evolution, welche erst eine Anpassung der Spezien an veränderte Lebensbedingungen möglich macht und machte.

Wichtige Begriffe aus Kapitel 2

Chromosomen
Crista
Glattes endoplasmatisches Retikulum
Golgi-Apparat
Hayflick Effekt
Krebs
Lysosomen
Mikrotubuli
Mitochondiren
Mitochondrium
Nukleolus
Plasmamembran
Rauhes endoplasmatisches Retikulum
Ribosomen
Selbstmordprogramm
Tubulus
Tumorsuppressorgene
Vakuole
Vesikel
(Zell-)Organellen
Zytoplasma

3

Das Immunsystem

Es ist die beste und zuverlässigste Lebensversicherung, die wir haben. Das Immunsystem arbeitet in gewaltigen Dimensionen: Innerhalb weniger Minuten ist es in der Lage, zehn Millionen neuer Lymphozyten und das Milliardenfache an Antikörpern zu bilden, deren einzige Aufgabe es ist, den Organismus rundum zu schützen. Und das nicht ohne Grund, denn jeden Tag liefern sich in unserem Körper Angreifer aus der Welt der Mikroben mit dem Abwehrsystem Gefechte auf Leben und Tod. Meistens spüren wir davon nichts: Der Kampf findet im Verborgenen statt und wird in der Regel gewonnen. Erst wenn wichtige Verteidigungslinien von den Erregern durchbrochen werden, machen sich Krankheitszeichen bemerkbar.

Gefahren für den Körper sind:

- *körperfremde Lebewesen, darunter*
  - *Bakterien*
  - *Viren*
  - *Pilze*
- *sonstiges körperfremdes Eiweiß*
- *entartete körpereigene Zellen (Krebs)*
- *Freie Radikale*

Das körpereigene Abwehrsystem ist eines der kompliziertesten und zugleich wirkungsvollsten Apparate im menschlichen Organismus. Stellt das Herz-Kreislauf-System das Transportsystem des Körpers dar, so ist das Immunsystem sein Sicherheitssystem. Es schützt den Körper vor Eindringlingen, indem es möglicherweise gefährliche Bakterien, Viren, Pilze und Parasiten ortet und unschädlich macht, denn diese attackieren ununterbrochen den Körper. Sie befinden sich in der Atemluft, der Nahrung, sie leben auf unserer Haut und sogar in unserem Körper, z. B. dem Verdauungssystem. Nicht jeder Erreger macht krank, aber für die Gesundheit und zum Schutz vor lebensgefährlichen Infektionen ist ein funktionstüchtiges Abwehrsystem notwendig. Genauso schützt es den Körper auch vor inneren Angriffen, indem es Zellen aufspürt, die abnorm oder bösartig geworden sind.

Die Arbeit des Immunsystems ist nur dann wirklich "sicher", wenn es die Voraussetzung erfüllt, zwischen köpereigenen und körperfremden Stoffen zu unterscheiden. Auf keinen Fall darf im Notfall eine Immunreaktion gegen den eigenen gesunden Körper erfolgen.

So ein allzeit bereites System muss aber auch gepflegt werden. Dabei zeigt sich, dass es sehr viel komplizierter ist, das Immunsystem in seinem funktionierenden Gleichgewicht zu halten als z. B. das Herz-Kreislaufsystem zu schützen.

Ein ausgeklügeltes Schutzsystem unterstützt die Immunabwehr

Damit Erreger gar nicht erst in den Körper hinein gelangen und das Immunsystem aktiv werden muss, ist der Körper vorab mit einem Barrieresystem ausgestattet:

- Der Säureschutzmantel der Haut erschwert mit einem pH-Wert von 5,7 aktiv das Eindringen von Keimen.
- Ein Enzym in der Tränenflüssigkeit ist in der Lage Bakterien abzutöten.
- Im Speichel befindet sich ein vergleichbares Enzym.
- Im gesamten Verdauungstrakt bildet die Schleimhaut einen wirksamen Schutz vor Bakterien.
- Die Magensäure tötet Erreger ab.
- Das alkalische Millieu im Dünndarm gilt ebenfalls als wirksamer Schutz vor Bakterien.
- Die Scheide besitzt einen Säureschutz.
- Blase und Harnröhre werden durch den Harn laufend gespült und sind so gegen das Einnisten von Bakterien geschützt.
- Durch die Flimmerhärchen und den Schleim in den oberen Luftwegen wird das Eindringen von Erregern in die Atemwege erschwert.
- Der Husten- und Niesreflex befördern ungewollte Stoffe oder Erreger schnell wieder nach außen.

Erst, wenn die Eindringlinge diese Barrieren durchdringen konnten, tritt die körpereigene Abwehr auf den Plan.

Pausenlos im Einsatz

Das Immunsystem besteht aus Millionen frei beweglicher, spezialisierter Zellen, die unaufhörlich durch den Körper streifen, ständig auf der Suche nach ungewöhnlichen Veränderungen. Diese Immunzellen agieren im Verbund und müssen innerhalb kürzester Zeit auf kleinste Veränderungen reagieren. Mit dem Blut gelangen die Elemente der Immunabwehr an den Ort, wo sie benötigt werden, zum Beispiel in eine infizierte Wunde. Damit

Die Zellen des Immunsystems

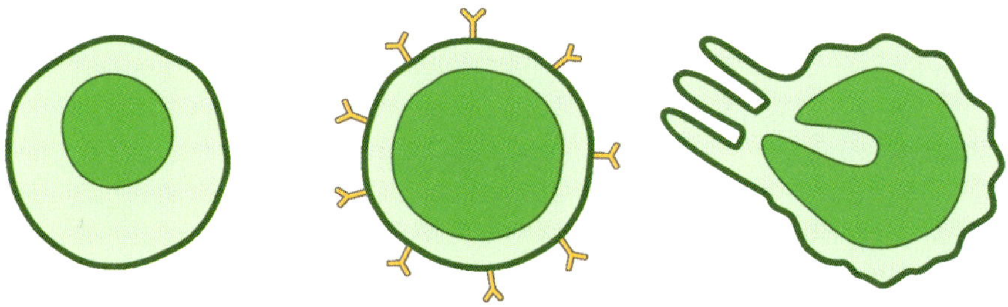

T-Lymphozyten sind weiße Blutkörperchen, die im Thymus gebildet werden. Sie sind die für die zelluläre Immunreaktion entscheidenden Zellen. Zur Familie der T-Lymphozyten gehören u. a. auch die sogenannten T-Killer Zellen, welche im Körper "patrouillieren" und von Viren befallene Körperzellen aber auch Tumorzellen zerstören können.

B-Lymphozyten sind die entscheidenen Zellen für die humorale Immunreaktion. Auf ihrer Oberfläche tragen sie gleiche, jedoch von Zelle zu Zelle verschiedene Antikörper (hier gelb dargestellt), um sich an befallene Zellen zu haften. Nach ihrer Aktivierung durch die T-Lymphozyten vermehren sich B-Lymphozyten stark und differenzieren sich meist zu Plasmazellen.

Makrophagen ("Vielfresser") werden im roten Knochenmark gebildet und differenzieren sich nach dem Verlassen der Blutbahn von Monozyten, ihrer Transportform, zu Makrophagen. Sie sind in der Lage aus phagozytiertem Material heraus gezielt "antigene Informationen" an das Immunsystem weiterzuleiten. Vermehrt sind Makrophagen im Bindegewebe anzutreffen.

Genau genommen gehen einige Forscher heute sogar von einem ***dritten Abwehrsystem*** *aus, dem System der Freien Radikale. Welchen Einfluss sie auf das Immunsystem haben, erfahren Sie ausführlich in den nächsten Kapiteln.*

möglichst viele Abwehrkräfte sich vor Ort versammeln, intensiviert sich hier die Durchblutung. Man bemerkt dies als Hautrötung und Hauterwärmung. Wenn das Blut nicht mehr in der Lage ist, die abgetöteten Erreger, Fremdstoffe und Abwehrzellen beiseite zu schaffen, entsteht Eiter.
Das Abwehrsystem besteht genau genommen aus zwei Mechanismen, die ineinander greifen. Diese Systeme setzen sich zusammen aus Abwehrzellen, den weißen Blutkörperchen oder Lymphozyten (Leukozyten), aus löslichen Proteinen und aus Organen.

Kasten 3.1 **Hauptsysteme der Abwehr**

Im Laufe der Evolution entwickelten sich zwei Hauptsysteme der Abwehr:

- die unspezifische Abwehr gegen Krankheitserreger und Fremdstoffe allgemein und
- die spezifische Abwehr gegen jeweils ganz bestimmte Krankheitserreger.

Beide Systeme sind eng miteinander vernetzt.

Jedes Mal wenn unerwünschte Fremdstoffe oder -körper in den Organismus eindringen, bietet ein Netzwerk von Zellen, Botenstoffen und Waffen dem Eindringling die Stirn. In der Regel unterliegen sie dem Immunsystem in kürzester Zeit. Die Gefechtseinheiten sind straff durchorganisiert.

Plan A: Zuerst tritt die unspezifische Immunabwehr in Kraft

Zu ihr gehören Fresszellen (Makrophagen), die die Eindringlinge einfach verschlingen und verdauen (= phagozytieren, [griech. phagein = essen]). Auch sind sie die Putzkolonne für die von anderen Abwehrzellen erfolgreich durchgeführten Maßnahmen. Sind die Fresszellen mit ihrer Aufgabe überfordert, geben sie Signale ab: Sie präsentieren auf ihrer eigenen Oberfläche den Antigen-Code des Eindringlings. Übersetzt bedeutet dies nichts anderes, als dass sie ein Notsignal senden und weitere Hilfe anfordern.
Sofort tritt das Komplementsystem auf den Plan. Auch dieses funktioniert noch unspezifisch und arbeitet mit einer "chemischen Keule" von circa 20 verschiedenen Eiweißstoffen. Diese Stoffe zersetzen die Angreifer regelrecht.
Gegen Virus-Attacken gehen die Killerzellen vor. Von den durch den Virusbefall ausgesendeten chemischen Stoffen angelockt, beseitigen sie die gesamte Wirtszelle. Auch gegen manche Bakterien können Killerzellen vorgehen.

Plan B: Die spezifische Immunabwehr

Erst wenn diese Kampflinie wirkungslos geblieben ist, werden Spezialeinheiten ins Feld geführt. Welche Einheit aktiv wird, hängt ganz davon ab, ob die Gegner in die Zellen eingedrungen sind (z. B. Viren) oder ob sie außerhalb der Zellen bleiben (z. B. Würmer, Bakterien, Parasiten).
Zytotoxische T-Lymphozyten bekämpfen in die Zelle eingedrungene Erreger. Sie senden sogenannte Killermoleküle aus, die die gesamte Zelle vernichten.

*Substanzen, die eine Abwehrreaktion des Körpers auslösen, also im Krankheitserreger enthalten sind oder von diesem produziert werden, nennt man **Antigene**.*

Makrophage und T-Helfer-Zelle bei Virusinfektionen

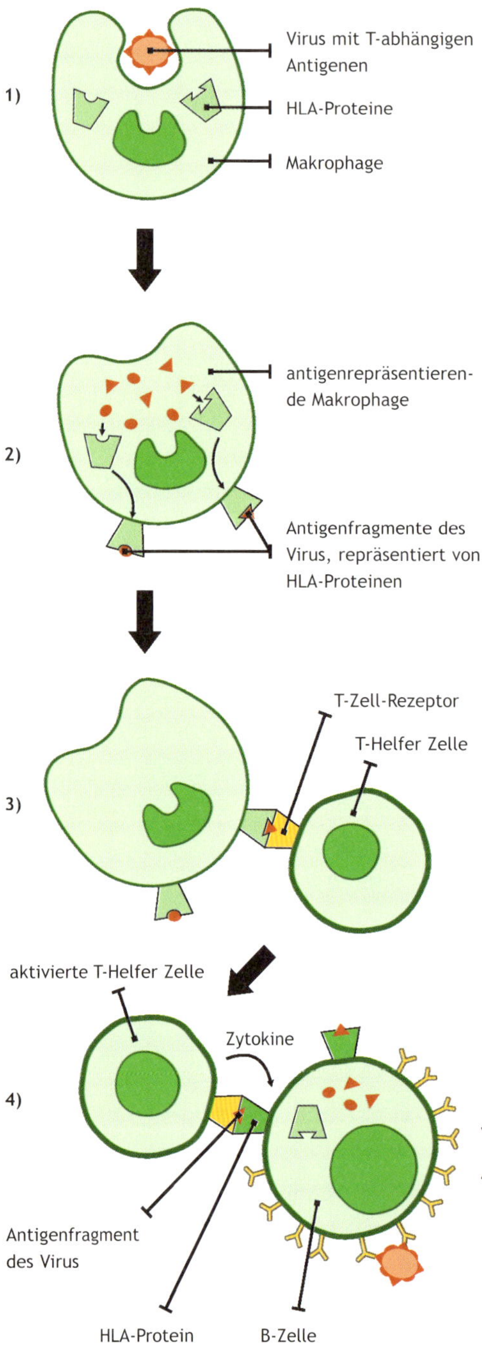

1) Viren tragen auf ihrer Oberfläche häufig Antigene, welche nur von T-Lymphozyten erkannt werden können. Die Makrophage "frisst" den Erreger und wird zur antigenrepräsentierenden Zelle.

2) Im Innern der Makrophage werden Komplexe aus Antigenfragmenten und HLA-Proteinen (auch als sogenannte "Selbsterkennungsprotine") gebildet. Anschließend werden diese Komplexe an die Oberfläche der Makrophage transportiert.

3) Die Aktivierung einer T-Helfer Zelle (T-Lymphozyt) erfolgt über den T-Rezeptor durch die Wechselwirkung mit der Makrophage.

4) Die T-Helfer Zelle aktiviert eine B-Zelle (B-Lymphozyt), welche vorher durch Phagozytose den HLA-Antigenkomplex aufgenommen hat.

5) Die Aktivierung der B-Zelle führt zur Differenzierung in eine antikörperprodzierende Plasmazelle sowie einen Klon von B-Gedächtsniszellen.

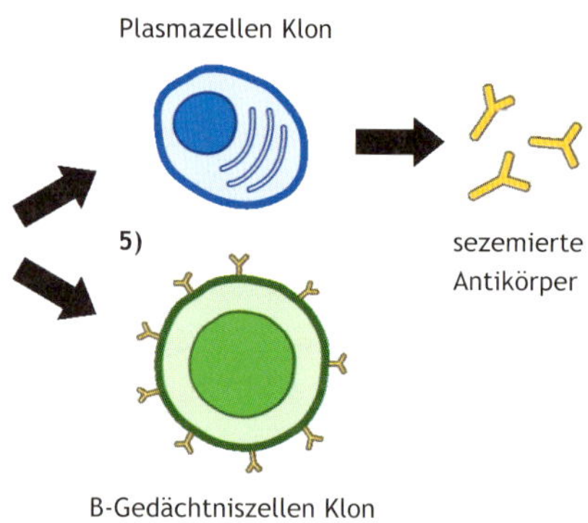

B-Lymphozyten richten sich gegen im Blut schwimmende Erreger, greifen diese an, machen sie unschädlich und zerstören sie. Dabei produzieren sie bei Berührung mit dem Erreger-Antigen eine große Anzahl von Antikörpern. Diese Antikörper heften sich an bestimmte Oberflächenstrukturen auf den Fremdkörpern. Dann verketten sie sich mit anderen so markierten Eindringlingen. Für die körpereigenen Fresszellen, die Makrophagen, werden sie dadurch eine leichte Beute.

Kasten 3.2 **Die Aufgaben der Immunzellen**

1) Lymphozyten

Die "Spezialeinheit" des Immunsystems, entstammt dem Knochenmark und vermehrt sich später in den lymphatischen Organen. Man unterscheidet 3 Gruppen: T-Zellen (T-Lymphozyten), B-Zellen (B-Lymphozyten) und Null-Zellen, wobei die Funktion der Nullzellen weitestgehend ungeklärt ist.

2) T-Lymphozyten

Hauptaufgabe ist die Zerstörung virusbefallener Zellen. Die T-Zellen gliedern sich in 3 verschiedene Arten: Killerzellen, Helferzellen, Suppressorzellen.

- Killerzellen (sogenannte cytotoxische T-Zellen) töten Zellen, indem sie Gifte absondern.
- Die Aufgabe der Helferzellen besteht in der Aktivierung der B-Zellen, wenn Gefahr durch einen Fremdkörper droht.
- Suppressorzellen (oder Unterdrückerzellen) sind die Aufseher einer Immunreaktion. Sie können die Immunreaktion abbrechen, was eine bedeutende Rolle spielt bei der Transplantation von Organen.

3) B-Lymphozyten

So genannte B-Zellen sind dafür verantwortlich, dass gegen jedes einzelne Antigen, das durch einen Erreger in den Körper gelangt, ein spezifischer Antikörper gebildet wird. Dabei gehen diese eine Antigen-Antikörperreaktion ein.

Ein System mit Datenspeicherung

Mit jedem ersten Angriff eines Fremdkörpers bilden sich typische, nur auf diesen Feind spezialisierte Antikörper aus. Das heißt, im Körper entstehen unzählige Antikör-

Zum Immunsystem gehören im Wesentlichen:

Organe:

- *Thymus und*
- *Milz*

Gewebe:

- *Knochenmark,*
- *Lymphknoten,*
- *Mandeln,*
- *lymphatische Gewebe des Darms*

Immunzellen:

- *in fast allen Geweben des Körpers*

Der Zustand und das Alter unseres Immunsystems sind stark davon abhängig, wie gut wir uns darum kümmern. Je schwächer Ihr Immunsystem, desto wahrscheinlicher ist es, dass es keine angemessene Reserve darstellt.

per-Varianten. Damit das Abwehrsystem beim nächsten Kontakt auf die Erfahrungen vom Erstangriff zurückgreifen kann, übernehmen einige T- und B-Zellen die Aufgabe einer Antikörper-Datenbank: So sind sie beim nächsten Kontakt mit diesem Erreger noch schneller zum Angriff bereit und können sein Vermehren im Körper bereits im Anfangsstadium stoppen. Auf diesem Prinzip der Gedächtniszellen basiert übrigens auch die Wirkung einer Schutzimpfung: Abgeschwächte Erreger trainieren das Immunsystem für den Fall einer "echten Gefahrensituation".

Die Ausbildungsstätten des Immunsystems

Für den reibungslosen Ablauf des Körperabwehr-Systems sind neben dem "Arbeitsplatz" auch Reifungs- und Entwicklungsstätten notwendig. Aufgrund ihrer Funktion werden hier zwei Typen von Organen und Geweben unterschieden:

1) ***Primär lymphatische Organe*** dienen vor allem der Entstehung, Entwicklung und Reifung der Immunzellen:

- Im Knochenmark entstehen die Immunzellen; hier findet die Entwicklung und Reifung der B-Zellen statt.
- Im Thymus reifen und entwickeln sich T-Zellen.
- Über das Lymph- und Blutsystem gelangen die Immunzellen aus Knochenmark und Thymus in die Gewebe und Organe.

2) ***Sekundär lymphatische Organe*** sind die Gewebe, in denen die Immunzellen aktiv werden:

- Lymphknoten filtern die Lymphe und sorgen dafür, dass Krankheitskeime nicht über den ganzen Körper verteilt werden
- Mandeln
- Milz
- lymphatische Gewebe auf Schleimhäuten, zum Beispiel im Darm

Der Darm spielt eine zentrale Rolle in der Immunabwehr

Etwa 80 Prozent der Zellen, die Antikörper produzieren, befinden sich in der Darmwand. Ein Grund hierfür ist, dass ein Großteil der Krankheitserreger über die Nahrung in den Magen-Darm-Trakt und damit überhaupt erst in den Körper gelangt. Zudem befinden sich hier sehr viele nicht krankheitsauslösende Mikroorganismen: Je nach Darmabschnitt tummeln sich in einem Milliliter Darminhalt zwischen wenigen Hundert bis 10^{12} Keime. Die normale Darmflora setzt sich aus 400 bis 500 Unterarten von Bakterien, Pilzen und Protozoen zusammen.

Ein wichtiger Teil des Immunsystems: Der Darmtrakt

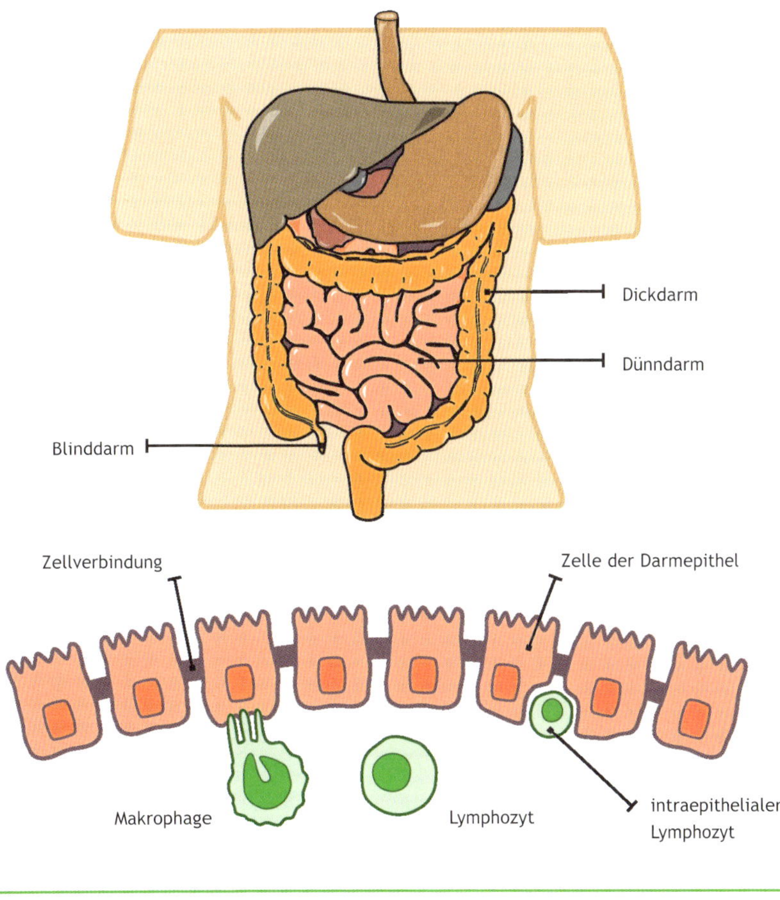

Die meisten davon leben symbiotisch mit dem Menschen, sie haben bestimmte Aufgaben übernommen. Darüber hinaus trainieren sie natürlich ständig das Immunsystem. Krankmachende Erreger stören dagegen dieses Gleichgewicht. Ein gut trainiertes Immunsystems ist in der Lage, diese gleich an Ort und Stelle zu bekämpfen. Dazu verfügt die Darmflora über diverse Hilfsmittel.

Kasten 3.3 **Gefahren für die Mikroflora im Darm**

Das Immunsystem des Darms ist nicht vor allen Angriffen sicher. Schwerwiegende Irritationen werden hervorgerufen durch:

- Einnahme von Antibiotika, Immunsuppressiva, Zytostatika, Kortikoide,
- Immunschwäche (z. B. HIV),
- Tumorerkrankungen,
- allergische Erkrankungen
- Strahlentherapie,
- nach Operationen

Es kann zu einer bakteriellen Überwucherung (Antibiotika) oder zu Schädigungen der Darmschleimhaut (z. B. durch Zytostatika) kommen.

Lücken in der Abwehr

Mit zunehmendem Alter lässt uns das Immunsystem wenn auch nur schleichend, aber doch zunehmend im Stich. Dies kann auf zwei verschiedene Arten vor sich gehen. Einerseits kann es nachlässig werden und abnorme Zellen - entweder Infektionserreger oder Krebszellen - unkontrolliert wachsen lassen. Oder es entwickelt einen Übereifer, indem es sich plötzlich dem Körper selbst zuwendet und in Form einer Autoimmunerkrankung zum Beispiel als Arthritis, Bindegewebserkrankung oder Allergie gesundes Gewebe angreift. Da das Immunsystem sehr komplex ist, kann es auch in beide Richtungen gleichzeitig wirken. Es kann gleichzeitig nachlässig sein wie bei Krebs und überaktiv wie bei einer Arthritis.
Das Alter ist aber nur ein Störenfried in der Sicherheit des Immunschutzes, denn es kann auch zu altersunabhängigen Abwehrlücken kommen. Solche Störungen zeigen sich als sogenannte Immunmangelsyndrome, die

angeboren sein können oder im Zuge bestimmter Erkrankungen (z. B. Leukämie, AIDS u.a.) im Laufe des Lebens erworben werden.
Auch die Ernährung, ein optimales Funktionieren der Darmflora, der gesamte körperliche, ebenso der psychische Zustand beeinflussen die Reaktionsfähigkeit der körpereigenen Abwehr. Fehlen zum Beispiel in der Nahrung bestimmte Stoffe (unter anderem Vitamine, Eisen und Zink), ist die Abwehrfähigkeit herabgesetzt. In zahlreichen Untersuchungen wurde ein erheblicher Einfluss von Stressfaktoren nachgewiesen.

Die Entstehung von Krebs und die Rolle des Immunsystems

Mediziner und Forscher sehen in einer Krebserkrankung weitaus mehr als nur das befallene Organ. Eine Krebserkrankung wird bis auf wenige Ausnahmen nicht durch das Eindringen von Erregern (zum Beispiel Viren oder Bakterien) verursacht. Auch körperlicher Verschleiß oder Organversagen spielen bei der Entstehung von Krebs keine Rolle. Eher ist die Ursache in einer Verwirrung des Körpers zu sehen: Denn Krebs beginnt in einer der vielen Billionen Zellen unseres Körpers, die plötzlich aus dem Zellverbund ausschert, zu wachsen beginnt und sich immer weiter teilt. So entsteht eine Vielzahl bösartiger Zellen: Ein Tumor hat sich gebildet. Mehr hierzu lesen Sie in Kapitel 2 auf Seite 45.
Krebs ist mit etwa 25 % aller Sterbefälle (1998, Statistisches Bundesamt) die allgemein zweithäufigste Todesursache in Deutschland, bei Frauen führt sie die Statistik sogar an. In einem Jahr starben 108.800 Männer und 103.000 Frauen an Krebs. Die meisten Männer starben an Lungenkrebs (28.600) und Prostatakrebs (11.400), die meisten Frauen starben an Brustkrebs (17.700) und an Dickdarmkrebs (11.600).

An der Statistik vorbei - die Vorstufen von Krebs:
Viele Menschen entwickeln kleine, von der Medizin als "Carcinoma-in-situ" bezeichnete Krebsvorstufen oder verschiedene harmlose Arten von Hautkrebs. Diese bilden im Allgemeinen keine Metastasen und können problemlos chirurgisch entfernt werden. In die Statistik gehen sie gar nicht erst ein, obwohl sie die Sicherheit des Immunsystem bereits bedrohen.

Vorbeugen - eine Chance für das Immunsystem

Normalerweise werden im Körper die meisten abnormen Zellen aufgespürt und entfernt. Seit längerem ist bekannt, dass Menschen mit einem gesünderen Immunsystem seltener an Krebs erkranken und Zellen im Krebsvorstadium häufiger zerstört werden. Lebensbedrohliche Krebserkrankungen entstehen, wenn eine Mutation sich weiterentwickelt und gleichzeitig beide Schutzsysteme versagen, weil sie vielleicht so "gealtert" sind, dass sie die Zellen an der Entwicklung von Krebs nicht mehr hindern können.

Zwei wesentliche Strategien helfen, Ihr Immunsystem länger jung zu halten und Krankheiten wie Krebs zu vermeiden:

1. Meiden Sie alle Faktoren, die die DNA der Zellen beschädigen können (schädigende Einflüsse von Chemikalien, Strahlung, Freien Radikalen u. a. durch Rauchen)
2. Entwickeln Sie Strategien, die Ihre Immunabwehr stärken.

Wichtige Begriffe aus Kapitel 3

Antikörper
Autoimmunerkrankung
B-Lymphozyten
B-Zellen
Darm
Darmflora
Fresszellen
Gedächtniszellen
Immunabwehr
Immunmangelsyndrom
Immunreaktion,
- *humoroal*
- *zellulär*

Immunsystem
Knochenmark
Körpereigen
Körperfremd
lymphatisches Gewebe
Lymphe
Lymphknoten
Makrophagen
Mikroflora
Monozyten
Plasmazellen
Säureschutzmantel
Suppressorzellen
Thymus
T-Killerzellen
T-Lymphozyten
Unterdrückerzellen
Weiße Blutkörperchen

4

Freie Radikale

Freie Radikale - der programmierte Rosenkrieg

Freie Radikale sind elektrisch ungesättigte Ionen, die bei einer Überproduktion des Energielieferanten ATP in der Atmungskette der Mitochondrien entstehen, sowie bei zahlreichen anderen Stoffwechselprozessen. Freie Radikale sind in der Lage, jedes biologische Material anzugreifen und zu schädigen. Problematisch ist dabei, dass dem lebensnotwendigen Sauerstoff auch eine schädliche Wirkung zufallen kann, tritt er in Form von aktiviertem Sauerstoff im Übermaß auf.

Zu den Freien Radikalen zählen:

- *das Superoxidanion* $O_2^{-\cdot}$
- *das Perhydroxylradikal* H_2O^{-}
- *das Hydroxylradikal* HO^{-}
- *nicht radikalische Oxidantien, wie Wasserstoffperoxid* H_2O_2*, Hydroxylperoxid ROOH und Singulettsauerstoff (ein elektronisch angeregter Zustand des Sauerstoffs)*

Diese aktivierten Spezies können mit vielen Zellbestandteilen reagieren: DNA, Proteinen, Lipiden.

Die Welt, in der wir leben, ist zugleich unsere größte Herausforderung. Der Mensch bedient sich an den reichhaltigen Angeboten der Natur und greift gleichermaßen in die Umwelt ein, verändert sie tiefgreifend - und ist im Grunde gegen diese Veränderungen überhaupt nicht gefeit. Die Konsequenz ist, er befindet sich auf dem Weg, zum Leidtragenden, schlimmstenfalls sogar zum Opfer dieser veränderten Umwelt zu werden. Erst vor kurzem öffneten sich für Wissenschaft und Medizin neue Welten, als die Forscher sich den Freien Radikalen zuwandten und deren Einflüsse auf Organismen, speziell dem menschlichen, zu verstehen begannen.

Das Miteinander von Mensch und Umwelt hat sich im Laufe der Evolution stets entwickelt. Eines dieser aufeinander abgestimmten Systeme ist unser Immunsystem. Es schützt den Körper zum Beispiel vor den Angriffen von

Erregern, gleichzeitig wird es durch die Herausforderung derartiger Angriffe auch gefordert und stimuliert. Man bezeichnet dies als unspezifische Immunstimulation: Als präventive Maßnahme umgesetzt wird sie bei Schutzimpfungen, die mit abgeschwächten oder toten Keimen im Immunsystem eine Art Generalprobe auslösen. Bei einer tatsächlichen Begegnung mit dieser Art von Keimen ist das Abwehrsystem des Körpers mit geschulten Immunzellen und entsprechenden Antikörpern bereits ausgestattet.
Viele Wirkstoffe aus Pflanzen steigern das Immunsystem, etwa Vitamin C oder Wirkstoffe, die das Herz-Kreislauf-System stärken. Durch Sauerstoff kann ebenfalls die Leistungsfähigkeit des Immunsystems gefördert werden. Wassertherapien, körperliche Bewegung, Entspannungstechniken und viele andere mehr, die sich seit Jahrtausenden bewährt haben, nehmen einen positiven Einfluss.

Wir leben in einer veränderten Welt

Dieses System ist hoch komplex und hat Millionen von Jahren gebraucht, sich auszutarieren. In den vergangenen beiden Jahrhunderten allerdings ist es deutlich an seine Grenzen gestoßen: Die Veränderungen der Umwelt durch den Menschen sind so rapide vonstatten gegangen, dass sich der Lerneffekt des Organismus nur mühsam und unvollständig angleichen kann. Die menschliche Evolution hinkt den Veränderungen der Umwelt um Generationen hinterher. Zu spüren ist das an den Reaktionen des Körpers - und zwar nicht nur dem der Menschen sondern auch der gesamten Tierwelt. So scheint es, als wären wir in einem Stadium angekommen, das sich mit der Neubesiedlung eines Planeten vergleichen lässt: Zwar gibt es Luft zum Atmen und verwertbare Nahrung, vieles scheint nahezu perfekt für den Menschen vorhanden zu sein. Doch müssen neue Schutzsysteme entwickelt werden, damit ein dauerhaftes Existieren auf diesem Planeten gesichert ist.

Umweltgifte machen uns zu schaffen

Waren es in der Vergangenheit vor allem Keime, die die Gesundheit angegriffen haben, so kommen im modernen Industriezeitalter zahlreiche toxische Substanzen aus Verunreinigungen des Wassers, der Luft und der Nahrung hinzu. Diese Verunreinigungen sind vor allem chemische Synthesen, für die das Immunsystem geradezu blind ist. Nicht, dass es sie nicht erkennen und "packen" könnte, die Zellen der Immunabwehr sind nicht mal in der Lage, sich auf diese Substanzen zu trainieren! Das bedeutet, diese Stoffe, deren Auswirkungen heute zum Teil noch nicht bekannt sind, gelangen ins Körperinnere, wo sie ungezügelt Schaden anrichten.

Vor 2000 Jahren lebten nur drei Prozent der heutigen Bevölkerung auf der Erde. Diese drei Prozent hatten genau so viel Wasser zur Verfügung wie die Menschheit heute. Bereits heute leiden eine halbe Milliarde Menschen unter Wassermangel. In Industriestaaten, die oftmals Wasser in größeren Mengen zur Verfügung haben, steht ein anderes Problem an vorderster Stelle: Die Verschmutzung durch toxische Substanzen.

Belastungen des Wassers

Wasser ist das Lebensmittel Nr. 1. Ohne Wasser ist kein Leben möglich. Doch weil es in scheinbar unerschöpflicher Menge vorhanden ist, achten nur wenige Menschen auf seine Qualität. Wasser ist durchsichtig, und allein das reicht vielen schon als Gütesiegel aus. Doch im klaren Wasser können sich zahlreiche Substanzen und Mikroorganismen verbergen, die im Körper dauerhaft Schaden anrichten können.
Die Qualität des Wassers wird in vielen Ländern durch Gesetze geregelt. Doch durch stetig wachsende Bevölkerungszahlen und den steigenden Verbrauch von Wasser sinkt die Qualität der zum Trinken überhaupt noch verfügbaren Ressourcen. Denn es sind nur knapp 2 % aller

Wasservorräte Süßwasser. Die Folge: Die Menge an für den menschlichen Gebrauch nutzbarem Wasser sinkt durch Umweltverschmutzung rapide.
Seen und Flüsse sind Auffangbecken für kommunale Abwässer und giftige Industrieabwässer. In Entwicklungsländern werden 90 - 95 % des häuslichen Abwassers und 75 % der Industrieabwässer ohne Klärung entsorgt. Obwohl in Europa und Nordamerika Abwässer in Kläranlagen halbwegs gereinigt werden, sind mehr als 90 % der Flüsse stark mit Nitrat belastet. Der Grund: intensive landwirtschaftliche Nutzung.
Für die Wasserwerke stellt dies eine enorme Herausforderung dar: Durch hohen technischen Aufwand gelingt es ihnen, aus dem Abwasser wieder trinkbares Wasser herzustellen, das den Gütekriterien entspricht, die der Gesetzgeber für das jeweilige Land festgelegt hat. Das Problem aber stellt sich dann ein, wenn in Wässern Substanzen aufgefunden werden, deren Wirkungsweise auf den Organismus noch gar nicht bekannt sind und bislang nie untersucht wurden. Oft fehlen auch entsprechende Testgeräte, die in den knapp 18.000 Wasserwerken in Deutschland für eine regelmäßige Qualitätsbeurteilung angewendet werden könnten.
Einige Problem-Stoffe in Gewässern, die zur Gewinnung von Trinkwasser herangezogen werden und im Wasserwerk nicht ausreichend eliminiert werden sind:

- Arzneimittel (hierzu laufen in verschiedenen Universitäten Studien),
- Pestizide
- Chemische Substanzen und deren Verbindungen. Ihre Auswirkungen auf den Organismus sind weitgehend unbekannt.
- Radioaktive Stoffe, die zum Teil geogen, sprich im Untergrund (Gestein oder Erdreich) natürlich vorkommen.
- Keime, die Resistenzen gegen bestimmte Antibiotika tragen
- Erreger, die nicht untersucht werden (zum Beispiel der Erreger Giardia Lamblia, ein Flagellat, den man für einen Tropenkeim hielt, der aber in europäischen Gewässern ebenfalls vorkommt und schwere Darmprobleme auslösen kann).

Kasten 4.1 Trinkwasserbelastung durch Blei

Stellvertretend für viele Umweltbelastungen ist die Bleibelastung im Trinkwasser, obwohl seit langem bekannt ist, dass Blei gesundheitsgefährdend ist. Es zählt zu den Schwermetallen. In Baden-Württemberg wurde das Einbauen von Bleileitungen zur Trinkwasserversorgung bereits 1878 verboten. Das ist eine Ausnahme. Noch heute sind in vielen alten Häusern Bleirohre eingebaut, die das Trinkwasser belasten. Und der Austausch der Leitungen vollzieht sich nur, wenn der Mieter dem Vermieter Blei im Leitungswasser nachweist.

Im Körper wirkt Blei an verschiedenen Orten: Es konkurriert mit Calcium und lagert sich im Knochen ein, wo es Osteoporose auslöst. Ebenso reichert Blei sich im Nervengewebe an und führt bei Kindern und Heranwachsenden bei einer dauerhaften Belastung zu einer deutlichen Intelligenzminderung. (*Havard*-Studie, 2003)

Im Blut behindert Blei den für den Sauerstofftransport notwendigen Einbau von Eisen in rote Blutkörperchen. Daraus resultiert eine Eisenmangelanämie. Blei reichert sich im Organismus werdender Mütter an und da Blei Plazenta gängig ist, also durch die Nabelschnur in den Fötus gelangt, kann es bereits das Ungeborene schädigen.

Wissenschaftler gehen heute davon aus, dass es keine "sicheren Bleiwerte" gibt, bei deren Unterschreitung eine Schädigung ausgeschlossen werden kann.

Fazit:

In unserem Trinkwasser lauern viele Gefahren. Dieser Situation haben sich inzwischen auch die Vereinten Nationen angenommen und das Jahr 2003 zum "Jahr des Süßwassers" ernannt. Eine Untersuchung der Wasserqualität in 122 Staaten ergab zum Teil erschreckende Ergebnisse. Die Rangliste der teilnehmenden Staaten finden Sie auf Seite 191 im ServiceCenter.

Luftverschmutzung und Strahlung

Von allen Gesundheitsgefahren ist die Luftverschmutzung, sowohl der Innen- als auch Außenluft, die weitaus gravierendste unter den Faktoren der Umweltbelastungen. In vielen Teilen der Erde ist Luft heute stark bela-

stet, und durch sie ist die Unversehrtheit von Menschen und Umgebung ernsthaft gefährdet.
Die Gefährlichkeit eines Stoffes exakt zu definieren, ist ausgesprochen schwierig. Oft wissen wir zu wenig über die Substanzen und ihre Auswirkungen, besonders weil es selten isolierte Belastungen nur eines Schadstoffes gibt. Auch die Größe der übertragenen Stoffe scheint ein wesentlicher Faktor zu sein. So weiß man heute bereits, dass durch Luft übertragene Partikel erhebliche Auswirkungen auf die Gesundheit haben, besonders auf die Immunabwehr.

Allein in den USA schätzt man, dass etwa 135.000 vorzeitige Todesfälle pro Jahr (also fast 6 %) durch Partikel in der Luft verursacht werden, ebenso etwa 8 Millionen akuter Bronchitiden. Auf das Jahr bezogen fallen aufgrund derartiger Krankheiten 20 Millionen Arbeitstage aus.

Kasten 4.2 Luftverschmutzungen

Verbrennungsabgase:
- Rauch- und Rußpartikel
- Schwefeldioxid (SO_2)
- Kohlenmonoxid (CO)
- Stickoxide (NO und NO_2, zusammen NO_x)
- Blei (obwohl verbleites Benzin bereits seit Jahren in Europa verboten ist)
- Polychlorierte Dioxine und Furane

Chemische Luftverschmutzung:
- Raumluftbelastungen aus Werkstoffen (zum Beispiel Fußbodenbeläge)
- Lösungsmittelausdünstungen (zum Beispiel Farben)
- Ozon (O_3)

Strahlung:
- UV-Strahlung
- Radioaktive Belastungen

Selbstverschuldete Intoxikationen:
- Nikotinbelastungen

Nikotin: Auslöser eines Flächenbrandes in den Zellen

Es gibt heute niemanden mehr, der nicht weiß, dass Zigaretten gesundheitsschädlich sind. Sie verursachen Krebs und Lungenkrankheiten. In Deutschland fallen jährlich zwischen 90.000 bis 140.000 Menschen ihrer

Nikotin-Sucht zum Opfer. Nach wie vor gilt das Rauchen als eine der größten Gesundheitsbedrohungen unserer Gesellschaft.

Aber auch wenn man daran nicht gleich sterben muss, so ist der Einfluss auf den Organismus immens: Rauchen lässt alle Zellen des Körpers altern! Zu sehen ist das an früh auftretenden Gesichtsfalten, weil Tabakrauch die Haut vorzeitig altern lässt. Die Kurzatmigkeit nimmt zu, denn es gelangen weniger Sauerstoffmoleküle bis zu den Zellen. Das lässt diese schneller altern. Emphyseme und ein Großteil anderer Atemwegserkrankungen werden durch das Rauchen verursacht. Außerdem bewirkt Rauchen ein Nachlassen an Energie und Ausdauer. Schäden am Herz-Kreislauf-System und Verengungen der Arterien sind eindeutig darauf zurückzuführen.

Berechnungen haben ergeben, dass die Zellen, beim regelmäßigen Genuss von einer Schachtel Zigaretten pro Tag, um acht Jahre altern. Wer frühzeitig mit dem Rau-

Würden alle Raucher morgen aufhören zu rauchen, gäbe es 30 % weniger Todesfälle durch Krebs, 30 % weniger Todesfälle durch Herz-Kreislauf-Erkrankungen und 24 % weniger Todesfälle infolge Lungenentzündung und Grippe.

Was Nikotin im Herzen bewirkt

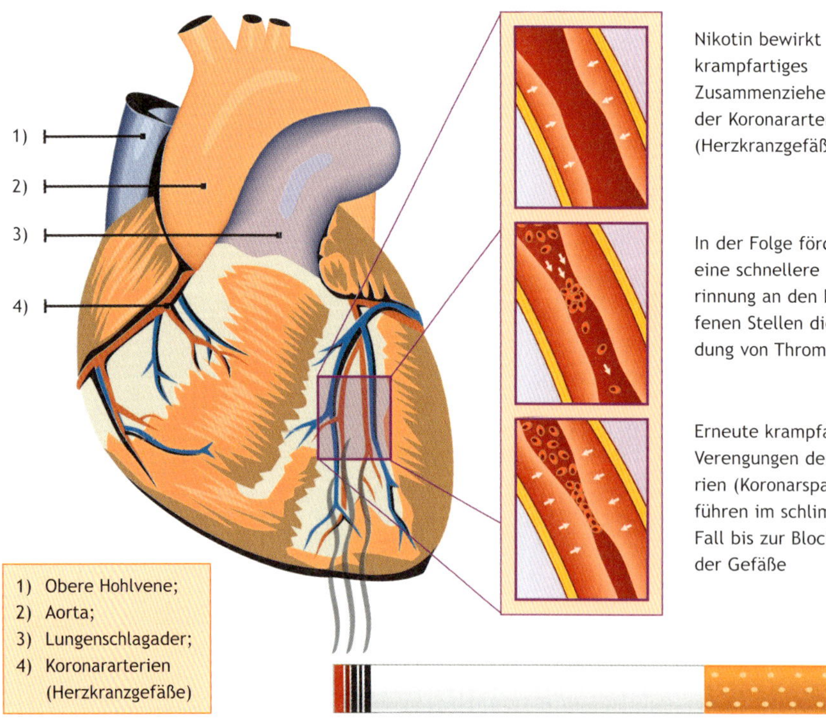

1) Obere Hohlvene;
2) Aorta;
3) Lungenschlagader;
4) Koronararterien (Herzkranzgefäße)

Nikotin bewirkt ein krampfartiges Zusammenziehen der Koronararterien (Herzkranzgefäße)

In der Folge fördert eine schnellere Blutgerinnung an den betroffenen Stellen die Bildung von Thrombosen

Erneute krampfartige Verengungen der Arterien (Koronarspasmen) führen im schlimmsten Fall bis zur Blockierung der Gefäße

chen aufhört, kann im Laufe der Zeit diesen Verlust an ungelebten Jahren wieder fast wettmachen. Mit entsprechender zusätzlicher Unterstützung durch Substanzen können gewisse bereits eingetretene Veränderungen an den Zellen wieder repariert werden. Mehr darüber lesen Sie im Kapitel 6.

Die Inhaltsstoffe machen den Giftcocktail:

Zigaretten enthalten neben Nikotin etwa 4.000 bekannte Giftstoffe. Da durch den Zigarettenrauch der Kohlenmonoxidspiegel im Blut ansteigt (Methämoglobinbildung), sinkt die Fähigkeit des Blutes, Sauerstoff zu transportieren. Auch verändert Zigarettenrauch die Fähigkeit der Bronchien, Sekrete abzutransportieren, was die Infektanfälligkeit der Luftwege erhöht.

Die Blutplättchen (Thrombozyten) neigen unter dem Einfluss des Rauchens schneller zum Verklumpen. Und wenn diese Gerinnungsklumpen abreißen, hinterlassen sie raue Oberflächen an den Gefäßinnenseiten, an denen sich wiederum Ablagerungen schneller bilden können. Sind diese Ablagerungen groß genug, können sie zu Gefäßverengungen führen oder, wenn auch diese abreißen, einen Herzinfarkt oder Schlaganfall auslösen.

Viele der Inhaltsstoffe im Zigarettenrauch sind Oxidantien. Das heißt, sie erhöhen den Anteil Freier Radikale im Körper. Diese Freien Radikale beschleunigen das Altern, sie lösen eine vorzeitige Zellalterung und Krebs aus. Selbst geringe Mengen Nikotin können nachweislich DNA-Schäden auslösen.

Zu Oxidantien, Freien Radikalen und Antioxidantien lesen Sie mehr auf den folgenden Seiten.

Weitere Auswirkungen des Rauchens sind das doppelt so hohe Risiko, impotent und orgasmusunfähig zu werden. Außerdem berichten Raucher von einer verminderten sexuellen Empfindsamkeit. Raucher erkranken doppelt so häufig an Diabetes mellitus, und bei Menschen mit leichter Schilddrüsendysfunktion kann starkes Rauchen ein Schilddrüsenversagen auslösen. Auch das Augenlicht leidet stärker als bei Nichtrauchern.

Andere Risiken, die zum Beispiel familiär bedingt sind (familiäre Häufung von Herzerkrankungen oder Krebsleiden), werden durch das Rauchen verstärkt. In Verbindung mit Alkohol ist Nikotin eine hochgradig krebsauslösende Substanz.

Die Ernährung

Die Ernährung wird meist nur zum Thema, wenn Menschen übergewichtig sind. Dann versuchen sie, mit diversen mehr oder weniger vielversprechenden Diäten, ihr Problem unter Kontrolle zu bekommen. Diese Einstellung fügt ihnen aber mehr Schaden zu als Nutzen. Sie versteifen sich so sehr darauf, Pfunde zu verlieren, dass sie sich nicht mehr vernünftig ernähren. Die meisten Menschen wissen vielleicht noch, dass Ernährung eine wichtige Rolle für die Gesundheit und Lebenserwartung spielt, aber nicht so genau, wie sie sich richtig ernähren können, um gesund und "jung" zu bleiben.
So nehmen zum Beispiel die meisten Menschen mehr Fett zu sich, als sie brauchen (134 Gramm anstelle der von der Deutschen Gesellschaft für Ernährung DGE empfohlenen 71 Gramm).

Die Vitaminzufuhr sichern!

Das Problem zahlreicher Lebensmittel von heute ist, dass sie längst nicht mehr den in ihnen vermuteten Nährstoffgehalt besitzen. Durch schnelle Wachstumszeiten, Ernte von unreifen Früchten und Gemüse, lange Lagerung in Kühlhäusern und beschleunigtes Reifen beinhalten viele Produkte zu wenig der Stoffe, die wir benötigen. Auch Belastungen mit Hormonen, Pestiziden, Nitraten oder Erregern nehmen zu.
Für den Gesunden ist es da schon schwierig, sich "gewinnbringend" zu ernähren. Für Menschen mit erhöhtem Bedarf an lebenswichtigen Nährstoffen wird es oftmals unmöglich. Hierzu zählen u. a. Sportler, körperlich schwer arbeitende oder gestresste Menschen, Senioren - sie essen im Alter weniger und brauchen daher mehr hochwertige Nahrung - und Personen, die sich einseitigen Diät-Regimes unterziehen
Wer bereits an chronischen Krankheiten leidet, sollte eine Ernährungsberatung für sich in Betracht ziehen; denn mit der richtigen Ernährung lassen sich viele zusätzliche Belastungen des Körpers mindern. Darüber hinaus ist es wichtig, dass ausreichend Antioxidantien zum Schutz der Gewebe zugeführt werden.

Kasten 4.3 Die Ernährungspyramide für eine ausgewogene Ernährung

2003 wurde die "neue" Ernährungspyramide vorgestellt. Sie bündelt wissenschaftliche Studien und Langzeitbeobachtungen aus großen internationalen Untersuchungsreihen. Neu ist, dass zwischen gesunden und ungesunden Fetten unterschieden wird. Der Verzehr von Obst und Gemüse wird weiterhin empfohlen, der von Milchprodukten sollte jedoch eingeschränkt werden.

Die Ernährungspyramide unterscheidet jetzt zwischen gesunden und ungesunden Fetten und Kohlenhydraten, d. h. weniger Kartoffeln, Weißbrot, Butter, Milch und Käse

Nüsse, pflanzliche Öle, vor allem aus Oliven, Sonnenblumen und Erdnüssen, Vollkornprodukte sowie Obst und Gemüse sollten den Speiseplan dominieren. Fisch, Geflügel und Eier sind nach wie vor des öfteren einzuplanen.

Von der Deutschen Gesellschaft für Ernährung wie auch den Ärzten wird zur Ernährung nach Ampelfarben geraten: Wer täglich bis zu fünf mal grünes, gelbes und rotes Gemüse oder Obst auf den Tisch bringt, versorgt sich mit einer Vielzahl unterschiedlicher pflanzlicher Fitmacher.

Psychische Belastungen

Verglichen mit unseren Ahnen, deren "natürliche und angeborene Hauptsorge" die Ernährung der Familie und ein sicheres Lager zu finden war, sind die heutigen Möglichkeiten paradiesisch. Den Eindruck hat man zumindest. Denn der Mensch hat sich Bereiche erobern können, die für ihn früher unerreichbar waren: Zum Beispiel die Nacht. Mit Erfindungen wie der Glühbirne haben sich ganze Lebensgesetze verändert. Äußere Zeitgeber wie das Tageslicht konnten über den Haufen geworfen werden, und heute ist es möglich, mitten in der Nacht in taghell beleuchteten Straßenzügen hellwachen Menschen zu begegnen oder nächtelang am Computer zu arbeiten. Die Erfindung des Autos, des Flugzeugs und anderer Fortbewegungsmittel erleichterten das Erobern anderer Länder und Kontinente, machten es genauso möglich, eine weit entfernte Arbeitsstelle annehmen zu können. Die Telekommunikation wiederum wurde zum Verbindungsglied zwischen weit voneinander entfernten Familien oder Partnerschaften.

Die Schattenseiten von Erfindungen:
Die Erfindung der Glühbirne, die Einwirkung von TV, Computern und Internet haben die durchschnittliche Schlafdauer des Menschen in den vergangenen 20 Jahren um 20 Prozent vermindert. Innere Zeitgeber wie Biorhythmus, Hormone und andere Lebenszyklen im Organismus sind darauf nicht vorbereitet.

Doch hat dieses Paradies einen hohen Preis für den Menschen: Die psychische Gesundheit leidet. Eine der Hauptgesundheitsprobleme der Zukunft sind Erkrankungen aus dem psychischen Formenkreis. Hier nur einige Beispiele:

- Depressionen,
- Folgen von Mobbing,
- Burn out,
- Zwangserkrankungen,
- Borderline-Syndrome,
- Alkoholismus,
- Drogenabhängigkeit

Stress im Paradies

Er kündigt sich selten an, aber plötzlich steckt man mittendrin und fühlt, wie man förmlich vom Stress aufgefressen wird. Was genau ist Stress? Und wie manifestiert er sich physiologisch? Stress ist mehr als nur das Gefühl, zu viel zu tun und zu wenig Zeit für sich oder für das Bewältigen von Problemen zu haben. Stress ist ein kompliziertes Gefüge von ineinandergreifenden und sich potenzierenden körperlichen (physiologischen) und psychischen Reaktionen. Ganz einfach ausgedrückt ist Stress die Reaktion des Körpers auf die Vermutung, zusätzlich Energie bereitstellen zu müssen. Das heißt, alles kann Stress auslösen: Der Termindruck, das anstehende Gespräch mit dem Vorgesetzten, Schlafmangel, unregelmäßige Mahlzeiten oder Beziehungsprobleme.

Stress hat aber nicht nur eine seelische oder geistige Komponente. Stress strapaziert den Körper: Wenn wir unter Stress stehen, werden eine Flut von Substanzen ausgeschüttet: Kortison, Adrenalin und andere Stresshormone. Diese rufen physiologische Veränderungen hervor: schnellerer Herzschlag, höherer Blutdruck, schnellere Atmung, ein Gefühl von Wachheit. Selbst die Blutversorgung der Organe verändert sich unter Stress: Herz und Gehirn werden stärker durchblutet, weniger Blut strömt dagegen durch Nieren, Leber, Magen und Haut. Blutzucker-, Cholesterin- und Fettspiegel im Blut steigen an, ebenso die Gerinnungsfaktoren und die Anzahl der Thrombozyten.

Insgesamt ein wunderbares System für Fluchtreaktionen und Schutzschilder im direkten Kampf, denn die Reaktionsschnelligkeit (Davonlaufen!) ist erhöht, die Alarmbereitschaft auf dem Zenit, bei Verletzungen gerinnt das Blut schneller und schützt vor einem hohen Blutverlust. Der Körper stellt Energien zur Verfügung, um blitzschnell auf lebensbedrohliche Situationen reagieren zu können.

Die Frage ist nur: Braucht das der Mensch von heute wirklich? Die Antwort ist Ja und Nein. Dafür, dass wir die Hand von der heißen Pfanne wegziehen oder beim drohenden Autounfall blitzschnell auf die Bremse treten oder ein Ausweichmanöver ohne großes Nachdenken durchführen können, ist dieses Überlebenssystem unschlagbar. Diese kleinen Fluchtreaktionen lassen den Körper nicht altern oder krank werden. Problematisch dagegen wird es, wenn sich der Körper dauerhaft im Zustand der Flucht- oder Kampfbereitschaft befindet.

Dauerstress birgt Risiken: Beanspruchen Sie Ihren Lebensmotor stärker, verbraucht dieser auch mehr Lebensbenzin. Sie verbrauchen Ihre Lebensreserven schneller als vorgesehen. So einfach ist das!

Chronischer Stress hat die Wirkung eines dauerhaften Belagerungszustands. Eine endlose Flucht- oder Kampfsituation laugt die Systeme aus, denn diese haben keine Möglichkeit mehr, einen Ruhzustand zu erreichen und sich neue Reserven aufzubauen für die nächste blitzschnelle Reaktion. Dauerstress bedeutet: Je mehr der Körper belastet wird, desto schneller altert er auch. Chronischer Stress verändert die Immunreaktionen und vermindert die Produktion hilfreicher T- und B-Zellen (mehr hierzu in Kapitel 3, Seite 53). Chronischer Stress lässt außerdem den Blutdruck ansteigen.

Zum Thema Stress gehören auch extreme physische Belastungen wie (Hoch-) Leistungssport. Dieser bislang in der Öffentlichkeit wenig bekannte Risikofaktor wird ab den Seiten 122 näher beleuchtet.

Die Fakten:

- Stress bedingt, dass der Körper weniger Antikörper produziert.
- Chronischer Stress entzieht dem Körper wichtige Vitamine, wie Vitamin C, D und B-Vitamine, darunter auch Folsäure.
- Stress schadet den Knochen, indem es zu einer Abnahme der Knochendichte führt.

- Langfristig führt ein Übermaß an Stresshormonen, die ja kurzfristig die Aufmerksamkeit erhöhen, zu einer Abnahme derselben.
- Untersuchungen belegen, dass durch einen hohen Stresspegel das Unfallrisiko und die Bereitschaft zu Gewalt erhöht werden.

Auswirkungen von Stress auf den Organismus lassen sich durch einen einfachen Bluttest messen. Mehr über den d-ROMs Test lesen Sie in Kapitel 5 auf Seite 103.

Kasten 4.4 **Stress birgt Risiken für das Herz**

Eine vor kurzem im "*Journal of the American Medical Association*" veröffentlichte Studie belegt, dass Stress mit einem verringerten Blutfluss zum Herzen verbunden ist. Das heißt, Stress verursacht eine Verengung der Gefäße in einem gefährlichen Ausmaß.

- Personen, die unter starkem Stress stehen, leiden häufiger unter Durchblutungsstörungen und weisen demzufolge ein höheres Risiko für Herzanfälligkeiten oder Herzrhythmusstörungen auf.
- Stress erhöht die Ausschüttung von Neurotransmittern (Nervenbotenstoffen), die den Herzschlag erhöhen und den Blutdruck noch weiter nach oben treiben. Und Bluthochdruck lässt Gefäße verstärkt altern! Eine Studie der *John-Hopkins-Universität* bewies, dass Personen, die unter psychischen Dauerstress standen, auf dem Fahrradergometer wesentlich schlechtere Belastungstest-Ergebnisse ablegten als Personen, die einem wesentlich geringeren Stress ausgesetzt waren.

Das Risiko für Herz-Kreislauf-Erkrankungen war bei den Stressgeplagten bis um das Zwanzigfache erhöht.

Die Krankheiten von heute sind neu

Auf den Organismus wirkt stündlich eine Vielzahl von belastenden, wie den oben genannten Faktoren ein. Sie sind nicht unmittelbar gesundheitsschädigend. Doch gilt es als erwiesen, dass ein dauerhafter Beschuss durch kraftraubende (Arbeits-, Lebens- oder Krankheits-) Bedingungen die Schutzschilder lückenhaft werden lässt. Wie kann der Körper sich schützen? Wenn er mehr Kräfte aufbauen muss, braucht er auch mehr Helfer im System. Diese bezieht er in der Regel aus der Nahrung.

Haupttodesursachen in Deutschland

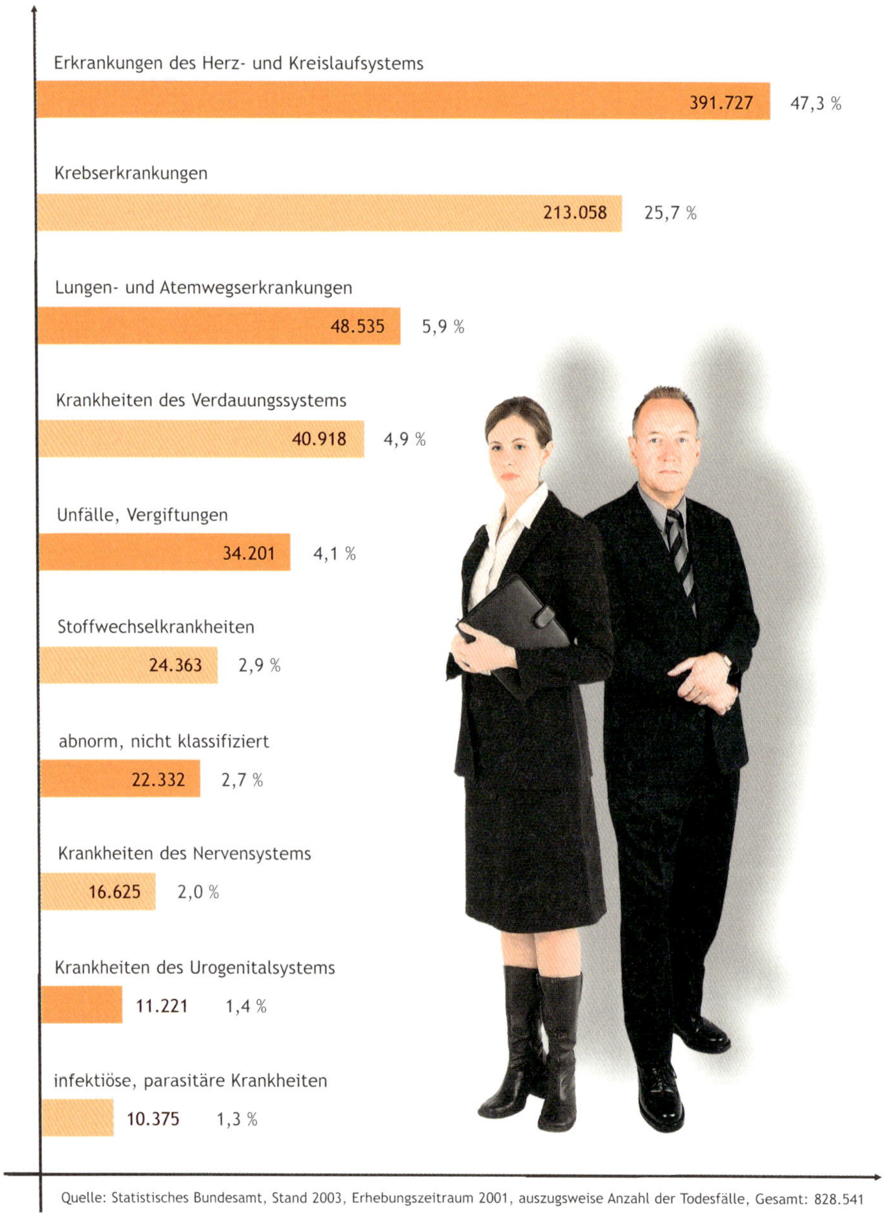

Quelle: Statistisches Bundesamt, Stand 2003, Erhebungszeitraum 2001, auszugsweise Anzahl der Todesfälle, Gesamt: 828.541

Die häufigsten Todesursachen in Deutschland werden angeführt von Erkrankungen des Herz-Kreislauf-Systems, gefolgt von Krebs, Krankheiten der Atmungs- und Verdauungsorgane sowie Unfällen und Stoffwechselerkrankungen.

Die Folge: Sein Bedarf an Mineralien und Vitaminen steigt. In einem gestressten Körper, in dem viele Stoffwechselendprodukte anfallen, werden auch zahlreiche Substanzen gebildet oder frei, die ihrerseits Zellen schädigen können. Ein Teufelskreis beginnt; denn eine größere Anzahl beschädigter Zellen führt dazu, dass der Organismus selbst nicht mehr im Stande ist, seine innere Abwehrkapazität zu vervielfältigen und den gewachsenen Anforderungen im Abwehrsystem gerecht zu werden.

Nicht nur das Immunsystem des einzelnen Menschen auch seine Gene, die für den Fortbestand oder die Weiterentwicklung der Spezies Mensch verantwortlich sind, werden mehr und mehr in Mitleidenschaft gezogen.

Die Zahl der für die heutige Medizin noch unheilbaren Krankheiten nimmt in letzter Zeit zu. Diese Erkrankungen sind besonders in den Endphasen, wenn bereits größere organische Schäden entstanden sind, schwer zu beeinflussen oder gar zu heilen. Die Organschäden sind dann mit den heutigen Methoden der Medizin nicht mehr reparierbar oder regenerierbar.

Krebs ist nach wie vor eine schwer beherrschbare Erkrankung. Die Belastungen der Umwelt und die Einflüsse der Lebensweise nehmen starken Einfluss auf die Teilungsfähigkeit der Zellen. Einige Zellen erleben eine bösartige Transformation: Ihr Regelsystem bricht zusammen und sie leben und sterben nicht mehr nach den Grundregeln des programmierten Zelltodes (siehe auch Seite 43), sondern sie vermehren sich und wären unsterblich, würde nicht schließlich der Kreislauf zusammenbrechen.

In der ***Behandlung von Krebskrankheiten*** wurden in einigen Bereichen enorme Erfolge erzielt, dennoch ist der Krebs noch nicht besiegt. Zytostatika und Strahlentherapien sind schon an sich Mutagene und Kanzerogene. Sie entwickeln starke Nebenwirkungen, so auch Schädigungen im Kontrollsystem der Zellteilung - also auch dem programmierten Zelltod -, in der genetischen Kontrolle, dem Antionkogen oder den genetischen Wachstumsinhibitoren. Darüber hinaus schädigen Zytosatika und Bestrahlung ganz allgemein das Immunsystem, das sich seinerseits mitten im Kampf gegen die anormalen und

mutierten Zellen befindet, um schließlich wieder die Kontrolle zu gewinnen und diese Zellen vernichten zu können. Die Folge ist ein erneutes Wachstum maligner Zellen. Diese Medikamente können also nur eine Notlösung sein.
Der operative Eingriff hat in der Regel die vollständige Entfernung des Tumors zum Ziel. Erreicht wird dies nur bei Patienten, deren Erkrankung sich noch im Anfangsstadium befindet, also noch nicht die Organkapsel verlassen hat, und wo der Krebs vor allem noch keine Metastasen in den Lymphknoten oder weit entfernten Körperregionen entwickelt hat. In disem Fall sind noch keine großen irreversiblen Schäden am Kontrollsystem der Onkogene und Antionkogene aufgetreten. Auch das Immunsystem funktioniert noch stabil: Es ist in der Lage, den Erkrankungsherd unter Kontrolle zu halten und mutierte Zellen abzutöten.

Prävention ist die Medizin der Zukunft

Der Mensch muss sich in Zukunft verstärkt der Prävention zuwenden, also der Vorbeugung derartig zerstörerischer Erkrankungen. Diese Erkrankungen beginnen bereits zehn, zwanzig Jahre vor ihrer Diagnose in einer einzelnen Zelle. Einen effektiven Schutz erhält die einzelne Zelle aber nur, wenn sie ausreichend gestärkt und trainiert wurde. Wenn Krankheiten bereits im Keim erstickt werden können, muss sich der Körper auch keiner umfassend schädigenden oder belastenden Therapie unterziehen.
Die größten Erfolge hat die Medizin bereits mit präventiven Methoden erzielt: Das Durchimpfen der Bevölkerung hat zahlreiche Infektionskrankheiten (die früheren "Geißeln der Menschheit") dem Untergang geweiht. Pocken, Masern, Polio und andere Infektionen wurden nahezu vernichtet. Das Erkennen und Ausschließen äußerer gesundheitsschädigender Faktoren wie Rauchen, Gifte (Arbeitsschutz, z. B. bei Asbest) sowie anderer Agentien haben zu einer Verbesserung der Gesundheitssituation vieler Menschen geführt.

Neue Medikamente müssen die Fähigkeit besitzen, die Körperabwehr zu stimulieren und das unkontrollierte Zellwachstum aufzuhalten. Über welchen Wirkmechanismus der Zeolith Klinoptilolith verfügt, erfahren Sie ab Seite 170.

In den kommenden Jahren werden große Fortschritte bei der Heilung der oben aufgeführten Krankheiten erwartet. Die Wissenschaft ist bereits heute in ihren Laboren und Reagenzgläsern, aber auch schon am lebenden Organismus den praktischen Möglichkeiten weit voraus. Mit der Entschlüsselung des menschlichen Genoms stehen wir erst am Anfang, was das Verstehen vom Ursprung (Ätiologie) vieler Krankheiten betrifft, die auf erbliche oder erworbene Schäden zurück zu führen sind. Zu den Fortschritten gehört auch, dass wir mehr über sogenannte Signalzellen im Körper erfahren müssen. Ihre Funktion ist es, die Kommunikation zwischen einzelnen Zellen zu ermöglichen, so dass zum Beispiel nur die Heilinformation aber nicht der Wirkstoff selbst bis zur Wirkungsstelle (Effektorzelle) gelangen muss.

Wer atmet, lebt - wer atmet, wird älter und "rostet"...

Auf den folgenden Seiten werden Sie noch mehr über das Zusammenspiel von einzelnen Substanzen und Zellen und die bedeutende Rolle der Freien Radikale erfahren. Ihre Bedeutung auf die Gesundheit wird heute nicht mehr angezweifelt: Gehören sie eigentlich zum Abwehrsystem eines "ausgeglichenen", gesunden Körpers, so spielen sie auch eine entscheidende Rolle bei der Entstehung von Krankheiten, ist ihre Produktion einmal außer Kontrolle geraten. Eine bedeutende Rolle hat der Sauerstoff, das "Oxidant", inne, den wir uns etwas genauer anschauen werden.

Atmen ist eine zentrale Lebensfunktion. Beim Atmen gelangt Sauerstoff in das Blut und wird zu den Zellen des Körpers transportiert. Dort ist es Ausgang zahlreicher grundlegender Stoffwechselprozesse.

Der menschliche Organismus braucht Sauerstoff, um funktionieren, überhaupt um existieren zu können. Doch so wichtig wie der Sauerstoff zum Leben ist, ist er auch daran beteiligt, das Gewebe zu oxidieren. Das heißt, durch Sauerstoff altert Körpergewebe, es "rostet". Und dieser Vorgang wird sichtbar: Ein Abfallprodukt dieser als Freie Radikale bezeichneten Sauerstoffverbindungen ist zum Beispiel das Lipofuscin: Es sammelt sich in Organen wie Herz und Gehirn an und verursacht eine Braunverfärbung des Gewebes. Diese Flecken sind Alterszeichen. Je älter der Mensch wird, desto mehr breiten sie sich aus. Wie wirkt sich dieses "Rosten" auf den menschlichen Körper aus?

- Oxidative Prozesse lassen Gefäße altern: Die Oxidation schädigt vor allem Venen und Arterien. Mit zunehmendem Alter werden die Arterien anfälliger für Fettablagerungen, die sehr viele oxidierte Fette enthalten (betrachten Sie hierzu auch die Zeichnung auf Seite 112 in Kapitel 5). Oxidierte Fette sind durch den Einfluss Freier Radikale chemisch stark verändert.
- Oxidative Prozesse lassen die Augen altern, sie können Linsen und Netzhaut schädigen und die Entstehung von grauem Star beschleunigen.
- Freie Radikale sind instabile Sauerstoffmoleküle, die genetischen Schaden anrichten können. Die Oxidation greift in den Kopiervorgang der Zelle ein (beschrieben in Kapitel 2) und verursacht Schä-

den an der DNA. Die Folgen können Krebs und vorzeitiges Altern verschiedener Gewebearten sein.

- Es entstehen Schäden am Immunsystem.

Kasten 4.5 **Der "rostende" Apfel**

Ein angeschnittener Apfel "rostet" an der Luft: Die Schnittfläche wird braun, ihre Oberfläche zieht sich zusammen und wirkt unelastisch wie die Haut älterer Menschen. Die Einwirkung des Sauerstoffs aus der Luft bewirkt diese schnelle Alterung der frei liegenden Afpelzellen. Erst durch Aufträufeln von Zitronensaft wird der Prozess verhindert beziehungsweise unterbunden. Der Apfel wird nun nicht mehr braun, da Zitronensaft voll mit Vitamin C ist. Dieses wirkt antioxidierend. Zitronensaft stoppt den Oxidationsprozess und verhindert, dass der Apfel "rostet".

Die Veränderungen durch Sauerstoff auf der Apfeloberfläche gleichen denen im Körper an menschlichen Zellen. Hier bieten Antioxidantien wie Vitamin C und E, Selen und andere bekannte Stoffe einen Schutz. Ab Seite 184 finden Sie eine Auflistung der bekanntesten Antioxidantien.

Grundlagen: Oxidativer Stress - zwei Seiten einer Medaille

Anmerkung zur Begrifflichkeit:
Das Peroxid-Ion O_2^- wird manchmal auch als Superoxid-Ion bezeichnet. In diesem Buch wird durchgehend der Begriff Superoxid-Ion verwendet.

Sauerstoff hat im Körper von Mensch und Tier vielfältige Aufgaben inne. Unter anderem ist er die Grundlage für Stoffwechselprozesse, die der eigentlichen Energieproduktion durch Energieumwandlung dienen: Für die ablaufenden Zellaktivitäten wird Sauerstoff benötigt, der dem Körper über die Atmung zugeführt wird.

- In der Regel werden 97 - 99 % des zugeführten Sauerstoffs im physiologischen Stoffwechselprozess verbrannt. Grundvoraussetzung hierfür ist das Vorliegen stabiler Sauerstoffmoleküle, die derart reaktionsfreudig sind, dass sie schnell verbrannt werden können.
- Bei den verbleibenden 1 - 3 % des Sauerstoffs handelt es sich um instabile und äußerst reaktionsfreudige Sauerstoffmoleküle, sogenannte Superoxide mit einer enormen oxidativen Wirkung.
  Auf ein Jahr gerechnet entspricht 1 % der Produktion an Radikalen etwa einer Menge von 1,7 kg. Bei Sportlern oder unter anhaltender starker psychischer oder physischer Belastung (Nikotingenuss zählt auch dazu) beläuft sich die Menge auf bis zu 17 kg Sauerstoffradikale pro Jahr - oder sogar noch mehr! Diese Menge kann vom Abwehrsystem nicht mehr kontrolliert werden.

Wunderwaffe "Freie Radikale" - effektiver Teil der körpereigenen Abwehr!

Freie Radikale sind nicht nur schädlich. Der Körper selbst baut Freie Radikale gezielt auf, um sie im Kampf gegen Krankheiten einzusetzen. Denn Freie Radikale binden Bakterien oder Viren, verbrennen sie, machen sie unschädlich. Die Phagozyten (Fresszellen) verschlingen die Krankheitserreger und produzieren in kürzester Zeit unter anderem eine große Menge an Superoxid-Anionen, also extrem reaktionsfreudige Sauerstoffteilchen, um die Feinde damit zu verbrennen. Des Weiteren können die Fresszellen auch Peroxinitrit bilden. Diese Substanz unterbindet die Energiezufuhr der Bakterien, die sich

dann nicht mehr teilen und vermehren können: Sie sterben ab.
Jede einzelne Fresszelle stößt in einer Sekunde eine Million Freie Radikale aus. Möglich wird dies nur durch einen erhöhten Sauerstoffverbrauch bei Entzündungen: Fresszellen verbrauchen im Kampf gegen Bakterien bereits innerhalb von 30 Sekunden nach ihrer Aktivierung etwa das Zehnfache an Sauerstoff.
Auf diese Weise gelingt es durch den Einsatz Freier Radikale, Infekte und Entzündungen zu bekämpfen, aber auch defekte Zellen beiseite zu schaffen. Das betrifft auch Tumorzellen. Genau genommen beruhen die gängigen Krebstherapien auch auf diesem System: Durch Überwärmung, Einsatz von Zytostatika oder Strahlentherapie wird eine erhöhte Produktion von Freien Radikalen provoziert, deren Aufgabe es ist, Krebszellen anzugreifen und zu zerstören. Allerdings zeigen diese Therapien auch Nebenwirkungen, da sich der Feldzug der Freien Radikale nicht nur auf die Zielzellen begrenzt sondern auch andere mit einbezogen werden: Das äußert sich sichtbar in Haarausfall oder spürbar in anderen Gewebestrukturen, die in Mitleidenschaft gezogen werden.
Bliebe es bei einem geringen Anteil Freier Radikale im Körper, wären sie nicht weiter gefährlich. Denn der Körper ist durchaus in der Lage, sich vor Angriffen zu schützen oder Schäden zu reparieren. Zum Problem werden Freie Radikale allerdings, wenn sie im Übermaß entstehen, was durch eine hohe Anzahl von Abwehrreaktionen geschieht. Auch die veränderte Umweltsituation führt zu einer Massenproduktion von Freien Radikalen.

Freie Radikale - das 3. Abwehrsystem des Körpers!
Freie Radikale werden vom Körper selbst als Kampfeinheiten gegen Krankheitserreger oder Fremdstoffe eingesetzt. (Lesen Sie hierzu auch Kapitel 3)

Wenn die Balance kippt, wirkt Sauerstoff wie Bleichmittel im Körper

Eine der wohl bekanntesten Verbindungen mit Sauerstoff-Molekülen ist das Wasserstoffperoxid, ein beliebtes Mittel zum Bleichen von Zähnen oder Reinigen von Wunden. Genau diese Sauerstoff-Moleküle (reaktive Sauerstoff-Teilchen = ROS) sind in der Lage, die Zellen an unterschiedlichen Bereichen zu schädigen: Sie dringen ins Zellinnere, gehen komplexe Verbindungen ein und lagern sich mit diesen an Strukturen an. Wesentliche

ROS oder Supersauerstoff
= Sauerstoffmoleküle, die extrem reaktiv sind (reactive oxygen spezies = ROS). Sie lösen den sogenannten Oxidativen Stress aus.

Kasten 4.6 Gesundheit - eine Frage der Balance

Wenn die Produktion von Freien Radikalen allein dem Zweck der Krankheitsabwehr dient und Freie Radikale bei einer Überproduktion ohne Schäden im Körper anzurichten abgepuffert werden können, wird es gar nicht zum Kampf auf molekularer Ebene kommen. Aber im Laufe der Zeit ist das Verhältnis zwischen den starken Umwelteinflüssen und den geschwächten Gegenspielern aus dem Gleichgewicht geraten. Oxidativer Stress mit seinen fatalen Folgen ist quasi vorprogrammiert.

Angriffspunkte dabei sind: die Zellmembran, welche die Kontrolle über die Zelle ausübt, die Mitochondrien, die der eigentlichen Energieproduktion im Stoffwechsel dienen, und last not least der Zellkern, der die wertvolle Information in der DNA bereit hält.

Der menschliche Organismus verfügt über ein starkes und eingespieltes Abwehrsystem gegen diese Sauerstoff-Moleküle. Doch wie nahezu jedes hochwertige System besitzt auch dieses eine Achillesferse: Es ist nur für kurze Höchstbelastungen ausgelegt. Dann braucht es wieder eine Phase der Ruhe, um die leergelaufenen Akkus aufzuladen. War das Leben früher durch äußere Zeitgeber strukturiert, so gelten diese Regeln heute nicht mehr (Lesen Sie hierzu in diesem Kapitel auf Seite 74). Der Mensch von heute ist nahezu ununterbrochen aktiv:

Arbeit, Sport in der Freizeit, Kino, Freunde, Reden, Denken, Telefonieren, Probleme wälzen, Aktiv-Urlaub usw. - kaum eine Ruhephase in Sicht. Die Akkus laden sich immer nur gerade so viel auf, dass alles irgendwie noch funktioniert.

Der Risikofaktor Oxidativer Stress begünstigt die Bildung Freier Radikale

Dabei ist längst bekannt, dass hohe Belastungen wie Leistungssport, Rauchen oder UV-Strahlung und Stress das Abwehrsystem überfordern. Dies begünstigt infolge die Anlagerung von Sauerstoff-Molekülen in den Zellen und im Blut. Über kurz oder lang muss eine derartige Sauerstoff-Überflutung zu irreparablen Schäden führen. Genau dieser Zusammenhang wird als Oxidativer Stress bezeichnet.

Der Kasten 4.7 enthält vorab ein Kurzportrait über Sauerstoffradikale. Die Theorie der Freien Radikale wird im folgenden Abschnitt des Kapitels ausfürlich behandelt. Ein Portrait der Freien Radikale finden Sie auf Seite 91.

Oxidativer Stress stellt einen Risikofaktor dar. Bleibt dieser Risikofaktor über längere Zeit bestehen, beginnt eine Kettenreaktion, in der zunächst nur wenige Zellen betroffen sind. Ähnlich einem Dominoeffekt breitet sich dieser Risikofaktor aus und bietet somit eine breite Angriffsfläche für Krankheiten.

Kasten 4.7 — Kurzportrait Sauerstoffradikale

Als eine Form von Freien Radikalen werden solche Verbindungen bezeichnet, die durch die Anlagerungen der instabilen Sauerstoff-Superradikale entstanden sind. Ihre Ladung kann neutral, positiv oder negativ sein.

Das Sauerstoffradikal stellt so lange einen Risikofaktor dar, wie es nicht "kontrolliert" durch die eigene Immunabwehr gebunden werden kann. Denn so ist es in der Lage, unkontrolliert andere Sauerstoffverbindungen einzugehen, die ihrerseits eine schädigende Wirkung haben können.

Die Sauerstoffhyperradikale entstehen bei schnell ablaufenden Reaktionen, in denen ein Elektron an einen anderen Reaktionspartner übergeben wird. Es handelt sich also um unvollständige Reaktionsprozesse mit einer hohen Reaktionsgeschwindigkeit.

Die Entstehung Freier Radikale wird besonders dann begünstigt, wenn die körpereigene Immunabwehr in hohen Belastungsphasen, bei einer gleichzeitig stattfindenden Überproduktion von Sauerstoffradikalen, komplett überlastet ist.

Theorie der Freien Radikale und ihrer zerstörerischen Wirkung

Aufgrund ihrer nachgewiesenen Verbindung zu verschiedenen krankhaften Zuständen wächst das Wissen über Freie Radikale in letzter Zeit massiv. So ist zum Beispiel bewiesen, dass 90 % der Krankheiten durch schädliche Einwirkungen der Sauerstoffradikale (ROS) auf die Zellfunktion ausgelöst werden. Neueste wissenschaftliche Erkenntnisse bringen die ätiologische Pathogenese der verschiedenen Krankheiten in Zusammenhang mit der Theorie über die Freien Radikale.

Einige Highlights aus der Geschichte der Freien Radikale

Was Sauerstoff und Augenlicht verbindet
Frühgeburten muss oft ein Luft-Sauerstoff-Gemisch zugeführt werden, denn in vielen Fällen ist bis zum Zeitpunkt der Geburt die Reifung der Lungen noch so unvollständig, dass eine Eigenatmung des Säuglings nicht ausreichen würde. Dabei handelt es sich sprichwörtlich um eine Gradwanderung: Ist das O_2 *- Angebot im Atemgemisch zu hoch, wird im Glaskörper des Auges das Einsprossen von Blutgefäßen begünstigt, was zur Erblindung führen kann.*

1894 veröffentlichte *Fenton* die erste chemische Reaktion, an der, wie sich später herausstellte, Sauerstoffderivate als Freie Radikale beteiligt waren. Fünf Jahre später demonstrierte der irische Arzt *Lorrain Smith*, dass ein erhöhter Sauerstoffpartialdruck bei Versuchstieren im Labor erhebliche Schäden an der Lunge verursacht hatte. Bedauerlicher Weise mussten 60 Jahre vergehen und über 1.000 Publikationen herausgegeben werden, bis allgemein anerkannt wurde, dass eine zu hohe Sauerstoffdosis für den lebenden Organismus schädlich ist.
Harmana veröffentlichte 1956 als erster seine Theorie vom Zusammenhang zwischen dem vermehrten Auftreten Freier Radikale und dem Altern. Dabei stellte er die Hypothese auf, dass Sauerstoffderivate der Freien Radikale fortschreitend direkte Schäden an Enzymen und anderen Proteinen, an ungesättigten Fettsäuren und Phospholipiden, ebenso an der DNA und RNA sowie der Zellmembran verursachen. Diese Schäden resultierten seiner Hypothese nach im vorzeitigen Altern der Zellen. Seitdem mehren sich die Forschungsergebnisse, die *Harmana's* Ansätze unterstützen und in der Formulierung münden:

Altern ist die Summe und die Hauptursache aller Reaktionen der Freien Radikale in den Zellen und im Gewebe.

Mitochondrien sind der neuralgische Punkt der Zelle

Mitochondrien sind für oxidative Schäden besonders empfindlich, obwohl die Angriffe Freier Radikale in allen Teilen der Zelle stattfinden. Die Mitochondrien-DNA (mtDNA) ist erst seit 1963 bekannt. 1988 wurde die erste, mit einem Fehler am mitochondrialen Gen verbundene Krankheit erstmals beschrieben: *Leber´sche* Miliarangioretinopathie. Inzwischen sind viele Krankheiten bekannt, die mit einer Mutation des mitochondrialen Gens einhergehen. Zu ihnen zählen Krebs, Altersdiabetes (Typ 2), Herzfehler sowie einige neurologische Erkrankungen. Bei einer schweren Beschädigung der mtDNA zum Beispiel durch reaktive Sauerstoffteilchen werden eine Entpaarung der DNA sowie Mutationen ausgelöst.
Vermutlich sind mitochondriale Veränderungen auch für den Alterungsprozess von Bedeutung (*de Grey*). Obwohl mutierte mtDNA nur in sehr kleinen Mengen vorhanden ist, könnte dies der Hauptgenerator für Oxidativen Stress in den Zellen sein. Zunehmend wird über die Bedeutung des Oxidativen Stresses für den Alterungsprozess und verschiedene degenerative Erkrankungen diskutiert.
Beim Altern ist das Mitochondrium die größte Oxidantien-Quelle (*Shigenaga*):

- Das mitochondriale Transportsystem verbraucht etwa 85 % des Sauerstoffs in der Zelle.
- Im Gegensatz zu anderen Sauerstoff verbrauchenden Systemen produziert das Mitochondrium energielieferndes ATP.
- Das Mitochondrium ist Bestandteil aller Zellen. Es sichert etwa 90 % der von der Zelle benötigten Energie. Diese Energie wird in einem hochkomplexen Verfahren bereit gestellt, wobei auch ein Elektronen-Transfer durch eine Serie von Proteinkomplexen (Atemkette) die Regel ist. Die Übertragung des Elektrons ermöglicht indirekt dem ATP die Synthese.
- Obwohl doch die Atemkette ausreichend Energie produziert, werden zusätzlich im Überfluss Freie Radikale gebildet. Dabei wirkt sich jede Verzögerung innerhalb der Atmungskette positiv auf die Produktion Freier Radikale aus (z. B. durch

Über den Begriff ATP und seine Bedeutung erfahren Sie mehr im Glossar auf Seite 199.

Umwelttoxine, Akkumulationen somatischer Mutationen der mtDNA). Während der gesamten Lebenszeit eines Menschen entsteht bei der ATP-Produktion ein Überschuss an Freien Radikalen, der das Mitochondrium angreift und seine DNA mutieren läßt. Dieses Übermaß an Freien Radikalen wiederum reduziert jene Energie, die in den Zellen und im Gewebe benötigt wird. Damit entsteht ein Mangel, der zu zahlreichen später beschriebenen Erkrankungen führt.

Portrait "Freie Radikale"

Das Freie Radikal ist ein Atom oder ein Molekül mit einem oder mehreren freien Elektronen. Der Begriff "Reaktive Sauerstoffteilchen" (= reactive oxygen species) ROS bezeichnet die Gruppe der Freien Radikale.
Zu den Freien Radikalen zählen:

- das Superoxidanion $O_2^{-\cdot}$
- das Perhydroxylradikal $H_2O^{\cdot}$
- das Hydroxylradikal $HO^{\cdot}$
- nicht radikalische Oxidantien, wie Wasserstoffperoxid H_2O_2, Hydroxyperoxid ROOH und Singulettsauerstoff $^1O_2$ (ein elektronisch angeregter Zustand des Sauerstoffs)

Diese reaktiven Sauerstoffzwischenprodukte können nun an Reaktionen mitwirken, die ihrerseits zu einer Erhöhung der Freien Radikale führen. Treffen Freie Radikale auf ein neutrales Molekül, entsteht ein neues Radikal. Treffen zwei Radikale aufeinander, kommt es dagegen zum Ladungsausgleich.

- Freie Radikale können neutral sein oder positiv bzw. negativ geladen. Gekennzeichnet werden das ungepaarte Elektron und die radikale Natur dieses chemischen Einzelgängers mit einem Punkt hinter dem chemischen Zeichen: H-O-O·
- Freie Radikale - ganz besonders die mit kleinem molekularem Gewicht - sind extrem reaktiv und darum nur von kurzer Lebensdauer. Wegen ihres ungepaarten Elektrons sind sie für gewöhnlich extrem reaktionsfreudige Einzelgänger.

Die hohe Reaktionsfähigkeit der Freien Radikale variiert zwischen den einzelnen Radikalspezies stark: Das Hydroxylradikal hat zum Beispiel eine Lebensdauer von weniger als 1 µs und führt damit in der unmittelbaren Umgebung des Entstehungsortes zu Folgereaktionen.

Sie sind folglich auf der ständigen Suche nach dem fehlenden Elektron. Dabei suchen sie besonders Bereiche erhöhter Elektronendichte auf, zum Beispiel Stickstoffatome (Stickstoff enthält zwei ungepaarte Elektronen), Kohlenwasserstoff (zweifach verbunden in mehrfach ungesättigten Fettsäuren und Phospholipiden). Während dieser Aktionen werden zusätzliche Mittler für Freie Radikale produziert (*Knight*, 1999): Es wird eine Kettenreaktion ausgelöst.

Ein Freies Radikal in der Atommodelltheorie

Atome bestehen aus einem Atomkern mit positiv geladenen Protonen und ungeladenen Neutronen sowie einer Atomhülle aus negativ geladenen Elektronen. Die Masse eines Atoms wird von seinem Kern bestimmt, das Volumen und die chemischen Eigenschaften von seiner Elektronenhülle. Die Anzahl von Neutronen und Elektronen in einem Atom ist gleich, wenn das Atom ungeladen ist.

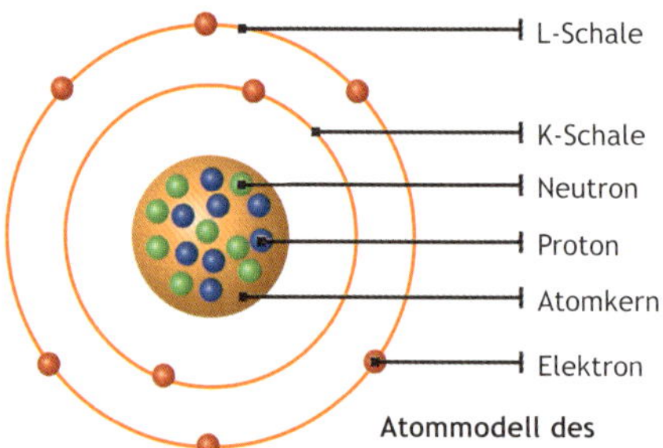

Atommodell des Sauerstoffs

Dieses Atommodell nach *Planck*, *Bohr* und *Sommerfeld* konnte erstmals anschaulich darstellen, wie sich Elektronen um den Kern bewegen, und es erklärte das Auftreten von Linienspektren. Eine Theorie über die Beschaffenheit der chemischen Bindung brachte jedoch erst die neuere Quantenmechanik von *de Broglie*, *Schrödinger*, *Heisenberg* und *Dirac*. Danach werden für Elektronen Räume angegeben, in denen sie sich mit großer Wahrscheinlichkeit aufhalten: so genannte Orbitale (siehe Abbildung unten).

Die Orbitale werden von Element zu Element in der Reihenfolge ihrer Energie besetzt, wobei ein Orbital jeweils zwei Elektronen mit antiparallelem Spin aufnehmen kann (Pauli-Prinzip).

Demzufolge lautet die Elektronenverteilung des Sauerstoffs im Grundzustand:

Orbitale				
K Schale	L Schale			
1s	2s	$1p_x$	$1p_y$	$1p_z$
↑↓	↑↓	↑↓	↑	↑

Oder in Kurzform: $1s^2\ 2s^2\ 2p^4$

Bei positiv geladenen Atomen (eines oder mehrere Elektronen wurden abgegeben) spricht man von Kationen, bei negativ geladenen von Anionen. Radikale dagegen sind ungeladen, verfügen aber über ein extrem reaktives freies Elektron auf der Außenschale.

Ein einfaches Beispiel für die Radikalbildung ist das Chlormolekül, das durch Licht oder Hitze in zwei Chlorradikale gespalten wird:

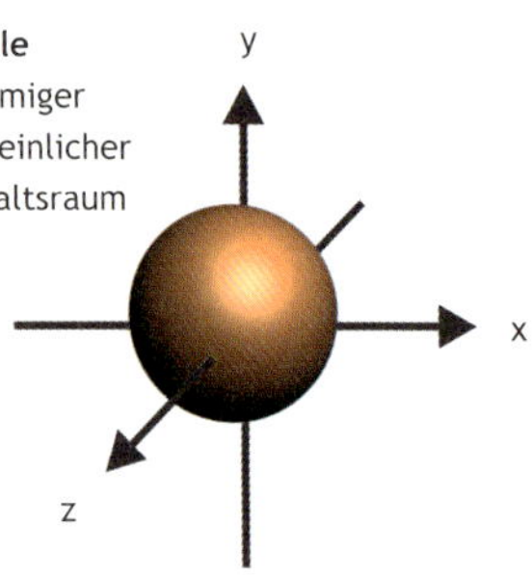

s-Orbitale
kugelförmiger wahrscheinlicher Aufenthaltsraum

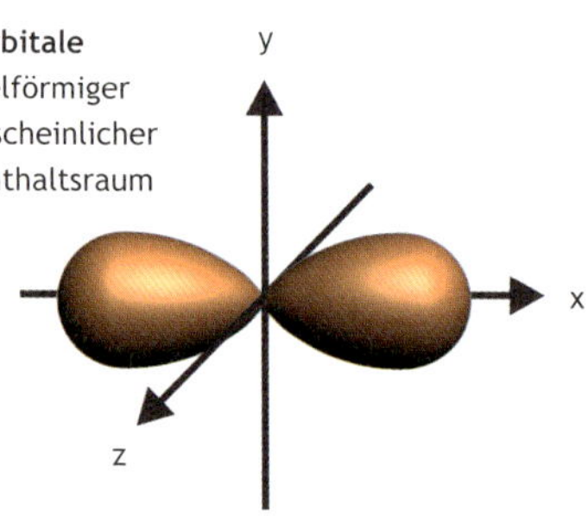

p_x-Orbitale
hantelförmiger wahrscheinlicher Aufenthaltsraum

analog auf den weiteren Raumachsen die p_y- und p_z-Orbitale

Auf der Suche nach dem "verlorenen Elektron" kommt es dadurch zu zahlreichen Schädigungen der biomolekularen Struktur auf Zellniveau: zum Beispiel an Lipiden, Eiweißverbindungen, Kohlenhydraten, Enzymen der Zelle und der DNA. Die Schäden zerstören die Zellintegrität, und wenn es jetzt nicht schnell zu einer schnellen Reparatur der Schäden kommt, führt dies zum Absterben der Zelle - dem Zelltod.

Ein Freies Radikale kommt selten allein: Weil im gleichen Zeitraum zahlreiche nicht reparierbare Zellschäden entstehen und in der Folge den Zelltod einleiten, entsteht ein kumulativer Effekt. Das bedeutet, dass sich Schäden häufen und es zu multiplen Veränderungen kommen kann. Dieser Modus führt zu einer weiteren Anhäufung auch der Freien Radikale. Nach diesem Prinzip funktionieren verschiedene Toxine und Medikamente aus dem Bereich der Krebstherapie wie alkylierende Verbindungen (*Lunec*, 1992).

Zu den Mechanismen, die zum Zelltod führen, erfahren Sie mehr auf Seite 43.

Mechanismen, die zur Entstehung Freier Radikale führen:

- Freie Radikale entstehen hauptsächlich bei biochemischen Redoxreaktionen wie den normalen Stoffwechselreaktionen, an denen Sauerstoff mitwirkt. Dabei entstehen: $O_2^{-\cdot}$, NO_2^- oder H_2O_2.
- Als Folge einer kontrollierten Entzündungsreaktion unter Mitwirkung von Phagozyten (siehe hierzu auch Seite 84). Hierbei entstehen vor allem $HOCl^-$ oder O_2^-
- Durch Einwirkungen von Ionen- oder radioaktiver Strahlung, UV-Strahlung, Verunreinigungen aus der Umwelt (zum Beispiel Zigarettenrauch, Superoxide, Hochleistungssport und Durchblutungsstörungen wie bei Ischämien) werden Freie Radikale freigesetzt, wobei O_2^-, HO^- oder ROO^- entstehen.
- Durch die Einwirkung verschiedener Gifte fallen reichlich Radikale an.
- Auch unter physiologischen Bedingungen des aeroben Metabolismus aller Zellen entstehen Freie Radikale.

Ionenstrahlung führt zu einer homolytischen Disoxidation von Wasser. Dabei entsteht ebenfalls ein hochpotentes Freies Radikale (HO·). Dieses Radikal wird massenhaft in tierischen Zellen und Geweben produziert. Das Interessante daran: Trotz aller bekannten Mechanismen, die den Zellen zur Vermeidung Freier Radikale zur Verfügung stehen (u. a. Neutralisation z. B. durch Metallchelate, antioxidative Enzyme) gibt es Schätzungen darüber, dass jede menschliche Zelle täglich von 10.000 Freien Radikalen angegriffen wird. Im Vergleich: Die Rattenzelle muss pro Tag einem Angriff von etwa 100.000 Freien Radikalen standhalten. (Ames)

Schäden, die durch Freie Radikale an Zellen und Zellstrukturen verursacht werden:

Zellen und Gewebe sind ständig den schädigenden Einwirkungen der Sauerstoffradikale ausgesetzt. Das bedeutet, sie befinden sich regelmäßig in Gefahr, durch Oxidation verändert zu werden. Dabei können locker gebundene Elektronen durch Freie Radikale "gestohlen" werden. Hauptangriffsort der Freien Radikale sind die mehrfach ungesättigten Fettsäuren (*Mufs*).

Das zelleigene Antioxidationssystem schützt die Zelle mit seinen enzymatischen und nicht-enzymatischen Komponenten vor den zerstörerischen Wirkungen der Freien Radikale.

Durch Radikale ausgelöste Schäden sind:

- Die Struktur der Proteine wird zerstört.
- Oxidierung von Lipiden durch die sogenannte Lipide Reaktion (LP). Die Lipide Peroxidation ist ein autokatalytischer chemischer Prozess, in dem mehrfach ungesättigte Fettsäuren und Phospholipide durch das Einwirken Freier Radikale in einer Kettenreaktion zerstört werden. Dadurch wird die Zellmembran zerstört.
- ***Schädigung der DNA-Struktur:***
  Unabhängig von der Lipidperoxidation wird eine direkte Rolle oxidativer DNA-Schäden bei der Krebsentstehung diskutiert. Wie bereits an anderer Stelle beschrieben, kann Wasserstoffperoxid in die Zelle eindringen. Die für die Fenton-Reaktion notwendigen Metallionen sind der DNA angelagert und können bei Oxidativem Stress aus Transportproteinen freigesetzt werden. (*Halliwell* und *Aruoma*, 1991) Das bedeutet, dass die bei der Reduktion von Wasserstoffperoxid entstehenden Hydroxylradikale direkt an der DNA entstehen können und auf diese unmittelbare Auswirkungen ausüben.
- Ungefähr 20 % aller OH·-Radikale-Attacken an der DNA führen zu Schäden am Zucker-Phosphat-Gerüst (*Aruoma* und *Halliwell*, 1998). Das führt zu DNA-Doppel- und Einzelstrangbrüchen.
- Es kommt zur Entflechtung der DNA-Kette, zu ein- oder zweikettigen Brüchen, auch zu Neuver-

knüpfungen zwischen einzelnen Kettenfragmenten. Diese Schäden können zum Beispiel durch Semichinone, die im Teer der Zigaretten enthalten sind, ausgelöst werden. Diese Semichinone reagieren (interchelatieren) mit der doppelten Chelatstruktur der DNA-Spirale und bewirken u. a. die Entstehung von Superoxidanionen und Wasserstoffperoxid.

- Vermutlich führen ROS zur Aktivierung eines speziellen Enzyms (ADP-Ribose-Polymerase) in genau der Phase, wenn Reparaturen an der geschädigten DNA durchgeführt werden. Parallel hierzu sinkt die zelleigene Produktion an ATP. Daraus folgen ein Energiedefizit und Niveauveränderungen des zellinneren Calcium-Spiegels. (*Lunec*, 1992)
- Aus einer Anhäufung von oxidierten LDL entwickeln sich "Schaumzellen", die die Entstehung von Arteriosklerose begünstigen (betrachten Sie hierzu auch die Darstellung auf Seite 112).

Schädigung der DNA durch ROS

ROS (reaktive Sauerstoffteilchen) enstehen u. a. durch Metabolismus, Entzündungsprozesse, radioaktive Strahlung oder Umweltverschmutzung. Sie induzieren DNA Schäden und Mitose (Zellteilung) bis hin zur Entstehung von Krebs.

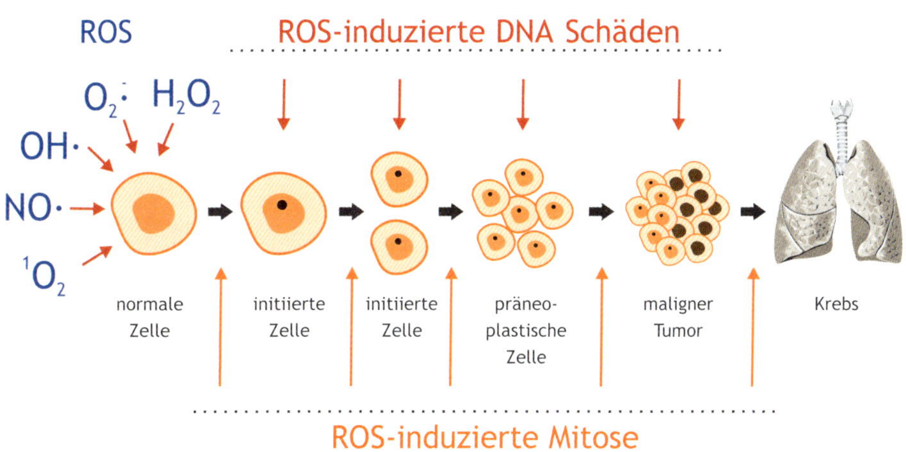

- Mutationen in den Onkogenen oder Tumorsupressorgenen

Cholesterin ist ein Blutfett aus mehreren Anteilen:

- *Als LDL oder "Low Density Lipoproteine" wird der Anteil der Cholesterine bezeichnet, der eine niedrige Dichte aufweist. LDL wird auch als das "böse" Cholesterin bezeichnet.*
- *HDL (high density lipoproteine) ist das dichtgepackte Lipoprotein.*

Blutuntersuchungen messen das Verhältnis der beiden Lipoproteine untereinander: Bei erhöhtem LDL-Anteil steigt das Risiko für Gefäßveränderungen. Doch wie man heute weiß, ist es nicht das LDL allein: Erst seine Oxidation macht es zum Schadstoff für Gefäße. *Mehr hierzu ab Seite 112.*

- Ein Angriff von Freien Radikalen begünstigt die Aktivierung bestimmter Enzyme wie der Protein-Kinase. Wie in Kapitel 2 beschrieben, gibt es Enzyme, die Stoffe in ihrer Aufgabe behindern, so zum Beispiel behindert die Protein-Kinase einen Hemmstoff gegen das krebsauslösende Onkogen. Ist das Onkogen ungehemmt, fördert dieses wiederum die Bildung von entarteten (Krebs-) Zellen.
- Freie Radikale können die Selbstoxidation der Zuckermoleküle Glukose und Mannose auslösen. Als Nebenprodukt entsteht dabei unter anderem Wasserstoffperoxid.

Wichtige Begriffe aus Kapitel 4

Alkoholismus
Antibiotika
Apfel
Atommodell
ATP
Blei
Borderline-Syndrom
Burn out
Depression
Diabetes mellitus
Drogenabhängigkeit
Ernährungspyramide, neu
Giardia lamblia
Hormone
Hydroxylperoxid
Kanzerogene
Lipide peroxidation
Lipidperoxidation
Lipofuscein
Luftverschmutzung
Methämoglobinbildung
Mobbing
mtDNA
Mufs: mehrfach ungesättigte Fettsäuren
Mutagene
Nikotin
Nitrate
Orgasmusfähigkeit
Perhydroxylradikal
Peroxid
Pestizide
Prävention
Psychische Belastungen
Radioaktive Stoffe
Rauchen
Schilddrüsendysfunktion
Schutzimpfung
Stress
Superoxid
Superoxidanion
Umweltgifte
Vitamin C
Wasserstoffperoxid
Zigaretten
Zwangserkrankung
Zytostatika
Zytostatika

5

Oxidativer Stress

MARK
FOR TIME

Oxidativer Stress

Risikogruppen für Oxidativen Stress:

a) unter den Gesunden

- *Senioren, jüngere Frauen, Freizeitsportler, Vegetarier, Personen während Fastenkuren und Personen unter blutfettsenkenden Kostformen.*
- *Personen mit täglich langer Arbeitszeit (10 - 12 Stunden), nach 24-Stunden-Diensten ohne Nachtruhe, nach Operationen, aber auch nach einmaliger intensiver Sonnenbestrahlung*

b) unter Kranken bzw. Extrembelastungen:

- *Bei chronischen und ernsten Erkrankungen, Tumoren, exzessivem Sport (ab Seite 122), multiplen chemischen Belastungen, alkoholischen Lebererkrankungen, Trisomie 21*

Freie Radikale sind so reaktionsfreudig, dass sie selbst während einer noch so kurzen Einwirkungszeit von Sekundenbruchteilen wahre Feuerwerke in der Zelle verursachen. Das reicht aus, um lebenswichtige chemische Prozesse völlig durcheinander geraten zu lassen. Viele Wissenschaftler sind sich heute einig, dass durch Oxidativen Stress zahlreiche schwere Krankheiten ausgelöst werden bzw. Freie Radikale bi ihrer Entstehung eine wichtige Rolle spielen.

Da sie so extrem reaktionsfreudig sind, verbinden sie sich mit beinahe jedem beliebigen Stoff im Körper, um ihm die wichtigen Elektronen zu entreißen - und machen ihn damit unbrauchbar. Doch damit nicht genug, die beraubten Stoffe jagen nun ihrerseits einem fehlenden Elektron nach. Eine Kettenreaktion ist ausgelöst und brandschatzt im Gewebe, was nicht ohne Folgen bleibt. Berechnungen zufolge genügt ein einzelnes Freies Radikal, um bis zu tausend Moleküle zu verletzen.

Im Laufe der Zeit steigt die Summe der Schäden, während der Organismus immer weniger in der Lage ist, sich zu regenerieren. So kommt es dazu, dass einige Schäden vererbt werden, bevor sie repariert werden konnten. Andere Zellen wiederum sind völlig überfordert von der Menge der Abfallstoffe, die sich in ihnen angesammelt haben. Experten vertreten die Ansicht, dass Freie Radikale Aulöser und/oder Begleiter vieler, wenn nicht sogar aller Krankheiten und degenerativer Prozesse sind.

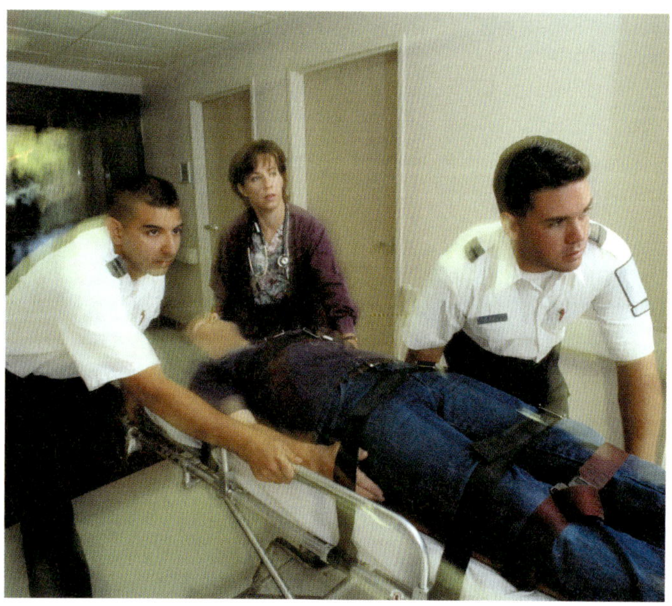

Methoden zur Erfassung der Freien Radikale im Körper

Freie Radikale zeihnen sich durch eine hohe spezifische Reaktivität und eine kurze Halbwertzeit aus. Gegenwärtig stehen zahlreiche Methoden zur Verfügung, die mit Hilfe großer Laborausrüstung den antioxidativen Status des Körpers messen können.

- Es gibt direkte Methoden, zu denen zum Beispiel die Elektronen-Spin-Resonanz-Spektroskopie (ESR), die Spin-Trap-Technik und das Chemoluminiszenz-Verfahren gehören.
- Und es gibt verschiedene indirekte Methoden, u. a. die elektrochemische Messung von flüssigem Sauerstoff, die photometrische Messung des Verbrauchs an Sauerstoffs, die Methode der Oxidation von Protein und DNA, die Exspiriumprobe, die Methode der lipiden Peroxidation sowie die FR-Analyse mit Hilfe des d-ROMs Test.

In der Regel sind aufwendige Laborarbeitsplätze zur Messung des Totalen antioxidativen Status (Abkürzung: TAS) notwendig und es dauert mehrere Tage, bis die Ergebnisse bereit liegen. Ein neuartiges Analyseverfahren, die kleinlabortechnische und somit ambulant durchführbare FR-Analyse (Freie Radikalen Analyse) bietet hier Abhilfe und wird auf den folgenden Seiten als eine schnelle und zuverlässige Alternative zu den herkömmlichen Verfahren vorgestellt. Zunächst dennoch eine kurze Zusammenfassung der klassischen Verfahren.

Freie Radikale im Blutserum schädigen die Zelle, indem sie Lipide, Eiweiße und weitere Gewebekomponenten oxidieren. Durch diesen Oxidationsprozess entstehen Metabolite (Anlagerungsprodukte), von denen die oxidierten Lipide photometrisch gemessen werden.

Tabelle 5.1

Gebräuchliche Labormethoden zur Bestimmung des Oxidativen Stress bei lebenden Organismen

Pro-Oxidantien Status	Anti-Oxidantien Status
d-ROMs Test (FR-Analyse)	OXY-adsorbent Test
TBAR (MDA)	TRAP
Lipoperoxide	TAS
ESR (Elektrospektroskopie)	SHp Test
Chemoluminescence	BAP Test

Oxidativer Stress

Kasten 5.1 Direkte und indirekte Messmethoden

Direkt:

- Mit ***ESR - der Elektronen-Spin-Resonanz-Spektroskopie*** wird die Absorption der Mikrowellenenergie im Moment der Resonanz des paramagnetischen Stoffes gemessen. Die Freien Radikale besitzen ein magnetisches Moment, denn sie haben ein ungepaartes Elektron. (*Lunec*, 1992).
- Die Spezifität / Selektivität wird durch Anwendung der ***Spin-Trap-Technik*** verbessert, bei der die Freien Sauerstoffradikale speziell mit Nitronen oder Nitroseverbindungen reagieren und so eine stabilere Art der Freien Radikale entsteht, welche leichter festgestellt werden kann (*Weber*, 1990).
- Bei der ***Chemoluminiszenzmethode*** werden gezielt synthetisierte fluorogene Farben eingesetzt, welche die Eigenschaft haben, dass sie nach der Reaktion mit Freien Radikalen, bevor sie wieder in den Grundzustand zurückkehren eine Lichtenergie freisetzen (*Lunec*, 1992).

Indirekt:

- ***Methode der lipiden Peroxydation:*** Die mehrfach ungesättigten Fettsäuren sind oft das Angriffziel von Sauerstoffradikalen, wobei die dadurch entstandenen Produkte ein gutes Anzeichen für oxidative Schäden sind, z. B. MDA - Malondialdehyd, konjugierte Diene, hydroperoxide Derivate (*Favier*, 1997).
- In der ***Exspiriumprobe*** kann man Ethan und Pentan als Spurenprodukte feststellen, welche durch die oxydative Impfung der Linolsäure entstehen, wobei für die Feststellung die Gas-Chromatographiemethode angewandt wird (*Weber*, 1990).
- Methode der Oxidation von Protein und DNA: Die Aminosäurereste (Trp, Cys, Tyr, Pro) unterliegen mittels der ROS einer chemischen Transformation. Nach der enzymatischen Digestion ist es möglich, unter Anwendung der HPLC Methode Reserven der einzelnen Produkte festzustellen.
- Das gleiche gilt auch für die DNA, wo man die Digestion mit einer Serie Endonuklease ausführt. Die Messung der oxidativen veränderten Nukleotide (8-hydroxi-deoxigvanose) wird mit HPLC oder dem Verbundsystem GC-MS durchgeführt (*Lunec*, 1992).

Oxidativer Stress

FR-Analyse mit dem d-ROMs Test

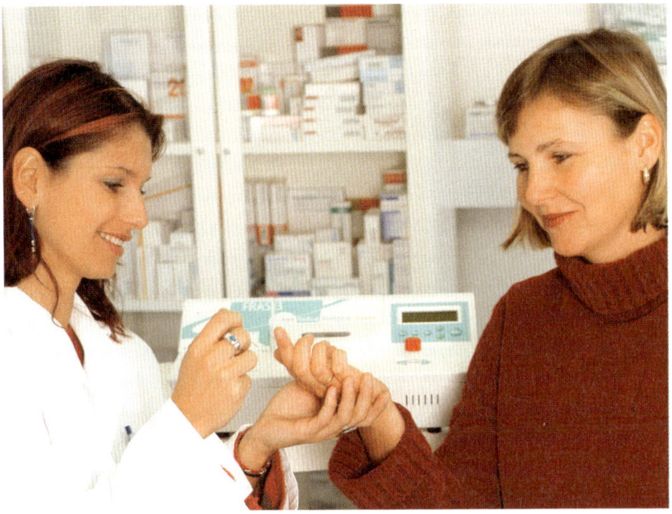

Testprinzip:

Die FR-Analyse mit dem d-ROMs Test ist ein photometrischer Test, der speziell zum Testen Freier Radikale entwickelt wurde. Das Prinzip beruht auf einer Messung mittels monochromatischem Licht. Dabei wird dieses durch die Probe geleitet, die ein Chromogen (Farbträger) enthält. Der Absorbtionsbereich des Chromogens weist dieselbe Wellenlänge auf wie das Licht und schwächt dieses beim Durchdringen der Probe ab (Extinktion). Die Extinktion ist proportional der Konzentration der zu messenden Substanz, dem Chromogen.

Der Kasten 5.2 auf Seite 105 stellt das Teestverfahren des d-ROMs Test im Detail vor.

Messung:

Zur Bestimmung wird ein Tropfen Serum mit einem synthetischen Chromogen in Kontakt gebracht. Dieses Reagenz bildet mit den oxidierten Lipiden einen Farbkomplex, der bei einer Wellenlänge von 505 nm photometrisch bestimmt wird. Die Farbintensität ist proportional dem Oxidativen Stress des Untersuchten.
Die Mess-Einheit wird in Carr-Einheiten (engl.: Unit Carr) ausgedrückt. Dabei entspricht 1 Carr-Einheit 0,08 mg/dl Wasserstoffperoxid im Serum. Die Interpretation der Werte sieht folgendermaßen aus:

Oxidativer Stress

Tabelle 5.2

Beurteilung des oxidativen Status durch den Unit Carr. Wert

	Werte in Unit Carr.	körperlicher Zustand
■	bis - 250	optimal
■	251 - 299	normal
■	300 - 320	leichter Oxidativer Stress
■	321 - 400	mittlerer Oxidativer Stress
■	401 - 500	hoher Oxidativer Stress
■	> 501	sehr hoher Oxidativer Stress
	1 Unit Carr. = 0.08 mg/dl H_2O_2	

Anwendungsbereiche:

- Allergien
- Gefäßerkrankungen, Angiologie
- Herzerkrankungen, Kardiologie
- Hauterkrankungen, Dermatologie
- Frauenleiden, Gynäkologie
- Neugeborene, Neonatologie
- Krebserkrankungen, Onkologie
- Lungenkrankheiten, Pneumologie
- Rheumaerkrankungen, Rheumatologie
- Sport und Sportmedizin
- Arbeitsmedizin
- Frauen, die hormonelle Empfängnisverhütung betreiben ("Pille"), wird ebenfalls zur Kontrolle des oxidativen Status geraten, da die hormonelle Empfängnisverhütung oxidativen Stress auslösen kann.

Auswertung / Aussage:

Oxidativer Stress ist bei gesunden Menschen vorübergehend. Dabei zeigt sich ein Zusammenhang zwischen einer Beschleunigung in der Energiezufuhr (Essen) und dem Bedarf (körperliche Betätigung).
Folglich sind beim entspannten Gesunden die Werte Freier Radikale niedriger als bei körperlicher Aktivität oder Angespanntheit. Messungen zeigen im Tagesverlauf daher steigende Werte, auch wenn diese weiterhin im Normalbereich bleiben. Kommt es zu einer extremen Anforderung, zum Beispiel durch Stress oder im Laufe einer sportlichen Trainingseinheit, so können diese Werte auf über 350 Carr-Einheiten ansteigen.

Kasten 5.2 Freie Radikale und der d-ROMs Test

In Ihrer kontinuierlichen und beständigen Bewegung um den Atomkern folgen die Elektronen keinen festen Ellipsen- oder Kreisbahnen. Ihre Bahnen sind Aufenthaltsräume die auch als "Orbitale" bezeichnet werden (siehe S. 92). Jedes Orbital hat eine begrenzte Aufnahmekapaziät für Elektronen. Sind alle Orbitale des Atomkerns vollständig mit Elektronenpaaren besetzt, ist das Atom stabil, d. h. chemisch reaktionsträge.

Freie Radikale des Sauerstoffs sind einzelne oder Gruppen von Atomen, von denen bei mindestens einem Atom in einem äußeren Orbital ein Elektron ungepaart ist. Genau dieses Vorhandensein von ungepaarten Elektronen ist die Ursache für die eigentliche chemische Instabilität. Diese Instabilität führt zu einer erhöhten Reaktionsfähigkeit mit anderen organischen Molekülen in der Zelle. Tritt diese Reaktion ein, entstehen innerhalb der Wechselwirkungen Nebenprodukte, sogenannten ROMs - Reactive Oxygen Metabolites (reaktive Sauerstoff-Stoffwechselprodukte). Obwohl ROMs nur über ein moderates oxidatives Potential verfügen, können sie die Zellschädigung weiter vorantreiben. Die Zelle selbst versucht mit aller Kraft die ROMs zu eliminieren, u. a. über den Blutkreislauf. Befinden sich ROMs im peripheren Blut, können sie dort die Zellen an den Blutgefäßen (Endothelzellen) und Proteinen, welche Triglyzeride und Cholesterin transportieren, beschädigen. Jedesmal sinkt dabei der pH-Wert des Blutes, mit der möglichen Folge einer Azidämie, einer Störung im Säure-Basen Haushalt des Körpers. In einer solchen Situation wird vom Körper Eisen ausgeschüttet, das vorher an Plasma-Proteine gebunden war. Dieses Eisen wirkt als Katalysator, welches einige der ROMs, hier Hydroperoxide (ROOH), in zwei Gruppen hoch reaktiver Radikale (Alkoxyle und Peroxyle), aufbricht. Diese sind letztendlich die Schlichter im Prozess der oxidativen Schädigung. Da Hydroperoxide eine sehr große Gruppe von ROMs darstellen, wurden sie als ein Maßstab für die durch Freie Radikale hervorgerufenen Schädigungen herangezogen.

Das Prinzip des d-ROMs Test ist folglich die Bestimmung der Menge an Hydroperoxiden. Dabei reagieren die ROMs (überwiegend Hydroperoxide, ROOH) in der Blutprobe (ca. 20 µm Kapillarblut) durch das Vorhandensein von Eisen (durch eine saure Pufferlösung aus dem Plasma-Proteinen gelöst) entsprechend der *Fenton*-Reaktion zu Alkoxyl- (R-O*) und Peroxyl- (R-OO*) Radikalen. Diese Radikale können mit aromatischen Aminen (A-NH_2) oxidieren, welche Testbestandteil in einer Chromogenmischung sind. In der Folge tritt ein pinkfarbener Farbumschlag des Reagenz ein, der photometrisch quantifiziert werden kann. Dabei ist die Intensität des Farbumschlags direkt proportional zur Konzentrations an ROMs (*Lambert-Beer* Gesetz).

Der Referenzwert des d-ROMs Test wurde durch die Messung von rund 5000 gesunden Personen ermittelt, lag zwischen 250 und 300 CARR U (d. h. zwischen 20,00 und 24,00 mg H_2O_2/dL) und ist unabhängig von Geschlecht und Alter. Lediglich Neugeborene verfügten über relativ niedrige Werte, während diese bei schwangeren Frauen höher waren. Werte größer als 300 Unit Carr. deuten auf stufenweise höhere Level an Oxidativem Stress hin, wobei ein Grenzbereich zwischen 301 und 320 Unit Carr. zu berücksichtigen ist. Werte kleiner als 250 Unit Carr. können bei Athleten sowie Patienten während einer Antioxidantien- oder Kortikoidtherapie festgestellt werden.

Entwickelt wurde das Testprinzip des d-ROMs Test von *Prof. Dr. Eugenio Luigi Iorio* / Italien.

Oxidativer Stress

Kasten 5.3 Antioxidative Blutbarriere und BAP Test

Verschiedene Verbindungen im Blutplasma sind in der Lage, sich dem oxidativen Potential verschiedener reaktiver Sauerstoff-Verbindungen entgegen zu setzen. Man unterscheidet dabei endogene (GSH, Thiole, Proteine, Bilirubin, Harnsäure usw.) und exogene (ß-Carotine, Vitamin C, Vitamin E usw.) Abwehrsysteme. Wesentlich ist die Fähigkeit, ein Elektron abzugeben, sodass es möglich wird die Zerstörungskraft der Freien Radikale abzublocken, da die Reaktivität der Freien Radikale auf das Fehlen eines Elektrons zurückzuführen ist.

Es ist offensichtlich, dass eine Störung dieser Blutbarriere nicht ohne Folgen für Zellen und Gewebe bleibt. Eine erhöhte Anfälligkeit für Krankheiten sowie ein vorzeitiger Alterungsprozess sind beobachtete Symptome.

Die Effektivität der antioxidativen Blutbarriere kann durch die Fähigkeit der Reduktion eines vorgegebenen Substrats ermittelt werden, d. h. in dem an ein Oxidant ein bzw. mehrere Elektronen abgeben werden. Und genau dieses nach Elektronen gierige Oxidant stellt den Detektor für das Testverfahren dar. Der Test wird duch ein Chromogen vervollständigt, dass je nach Stärke der Reduktion beim Hinzufügen einer Blutplasmaprobe einen Farbumschlag hervorruft. Dieser Farbumschlag ist wiederum in einem Photometer messbar. Die Stäre des Farbumschlags quantifiziert die Fähigkeit der Blutplasmaprobe zur Reduktion des Oxidants, natürlich zunächst nur in Bezug auf das speziell als oxidativen Detektor eingesetzte Substrat.

Der BAP (Biological Antioxidant Power) Test basiert auf der Fähigkeit, eine farbige Lösung durch die Reduktion von Eisen-(3)-Ionen (Fe^{3+}) zu entfärben. Die Fe^{3+}-Ionen sind dabei in einem speziellen Chromogen-Substrat gebunden und werden durch das Hinzufügen einer Blutplasmaprobe je nach antioxidativem Potential zu Eisen-(2)-Ionen (Fe^{2+}) reduziert. Um die farbige Lösung zu erhalten wird $FeCl_3$ (Eisenchlorid) mit einem Chromogen auf Schwefelbasis vermischt. Nach dem Hinzufügen der Blutplasmaprobe erfolgt innerhalb von 5 Minuten der Entfärbungsprozess, wobei der Grad der Entfärbung direkt proportional mit der Reduktionsfähigkeit des Blutplasmas ist. Das Ausmaß der Reduktion der Eisen-(3)-Ionen wird anschließend mit dem Photometer gemessen.

Der ermittelte Referenzwert des BAP-Test ist bei gesunden Menschen größer als 2200 µEq/L. Kleinere Werte korrelieren direkt mit einer verminderten Wirksamkeit der antioxidativen Blutbarriere, was häufig bei älteren Personen festgestellt wird. Der BAP-Test ist also insbesondere dann von großem Nutzen, wenn die Wirksamkeit einer Behandlung mit Antioxidantien ermittelt werden soll.

Die regelmäßige Kontrolle des oxidativen Status (d-ROMs Test) stellt womöglich einen wichtigen Bestandteil in der Prävention von Krankheiten dar. Der BAP-Test kann durchaus einen wesentlichen Faktor für Oxidativen Stress aufdecken: ein schlecht funktionierendes antioxidatives Abwehrsystem.

An dieser Stelle sei erwähnt, das sich in Europa unter dem Handelsnamen *FROXTEST duplex* ein Kleinlabor auf dem Markt befindet, welches neben dem d-ROMs Test auch den BAP-Test integriert hat. Beide Tests werden dabei unabhängig von einander durchgeführt, wobei jeder Test weniger als 10 Minuten in Anspruch nimmt und unkompliziert durchführbar ist. Zur ambulanten Analyse, Kontrolle und als zusätzlicher Wert in der Anamnese bietet dieses Gerät ein hohes Maß an Genauigkeit.

Ständig hohe Carr.-Werte sind mit der Gesundheit nicht vereinbar. Eine Erhöhung der Carr.-Werte zeigt sich:

- Etwa 70 % aller Raucher (ca. 20 Zigaretten am Tag) weisen Werte zwischen 350 und 480 Carr. Unit auf.
- Ebenfalls dauerhaft erhöhte Messwerte fallen bei Frauen auf, die die Pille zur Empfängnisverhütung nehmen.
- Mehrere Erkrankungen wurden auf ihre d-ROMs Test Werte hin untersucht und zeigten erhöhte Carr-Einheiten

Tabelle 5.3

Oxidativer Status bei verschiedenen gesundheitlichen Zuständen

gesundheitlicher Zustand	Anzahl	Wert in Unit Carr.
Training (unmittelbar n. d. Aktivität)	10	> 350
Rauchen	10	405 (±62,2)
Empfängnisverhütung	28	440 (±34,0)
Rheumatoide Arthritis	24	451 (±39,0)
Hypertriglyzeridämie	11	374 (±36,0)
nicht Insulin abhängiger Diabetes	22	344 (±30,0)
Verengung der Arteria Carotis (Halsschlagader)	12	402 (±35,0)
Arterieller Bluthochdruck	10	389 (±33,0)
Raynaudsche Erkrankung	6	446 (±29,0)

Zusammenfassung:

Die FR-Analyse mit dem d-ROMs Test gilt längst als ein zuverlässiges Verfahren zur schnellen Bestimmung von Oxidativem Stress, wie er durch zahlreiche Erkrankungen und belastende Lebensumstände ausgelöst wird.
Weitergehende Untersuchungen der Messwerte des d-ROMs Test lassen seinen Einsatz zur klinischen Verlaufskontrolle einer antioxidativen Therapie befürworten. Demzufolge lässt sich der d-ROMs Test auch hervorragend zur begleitenden Diagnostik für das Ansprechen der Behandlungsmaßnahmen verwenden. In diesem Zusammenhang sei auf den BAP Test verwiesen (siehe Kasten 5.3 auf der linken Seite), der durch ein ebenfalls ambulant durchführbares Verfahren die Kapazität des antioxidativen Abwehrsystems misst. Der BAP Test basiert ebenfalls wie der d-ROMs Test auf einer photometrischen Messung.

Wenn Freie Radikale ungebremst wirken können

Oxidativer Stress und eine schleichende Gewebsazidose sind Begleiter unserer Zivilisation. Meist liegt neben diesen Vorgängen auch eine Darmdysfunktion vor (Kapitel 3). Maßnahmen zur Normalisierung werden in den folgenden Kapiteln aufgezeigt. Letztlich ist eine gesunde Lebensführung die eigenverantwortliche Aufgabe des Einzelnen.

Oxidativer Stress kann aufgrund des breiten Spektrums an Radikalfängern (siehe nächstes Kapitel) lange Zeit durch den Organismus toleriert werden. Dabei spielen antioxidative Vitamine (Vitamin A, C und E) eine besondere Rolle. Ihre Lieferung erfolgt über die Ernährung (auch durch Zufuhr von Einzelsubstanzen). Erst nach Verbrauch der Radikalfänger werden Strukturen des Extra- und Intrazellulärraumes verändert. Der entstehende "Oxidationsmüll" lagert sich in der Grundsubstanz aller Organe. Die ver- und entsorgenden Bahnen zwischen den Zellen funktionieren langsamer.

Müssen Reparaturmechanismen dauerhaft ablaufen, steigt die Gefahr, dass sie zu falschen, krankmachenden Ergebnissen führen. Eine Azidose des Gewebes entsteht:

Kasten 5.4 — Folgen von Oxidativem Stress

- Defizite im Basenhaushalt
- Abbau, Umbau, Zerstörung von Komponenten der Grundsubstanz (Struktur- und Vernetzungsproteine)
- Zerstörung der äußeren Mitochondrienmembran; Zusammenbruch der Zellatmung (ATP-Synthese) mit erhöhter Freisetzung von Sauerstoffradikalen
- Membranlecks ⇨ gesteigerte Freisetzung von Kaliumionen aus der Zelle ⇨ Elektrolytstörungen
- Zerstörung der Kommunikationsleitungen zwischen Zellen (sogenannte Gap junctions)
- Hemmung verschiedener Enzyme und Enzymsysteme
- DNA-Genomschäden mit besonderer Gefährdung der nicht reparablen Mitochondrien-DNA und des Tumorsuppressorgens p53
- Gefahr der Förderung von Onkogenen mit steigender Krebsgefährdung
- Autoimmunerkrankungen zum Beispiel durch Bildung von Antikörpern gegen Cardiolipin aus zerstörten Mitochondrien, u. a. eine der Entstehungsursachen für Lupus erythematodes
- Entwicklung von Immunschwächen, die einer HIV-Infektion ähneln: erhöhte Anfälligkeit gegenüber Infektionen, Bluthochdruck, Osteoporose, reduzierte Glukoseneubildung (Gluconeogenese), Hypercholesterinämie, Oxidation von LDL-Partikeln.

Es wird sauer. Dadurch werden proteolytische Enzyme, Phospholipasen und Komplement (das Gerinnungssystem) aktiviert, während das Proteasenhemmungssystem ausgebremst wird. Die Folge: Die Entzündungsbereitschaft der Grundsubstanz wird erhöht. Hierbei entstehen neue Freie Radikale, die as saure Gewebsmillieu weiter fördern. Schließlich treten eine Reihe wichtiger Stoffwechselveränderungen auf. Je nachdem, welche Zellen und Gewebe von Oxidativem Stress betroffen sind, können leichtere Immunstörungen im Gewebe bis hin zu schweren Erkrankungen des ganzen Körpers ausgelöst werden. Man spricht von den sogenannten "free radical diseases", den "Freie-Radikale-Krankheiten". Bei diesen Krankheiten liegt ein Ungleichgewicht zwischen oxidativen und antioxidanten Vorgängen im Körper vor. Diese Erkrankungen treten in der Regel nach jahrzehntelanger Einwirkung des Oxidativen Stresses im zunehmenden Alter auf.

Hohes Risiko für Krebs

Längst steht fest, dass den Onkogenen in der Entstehung von Krebserkrankungen eine bedeutende Rolle zukommt. Onkogene werden im gesunden Organismus von Inhibitorgenen oder Supressorgenen kontrolliert. Dieses System gerät aus dem Gleichgewicht, nachdem verschiedene Mutationen in Protoonkogenen, Tumorsupressorgenen, Mutatorgenen und Genen mit Einfluss auf das Metastasierungspotential ihre schädigende Wirkung

Kasten 5.5 Faktoren für die Krebsentstehung

- Fehlen des DNA-reparierenden Enzyms
- Zellteilung (verstärkte Mutation in Körperzellen)
- Schwächung des antioxidativen Schutzschildes, das heißt Schwächung enzymatischer Schutzmechanismen (z. B. Glutathion-S-Transferase) und nichtenzymatischer Schutzmechanismen wie Vitamin C, die eine Bildung Freier Radikale verhindern.
- Erhöhung Freier Radikale in der Zelle durch geschwächte antioxidative Schutzmechanismen oder Oxidativen Stress
- Bedingt durch Strahlung, erhöhter Sauerstoffpartialdruck und erhöhte Stoffwechselmetabolite.

Oxidativer Stress

entfaltet haben: Es entsteht eine Auswahl an Zellen mit verstärkten aggressiven Tendenzen (*Fearon* u. *Vogelstein*, 1990).

Daraus lässt sich schließen, dass die Hauptursache für Mutationen in einzelnen Zellen selbst zu finden ist: Die Mutation einzelner Schlüsselgene kann also bereits zu Krebs führen. So sind zum Beispiel Mutationen im Tumorsuppressorgen p53 bei circa 50 % aller menschlichen Krebserkrankungen nachweisbar.

Dass sich bösartige Zellen aus gesunden Zellen entwikkeln, ist bekannt. Diese Entwicklung betrifft Veränderungen in der ***Initiation,*** der ***Promotion*** und der ***Progression*** (siehe Grafik Seite 46). Die drei für die Entstehung von Krebs kritischen Merkmale (siehe Marginale) können durch Freie Radikale verurscht werden.

Die ***Initiation*** ist eine spezifische DNA-Veränderung, die unter besonderen Umständen auftritt. So können zum Beispiel Umgebungsprozesse (wie Umwelttoxine) eine Überproduktion von Onkogenen auslösen.

Unter einer ***Promotion*** wird der reversible Anstoß zur Verteilung veränderter Zellen verstanden. Auch eine Verstärkung der Ausbreitung des Gens in Zellen oder Zell-Nachkommen ist möglich.

Freie Sauerstoffradikale sind - wie bereits erwähnt - ein Schlüsselfaktor in der Promotionsphase des Tumorwachstums. Sie sind ebenfalls verantwortlich für die Aktivierung von Enzymen aus der Gruppe der Kinase und Phosphatase und bedingen damit eine Aktivierung der Transkriptionsfaktoren. (*M.L. Burr*, 1994). Auch reaktive Sauerstoffeinheiten (ROS) zeigen ihre Wirkung in der Promotionsphase der Krebsentstehung.

Die dritte Phase der Kanzerogenese, die ***Progression***, weist sich durch die Entwicklung von Tumorvarianten aus, die gekennzeichnet sind durch eine genetisch einheitliche Nachkommenschaft (Klon) und mit einem einfachen Chromosomensatz (normal ist der doppelte) ausgestattet sind. Diese Veränderungen lösen wiederum eine Ausbreitung des Tumors und der Metastasen aus. Im Allgemeinen wird angenommen, dass Krebs die Folge einer oder mehrerer genetischer Veränderungen in der Zelle ist. In einigen Fällen kann sogar eine einzelne Mutation zur entarteten Veränderung führen.

Drei kritische Merkmale der Krebsentwicklung:

- *ständige Veränderung in der DNA, zum Beispiel durch Mutationen der Grundpaare, Einfügungen, Entfernungen, Umgruppierung, sequenzielle Verstärkung*
- *Aktivierung auf den Zellkern und das Zytoplasma ausgerichteter Signale*
- *Modulation der Aktivitäten des Stress-Gens und des Stress-Proteins, also der Kontrollsubstanzen über die Gene für Wachstum, Differenzierung und Tod.*

Bei den meisten Krebserkrankungen ist die Kanzerogenese ein sehr komplexer Prozess, der von vielen Faktoren abhängig ist. Diese lassen sich in fünf ätiologische Gruppen einordnen:

- genetische Ursachen
- Viren
- chemische Belastungen
- physische Prozesse
- Entzündungen

Nur wenige genetische Faktoren verursachen Krebserkrankungen in früher Kindheit. Die Mehrzahl der Tumore entsteht im Erwachsenenalter unter komplexer Wechselwirkung genetischer Faktoren und Faktoren aus der Umwelt, einschließlich Lebensart, Ernährung, Befall von Mikroorganismen, Strahlenbelastung, Einwirkung von Metallen usw.

Die Messung Freier Radikalen im Blut ergibt bemerkenswerte Phänomene: Der Vergleich zwischen Patienten mit soliden Tumoren und solchen mit Leukämie bzw. Lymphomen zeigt einen niedrigeren Status an Freien Radikalen für die Gruppe der manifesten Tumore:

d-ROMs Test Messwerte bei soliden Tumoren und Leukämie/Lymphomen

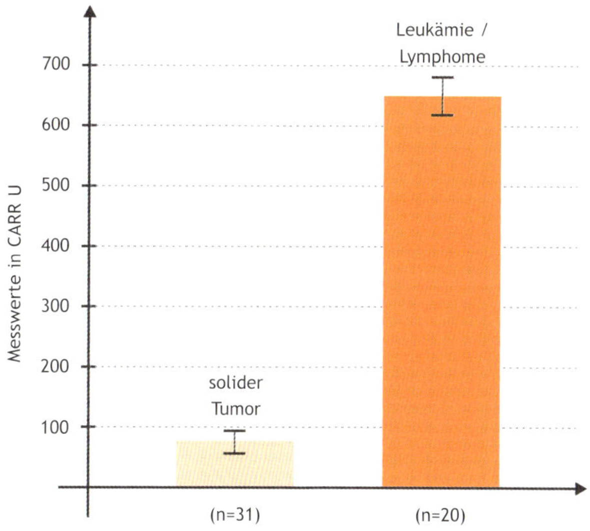

Oxidativer Stress

Erkrankungen am Herz-Kreislauf-System

Pro Jahr sterben allein in Deutschland etwa 440.000 Menschen an den Folgen der Arteriosklerose. Lange hielt man das Cholesterin für den Übeltäter, doch Anfang der Achtziger stellte man fest, dass eigentlich erst die Oxidation der Blutfette das gefährliche Potential ausmacht. Freie Radikale nehmen icht nur Einfluss auf die Entstehung von Arteriosklerose, Herzinfarkt, Ischämien, einer Kardiomyopthie (eine Form von Herzmuskelerkrankung) und von Thrombosen. Sie sind ebenfalls maßgeblich beteiligt an der Entstehung des Bluthochdrucks.
Dabei spielen Gewebeschäden eine wichtige Rolle. Sie entstehen durch Verletzungen, infolge einer Krankheit, Gifte oder anderer Faktoren und führen zur Anreicherung entsprechender Mediatoren wie Prostaglandin, Leukotriene, Interleukine, Interferone und des Tumornekrosefaktors (TNF). Diese Substanzen haben jeweils spezielle Funktionen inne, die das geschädigte Gewebe reinigen und wieder funktionsfähig machen sollen.
Bei der Arteriosklerose fällt der Oxidation der Lipoproteine (beschrieben ab Seite 143) eine Schlüsselrolle zu: Bei Verletzungen der Gefäßinnenwände würde LDL auf schnellstem Wege den notwendigen Baustoff Cholesterin an die Bruchstellen bringen können. Allerdings wird es

Die Entstehung arteriosklerotischer Ablagerungen

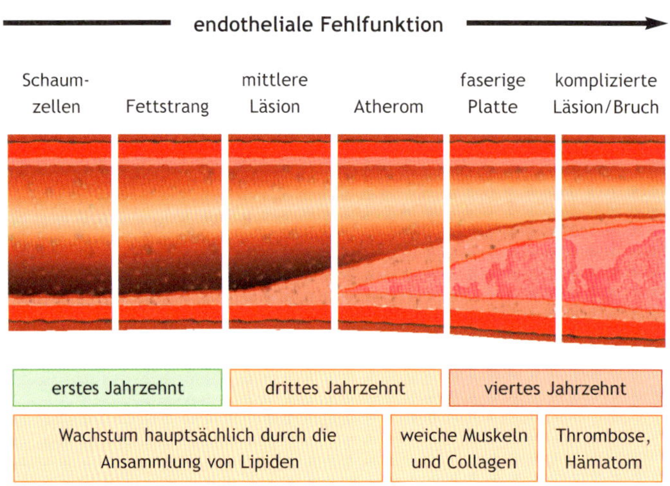

Die Volkskrankheit Arteriosklerose geht mit auf das Konto der Freien Radikale. Da Fette besonders leicht oxidieren, lagern sie sich bei erhöhten Werten an Freien Radikalen auch schneller an die Gefäßwand an. Langfristig führt dies zur gefürchteten Arteriosklerose - ein Indiz für einen fortgeschrittenen Alterungsprozess.

Oxidativer Stress

auf dem Weg dorthin oxidiert. Damit wird LDL handlungsunfähig. Oxidierte LDL-Teilchen besetzen bestimmte Rezeptoren im Endothel des Blutgefäßes. Es kommt schließlich zur Ausbildung eines arteriosklerotischen Belags.

Auch HDL wäre in der Lage, das handlungsunfähige Cholesterin wieder aus den entstandenen Schaumzellen der Gefäßwände herauszulösen und zu entfernen. Allerdings oxidieren die LDL-Fettsäuren in der Gefäßwand direkt, was neue Reparaturen notwendig macht. Ein Teufelskreis hat begonnen.

Inzwischen wurde nachgewiesen, dass Vitamin E und Carotinoide (das sind sogenannte endogene, fettlösliche Antioxidantien) eine schützende Wirkung auf das Gefäßendothel ausüben. Vitamin C hemmt bei Anwesenheit von Kupfer als Katalysator die LDL-Oxidierung und bewirkt damit ebenfalls einen Schutz gegen Arteriosklerose (*Retsky*, 1999).

Bei ischämischen Erkrankungen wie einem Herzinfarkt entstehen Harnsäure und ein Superoxidradikal bzw. Hyroxylradikale - und zwar in der Phase, wenn der wenig durchblutete Gefäßanteil sich wieder mit Sauerstoff-haltigem Blut füllt (sogenannte Reperfusion). Durch Entfernung bzw. Abfangen oder Abblocken des Hyperoxidradikals können ischämische Schädigungen am Herzmuskel verhindert werden. (*Lunec*, 1990)

Oxidiertes Hämoglobin kann die Hyperoxidation von Lipiden beschleunigen, was zu einer zusätzlichen Schädigung bei thrombotischen oder embolischen Zuständen führt. Aus diesem Grund heftet sich Plasma-Haptoglobin an das komplexe antioxidative Schutzsystem und verhindert so die hyperoxidierende Wirkung des freigewordenen Hämoglobis. (*Halliwell* und Mitarbeiter, 1992).

Als Endothel wird die innere Zellauskleidung des Herzens und der Blutgefäße bezeichnet. Mit dem Begriff der Ischämie wird eine krankhafte Verminderung der Durchblutung eines Gewebes bei Durchblutungsstörungen bezeichnet.

Diabetes mellitus

Diabetes mellitus ist eine recht häufig auftretende Stoffwechselstörung: mehr als acht Millionen Menschen in Deutschland sind davon betroffen, nur etwa 4,5 Millionen wissen davon. Er wird durch einen absoluten oder relativen Mangel an Insulin hervorgerufen, der u. a. zu einem Anstieg des Blutzuckerwertes führt, einer sogenannten Hyperglykämie. Da diese in den meisten Fällen

Oxidativer Stress

nur schleichend vonstatten geht, adaptiert sich der Organismus in gewissem Maß an die Situation und kann nicht adäquat durch Warnsignale auf die entgleiste Stoffwechsellage aufmerksam machen. Das hat über die Jahre fatale Folgen: Blutgefäße und Nerven werden schwer in Mitleidenschaft gezogen und sind für die Schäden verantwortlich. Je nach Ursache und Verlauf unterscheidet man mehrere Typen des Diabetes mellitus:

Bei ***Typ-1-Diabetes*** (insulinabhängiger Diabetes mellitus) liegt ein absoluter Mangel an Insulin vor. Die Ursache ist eine Läsion der B-Zellen in den Pankreasinseln, meist hervorgerufen durch eine Autoimmunerkrankung, die durch eine Virusinfektion ausgelöst werden

Die Wirkung von Insulin

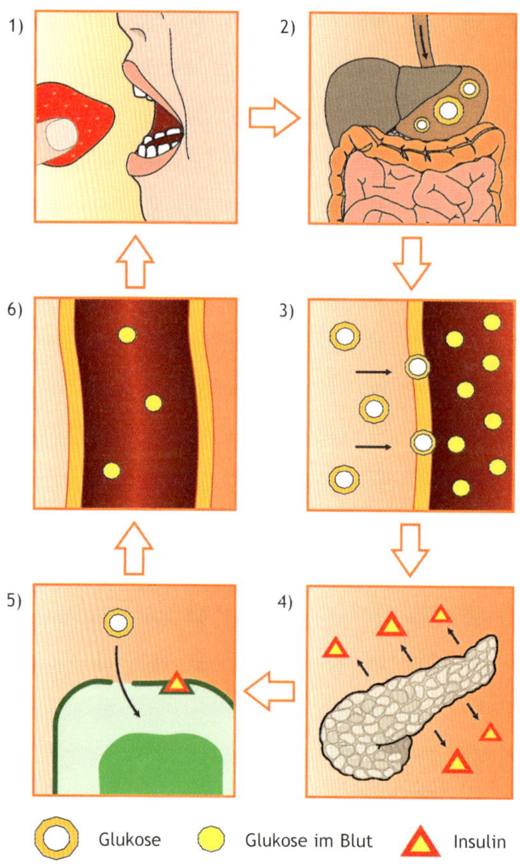

1) Bei Hungergefühl erfolgt die Nahrungsaufnahme

2) Während des Verdauungsprozesses wird die Nahrung in Glukose umgewandelt

3) Die Glukose gelangt ins Blut

4) Die Bauchspeicheldrüse reagiert auf den gestiegenen Blutzuckerspiegel und schüttet Insulin aus

5) Insulin öffnet die Körperzellen, damit die Glukose in diese eindringen und von ihnen verstoffwechselt werden kann

6) Nach und nach sinkt der Blutzuckerspiegel wieder und ein erneutes Hungergefühl stellt sich ein

Bei Stoffwechselgesunden beträgt der Nüchternblutzucker 60 bis 100 mg/dl (3,3-5,6 mmol/l). Nach dem Essen liegt er bei bis zu 140 mg/dl (7,8 mmol/l).

kann. Tierexperimentelle Untersuchungen weisen darauf hin, dass Freie Radikale zur Läsin der B-Zellen führen. Freie Sauerstoff-Radikale werden in toxischer Menge im Laufe einer Entzündung der Pankreasinseln von den infiltrierten Makrophagen und Endothelzellen freigesetzt. Da die B-Zellen des Pankreas nur eine ungenügende Abwehr gegenüber Freien Radikalen besitzen, werden sie durch die Freien Sauerstoff-Radikale zerstört.
Der ***Typ-2-Diabetes*** (insulinunabhängiger Diabetes mellitus) ist die weitaus häufigste Form des Diabetes. Hier liegt ein relativer Mangel an Insulin vor. Die Insulinausschüttung kann normal oder gesteigert sein, die Zielorgane zeigen jedoch gegenüber Insulin eine verminderte Empfindlichkeit. Patienten mit Typ-2-Diabetes sind meist übergewichtig. Die Adipositas ist Folge einer genetischen Disposition, zu reichlicher Nahrungszufuhr und zu geringer Bewegung.
Deutlich häufiger als bei Nichtdiabetikern bestehen bei Typ-2-Diabetikern Hypertonie und Fettstoffwechselstörungen (bezeichnet als so genanntes Metabolisches Syndrom, *Reaven*, 1991). Bisher betraf der Typ-2-Diabetes vorwiegend ältere Menschen ("Altersdiabetes"), seit einigen Jahren aber gibt es eine "alarmierende" Inzidenzzunahme auch bei jungen Menschen der Allgemeinbevölkerung (Jahrestagung der Amerikanischen Diabetes Gesellschaft, San Diego, 1999).
Die Stoffwechselentgleisungen beim nicht hinreichend behandelten relativen oder absoluten Insulinmangel führen über Jahre bis Jahrzehnte zu einer weitgehend irreversiblen Schädigung des Organismus. Eine zentrale Rolle spielt dabei die Hyperglykämie, die ein großes Risiko darstellt, u. a. für Spätkomplikationen wie:

- Erblindung (25-fach erhöht)
- Nierenerkrankungen (20-fach erhöht)
- Amputation wegen Gangrän (20-fach erhöht)
- ischämische, kardiale und cerebrale Erkrankungen (2- bis 6-fach erhöht)

Der geschädigte Stoffwechsel der Ascorbinsäure (Vitamin C) ist ebenfalls mit der Entstehung eines Diabetes verbunden: Ascorbat wird für die Regeneration von Vitamin E benötigt (siehe auch die entsprechende Zeichnung

Oxidativer Stress

Folgekrankheiten des Diabetes mellitus

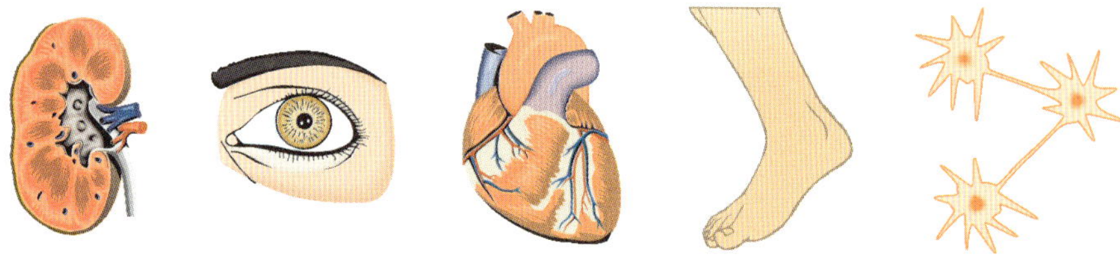

Nieren	Augen	Herz	Extremitäten	Nervensystem
diabetische Nephropathie	diabetische Retinopathie	kardiale autonome Neuropathie	diabetischer Fuß	Polyneuropathie

auf Seite 144) und kann dadurch zu Dehydroascorbinsäure oxidiert werden. In gesundem Gewebe wandelt sich diese wieder in Ascorbinsäure um. Bei Menschen mit Diabetes fällt dagegen vermehrt Dehydroascorbinsäure an, was als Oxidativer Stress auf die Zellstruktur wirkt, diese verändert und neurotoxische Wirkung entfalten kann, also nervenschädigend ist. Weitere Studien haben gezeigt, dass sich durch hohe Glukosewerte das Verhältnis von Ascorbat zu Dehydroascorbinsäure zugunsten letzterer verschiebt.

Schäden durch Oxidativen Stress:

- Das Niveau der lipiden Peroxidase ist bei Diabetikern höher als bei Gesunden.
- Die polymorphkernigen Leukozyten von Menschen mit Diabetes weisen eine wesentlich höhere Konzentration von hyperoxidierten Sauerstoffradikalen auf.
- Im Vergleich zu einer gesunden Kontrollgruppe wurden DNA-Schäden vorgefunden: Sowohl bei der Insulin-abhängigen wie auch der Insulin-unabhängigen Diabetes-Form lag eine hohe Konzentration von 8-Hydroxidoxiguanosin (8-OHdG) sowie eine ebenso hohe Konzentration an reaktiven Sauerstoffeinheiten vor. Es ist zu vermuten, dass Komplikationen in den kleinsten Gefäßen diese Veränderungen verursachen, die für die Erkrankung charakteristisch sind (*Dandona*).

- An der Lymphozyten-DNA von Insulin-unabhägigen Diabetikern sind mehr DNA-Ketten gesprengt als bei einer gesunden Kontrollgruppe (*Collint*). Die Anzahl der Kettenbrüche weist einen direkten Zusammenhang zum Körpergewicht auf. Die Schädigung der Lymphozyten-DNA stellt einen Indikator dar für Oxidativen Stress.
- 1998 wurde der Beweis eines signifikant niedrigeren Totalen Antioxidativen Status TAS (mehr hierzu auf Seite 101) sowie eine verstärkte Aktivität Freier Radikale bei hyperglykämischen ("überzuckerten") Insulin-unabhängigen Diabetikern beschrieben (*Ceriello*).
- 1997 wurde der Nachweis gebracht, dass bei ICA-positiven (Antikörper auf den Betazellen) Insulin-unabhängigen Diabetikern der TAS wesentlich erniedrigt ist verglichen mit ICA-negativen Verwandten dieser Diabetiker (*Rocie*).
- Auch fand man heraus, dass die Aktivität antioxidanter Enzyme in den peripheren Nervenzellen bei Diabetikern wesentlich geringer ist als bei Nichtdiabetikern (*Low*).

Nierenerkrankungen

Die Nieren haben nicht nur eine Entgiftungsfunktion sondern sind auch für die Regulation des Blutdrucks und des Wasser- und Mineralstoffhaushaltes von entscheidender Bedeutung. Allein 80.000 Menschen in Deutschland - weltweit sind es Millionen - haben so schwere Nierenfunktionsstörungen, dass sie auf eine Dialyse oder Transplantation angewiesen sind. Rund 60-mal mehr Menschen haben eine nennenswerte Einschränkung der Nierenfunktion.

Schäden durch Oxidativen Stress

- Im Stadium eines akuten oder chronischen Nierenversagens (=Urämie) sind oxidative Veränderungen an den Lipoproteinen nachweisbar. Das fördert die Entwicklung oder das Voranschreiten einer Arteriosklerose und führt zu einer weiteren Verschlechterung der Nierenkrankheit. Die in der

Oxidativer Stress

Urämie erhöhte Konzentration der Harnsäure kompensiert teilweise die Verringerung des oxidoreduktiven Potentials.

- Oxidativer Stress und die Oxidation der Lipide erhöhen das Arteriosklerose-Risiko von Hämodialyse-Patienten.
- Durch das Einwirken Freier Radikale wird das Entstehen von Nierensteinen (Nephrolithiasis) begünstigt. Dabei ist erwiesen, dass die Gabe von Phytinsäure als Antioxidant die Kristallisation von Ca-Oxalat verhindert (*Grases*, 1998).
- Die Erhöhung des Oxidativen Stresses kann bei Schwangeren zu einer Präeklampsie führen, einem Symptomkomplex mit zahlreichen heftigen Beschwerdebildern, u. a. Harnverhalt, Kopfschmerzen, Blutdruckanstiege (*Walsh*, 1998).

Während seines Lebens inhaliert der Mensch etwa 400 Millionen Liter Luft!

Erkrankungen der Atem- und Luftwege

Die Luftwege sind besonders dem Einwirken von Sauerstoff ausgesetzt. Hinzu kommt, dass zahlreiche Schadstoffe auf diesem Weg in den Körper gelangen. Sie führen ebenfalls zur Bildung Freier Radikale.

Die Lunge verfügt über eigene Fresszellen, was sie gegen Fremdköper wie Fasern und Erreger schützt. Freie Radikale werden be der Bekämpfung eingesetzt. Die dauerhafte Konfrontation mit Schadstoffen kann zu einer Erweiterung der Lungenbläschen, einem Emphysem, zu Zystischer Fibrose, Hyperoxie, bronchialer Dysplasie, Asthma bronchiale und Krebs führen.

Beim Asthma ist die Bronchialschleimhaut besonders betroffen, oft sogar entzündet. Es wurde nachgewiesen, dass auch hier Freie Radikale am Werk sid: In der Atemluft von Asthmakranken fand sich eine starke Erhöhung des Anteils an Freien Radikalen. Dazu passt auch das Ergebnis einer Untersuchung, dass ein verminderter Vitamin C-Spiegel das Risiko hinsichtlich Atemwegserkrankungen erhöht.

Neurologische Erkrankungen

Auch das Gehirn ist vor dem Angriff Freier Radikale nicht gefeit. Im Gegenteil, es reagiert sogar besonders empfindlich, da es auf eine gute Sauerstoffversorgung angewiesen ist: Etwa 20 % des gesamten Körper-Sauerstoffs werden im Gehirn verbraucht. Im Gehirn befinden sich auch große Mengen ungesättigter Fettsäuren, die in Sauerstoff reicher Umgebung sehr leicht oxidieren können. Schutzsysteme wie ein antioxidantes System sind im Gehirn im Verhältnis zum restlichen Körper nur sehr gering ausgeprägt.

Freie Radikale sind mit de Entstehung folgender Erkrankungen eng gekoppelt: Down-Syndrom (Trisomie 21), Schizophrenie, Morbus Alzheimer, Morbus Parkinson, Depressionen, Neuronenschädigungen, Multiple Sklerose, Epilepsie, Demenz, Muskeldystrophie.

Das Amyloid Beta-Peptid (Abeta) ist in Verbindung mit Freien Radikalen ein Schlüsselfaktor der Nervenzerstörung bei der Alzheimer Krankheit. Das Einwirken von Abeta und Freien Radikalen verursacht strukturelle Veränderungen an der Zellmembran: Die Oxidation der Membranproteine und Membranlipide führt zur Schädigung und zum Absterben von Nervenzellen (*Subramaniam*, 1998)

Bei Hirnverletzungen werden große Mengen Kupfer- und Eisenionen freigesetzt, die die Wirkung Freier Radikale zusätzlich beschleunigen. Die Hirnflüssigkeit ist, anders als das Blut, nicht in der Lage diese Ionen zu binden und unschädlich zu machen.

Viruserkrankungen

Jede Infektionskrankheit erhöht den Oxidativen Stress. Dabei ist der Mechanismus auch hier der gleiche: Das Immunsystem aktiviert zur Abwehr der Eindringlinge eine ganze Armee von Immunzellen und setzt zusätzlich Freie Radikale ein.

Viruserrankungen wie die infektiöse Mononukleose (Pfeiffersches Drüsenfieber, Studentenfieber), Herpes, Hepatitis oder HIV belasten das Immunsystem sehr.

Viele Patienten mit HIV oder anderen chronischen Erkrankungen sind darüber hinaus oft sehr geschwächt und mangelernährt. Damit sind sie in erhöhtem Maß einem Oxidativen Stress ausgesetzt. Bei diesen Patienten ist das Niveau der antioxidativen Abwehr gemindert,

gleichzeitig das der lipiden Hydrohyperoxide erhöht (*Lemore*, 1998).
Die ROS bewirken eine Aktivierung des Transkriptionsfaktors NF-Kappa B, der die Neusynthese (Replikation) des Virus anregt. Die Folge ist der Zelluntergang, besonders der T-Lymphozyten. Diese (CD4-) T-Lymphozyten-Schwächung bedeutet aber eine Chance bei der Behandlung mit Antioxidantien, da diese hier eine gute Wirksamkeit entfalten können und die Abwehrkräfte entsprechend stabilisiert werden (*Peterhans*, 1997).

Lebererkrankungen

Freie Radikale wurden auch mt der Entstehung und Entwicklung der Virus-Heptitis und einer Leberzirrhose in Verbindung gebracht. Dementsprechend finden Antioxidantien hier auch in der Behandlung ihren Einsatz.

Hautkrankheiten

Auch in der Entstehung von Hautkrankheiten wie Ekzemen, Melanomen und Kontaktdermatitis spielen Freie Radikale eine entscheidnde Rolle.

Sterilität

Bislang wenig bekannt ist, dass Freie Radikale die Spermatognese hemmen. Das Fruchtbarkeitspotential der Spermien hängt in erster Linie von ihrer Beweglichkeit ab sowie von der Intaktheit ihrer Zellmembran. Erste Untersuchungen über die Wirksamkeit von Antioxidantien (zum Beispiel Acetylcystein) konnten die Wiederherstellung der Spermatogenese beweisen.

Autoimmunerkrankungen

Es mehren sich die Hinweise, dass Freie Radikale auch bei der Enttehung von Autoimmunerkrankungen von großer Bedeutung sind. So sind Sauerstoffradikale beteiligt bei der rheumatischen Arthritis, dem Lupus erythematodes, dem Sjögren Syndrom und vielen anderen Autoimmunerkrankungen.

Kasten 5.6 **Außer Kontrolle geraten**

In der Regel kann sich das Immunsystem gut gegen Entzündungen zur Wehr setzen. So treten dann Fresszellen auf den Plan (ab Seite 52), umschließen den Erreger, verschlucken und verdauen ihn anschließend unter Produktion Freier Radikale. Bei einer chronischen Entzündung reagiert dieses System jedoch übermäßig: Es werden zu viele Freie Radikale gebildet, die dann nicht nur den Erreger sondern auch den eigenen Körper angreifen.

Bei der rheumatischen Arthritis scheint sich der Körper gegen ein imaginäres, also nicht vorhandenes Antigen zu wehren. Antikörper stimulieren die Anhäufung aktiver weißer Blutkörperchen, die in den Gelenkspalt eindringen und hier u. a. Freie Radikale produzieren - mitdem Ziel, den vermeintlichen Erreger zu eliminieren. Leider wird dadurch die eigene Gelenkschmiere angegriffen. Die Verselbständigung des Entzündungsprozesses führt zu den degenerativen Veränderungen, die für die rheumatoide Arthritis charakteristisch sind (*Kehrer*, 1993).
Auch bei chronischen Darmleiden wie dem Morbus Crohn scheinen Freie Radikale maßgeblich an dem ortschreiten der Erkrankung beteiligt zu sein und zu schweren Zellschäden zu führen. Hier hat sich ein dramatischer Teufelskreis verselbständigt: Um die Entzündung zu bekämpfen, produziert der Körper hemmungslos Freie Radikale. Es entsteht ein Übrmaß an Oxidativem Stress, der nun dem eigenen Körper gefährlich wird. Übliche Antioxidantien wirken hier nur sehr wenig, da die über die Nahrung aufgenommenen Vitamine, Mineralien und Aminosäuren infolge der Darmerkrankung wieder schnell abgeführt werden.

Oxidativer Stress

Oxidativer Stress - Feind Nr. 1 bei Leistungssportlern

Eine regelmäßige, dosierte Bewegung stärkt die körpereigene Radikalabwehr!

Bewegung ist nötig

Für seine Gesundheit ist jeder selbst verantwortlich. Und diese lässt sich nicht passiv konsumieren sondern muss aktiv aufgebaut werden. Nie zuvor gab es so viele Menschen, die sich aktiv an allen möglichen Sportarten beteiligt haben. Der Grund liegt wohl hauptsächlich darin, dass sie "fit" und belastbar bleiben wollen. Die gesundheitlichen Vorteile liegen auf der Hand:

- Die Gefahr von Herzkrankheiten wird vermindert.
- Die altersbedingte Demineralisierung von Knochen wird sehr wahrscheinlich gesenkt.
- Außerdem sind ernsthafte Sportler selten starke Raucher und trinken meist nur wenig Alkohol.

Es muss nicht immer Höchstleistung sein: Unser Körper ist in seiner Entwicklung darauf trainiert, dass er sich regelmäßig bewegt. Doch heute hocken viele Menschen acht oder zehn Stunden täglich am Schreibtisch oder vor dem Fernseher.

Zu einem in den Alltag eingepassten, ausgewogenen Training kann schon das Benutzen der Treppe und nicht des Fahrstuhls gehören. Oder das Aussteigen aus Bahn oder Bus eine Station früher, das Parken des Autos ein paar hundert Meter entfernt von der Arbeitsstelle - oder noch besser, wenn man gleich mit dem Fahrrad zur Arbeit fahren könnte. Selbst wenn man beim Telefonieren herumlaufen kann, ist schon etwas im Sinne der gesunden Bewegung getan.
Wer es ernsthafter mit dem Sport meint, verändert in der Regel sein ganzes Leben: umfangreiches und regelmäßiges Training gehören zum Tagesablauf. Zum Beispiel muss die Ernährung der veränderten körperlichen Leistung angepasst werden.
Aber leider gehen viele Freizeitsportler bei den wenigen Aktivitäten, die sie verrichten, ohne derartige Vorkehrungen in die Vollen. Oft herrscht da noch die falsche Meinung vom "No pain, no gain", also wo kein Schmerz ist, ist auch kein Effekt. Das ist natürlich nicht so. Viel zu schnell überschätzt der Freizeitsportler sich und seine Leistungsfähigkeit. Hinzu kommt, dass Erholungszeiten so gut wie gar nicht beachtet werden, so dass der Körper nicht ausreichend Ruhe zur Regeneration bekommen kann. Exzessives Training, dem sich Hochleistungssportler unter sportmedizinischer Aufsicht unterziehen, fördert den Oxidativen Stress. Und der ist gefährlich.

Wichtig beim Training: Das richtige Verhältnis von Entspannung und Belastung! Erholungspausen sind nicht lästige Zeitverschwendung sondern helfen dem Körper, sich auf neue Stoffwechselanforderungen einzustellen. Wird die Entspannung nicht beachtet, kehrt sich der Trainingseffekt um: Der Körper wird strapaziert und Krankheiten haben ein leichtes Spiel.

Wenn Sport zum Risiko wird

Je nach Art der Belastung lassen sich Sportarten einteilen. Dabei unterscheiden sich diese Gruppen in ihrer Belastungsart erheblich:

- ***Ausdauersportarten***
  zum Beispiel Mittel- und Langstreckenlauf, Marathon, Skilanglauf, Schwimmmen 200 m und mehr, Bergsteigen, Radsport
  Belastung: lang, gleichbleibender Krafteinsatz
- ***Kampfsportarten***
  zum Beispiel Boxen, Ringen, Selbstverteidigung
  Belastung: wechselnd, wechselnder Krafteinsatz
- ***Spielsportarten***
  zum Beispiel Mannschaftsfeldspiele, Tennis
  Belastung: lang, wechselnder Krafteinsatz

Oxidativer Stress

- ***Kraftsportarten***
  zum Beispiel Gewichtheben, Wurf- und Stoßdisziplinen
  Belastung: kurz, gleichbleibender Krafteinsatz
- ***Schnellkraftsportarten***
  zum Beispiel Eiskunstlauf, Gymnastik, Schwimmen (kurz), Tischtennis, Ski alpin, Leichtathletik
  Belastung: relativ kurz, gleichbleibender Krafteinsatz

Für die unterschiedlichen Belastungsarten muss der Körper die jeweils "passende" Energie bereitstellen. Je intensiver die Belastung und je extremer die Bedingungen, desto individueller und differenzierter muss auf die Ernährung geachtet werden. So kann der Energieverbrauch bei der *Tour de France* zum Beispiel auf 10.000 kcal/Tag ansteigen. Das ist eine Energiemenge, die den Einsatz von Konzentraten oder gar Infusionen nötig macht.

Wissenschaftliche Studien zeigen, dass körperliches Training die Produktion Freier Radikale im Körper erhöht. Deshalb wird Sportlern häufig eine zusätzliche Einnahme von Antioxidantien geraten. Natürlich besitzt der Körper auch eigene antioxidante Mechanismen, doch lassen diese sich mit zusätzlicher Einnahme von Antioxidantien verbessern.

Das Verletzungsrisiko steigt

Unter solchen Belastungen, die auch von untrainierten Freizeit-Höchst-Sportlern erreicht werden, steigt die Produktion an Freien Radikalen um das Sechfache an. Wird bis zur Erschöpfung trainiert, steigt der Sauerstoffverbrauch in Herz und Muskeln um das Zehn- bis Zwanzigfache. Was bei den beanspruchten Organen und Muskeln gerade fehlt, wird von den Organen geholt, die nicht im Extrem-Einsatz sind: Leber, Darm, Magen und Niere. In der Folge wird ein vorübergehender Sauerstoffmangel hierdurch ausgelöst. Mit Abklingen der Anstrengungen strömt wieder vermehrt Sauerstoff in die unterversorgten Gewebe, wobei schließlich die Freien Radikale entstehen. Es tritt eine sogenannte Reperfusion (Wiederdurchblutung) nach Ischämie (Minderdurchblutung) auf. Die verstärkte körperliche Anstrengung führt außerdem zum Abbau der körpereigenen Antioxidantien (Zink, Magnesium, Natrium, Selen). Sie gehen zum Teil über den Schweiß verloren. Auch Enzyme wie Katalasen (stoßen die Spaltung von Wasserstoffperoxid in Wasser und Sauerstoff an) und die Aminosäure Glutathion (baut Freie Radikale ab) sind erheblich rduziert.

Kasten 5.7 **Faktoren der Überproduktion**

An der Überproduktion von Freien Radikalen beteiligt:

- Aktivitätsminderung von spezifischen Enzymen, die einen prozentualen Zuwachs der Sauerstoffkonzentration bedingen ⇨ der Sauerstoff führt zur Bildung Freier Radikale
- Die Laktat-Oxidation im Muskel führt zur Umwandlung von Sauerstoff in ein Peroxidanion (eines der schädlichsten Freien Radikale)
- Mit dem Anstieg der Körpertemperatur kommt es in der Phase der Energieproduktion zur erhöhten Produktion von Freien Sauerstoffradikalen
- Bei der durch Muskelkontraktion hervorgerufenen Minderdurchblutung des Gewebes und seiner anschließenden Reperfusion (Wiederdurchblutung) kommt es zur Anhäufung von Peroxidanionen auf der Basis der Hypoxanthin-Produktion (Hypoxanthin entsteht aus dem muskulär bedingten Abbau von Purin)

Durch Störung des Fettstoffwechsels werden Rezeptoren und Ionenkanälchen der Zellmembran blockiert. Die Folge: Die Elastizität der Zellmembran sinkt. Proteasen strömen aus. Diese Eiweiß-spaltenden Enzyme verdauen Substanzen innerhalb und außerhalb der Zelle. Zudem kommt es durch verschiedene Hormone und Muskelenzyme zu einer zusätzlichen Radikalbildung.
Die Überlastung von Organen und Geweben erhöht die Verletzungsgefahr, Muskel- und Sehnenrisse treten gehäuft auf. Die Folge: Ein erhöhter Bedarf an Antioxidantien ist erforderlich. Um diesen decken zu können, müssen entsprechende Stoffe mit der Nahrung oder zusätzlich als Nahrungsergänzungsmittel aufgenommen werden (Lesen Sie hierzu weiter in Kapitel 6).
Studien konnten zeigen, dass die präventive Gabe von Antioxidantien vor Trainingseinheiten von insgesamt 62 Spitzensportlern (Marathon, Radrennsport u.a.) zu einer drastischen Verminderung von Freien Radikalen führte. Dabei wurden die Werte mit Hilfe des d-ROMs Test in Ruhe und nach dem Spiel oder Training erhoben. Aus den Ergebnissen schließen die Wissenschaftler, dass die Gabe von Antioxidantien eine sinnvolle Ergänzung der Ernährung von Athleten ist. Auch herrscht mittlerweile

Oxidativer Stress

Einigkeit darüber, dass Berufssportler und Menschen, die sich in ihrer Freizeit sportlich betätigen, den Status der Freien Radikale überwachen sollten, um Schäden durch Oxidativen Stress vermeiden und frühzeitig erkennen zu können.

Auch in der Sportmedizin wird der d-ROMs Test eingesetzt. Trainer von Radrennprofis nutzen den Test zur Planung von Training und Ernährung ihres "Schützlings". Dadurch können strapazierende Zustände wie ein Übertrainieren erkannt und in der Folge vermieden werden. Athleten mit hohen Werten müssen eine speziell zusammengestellte Ernährung und zusätzlich Antioxidantien erhalten.

Freie Radikale stellen folglich eine bedeutenden Risikofaktor dar. Das körpereigene Antioxidantiensystem aus Peroxiddismutase, Katalase und Glutathionperoxidase sowie oxidationshemmende Substanzen, die mit der Nahrung in den Körper gelangen (zum Beispiel die Vitamine C und E, β-Carotin, Polyphenole, Mineralien, Spurenelemente und andere), bilden eine breite Front gegen die Freien Radikale. Gerät dieses System aber aus dem Gleichgewicht, das heißt, nimmt der Umfang der Bildung Freier Radikale stark zu, kippt das Antioxidantiensystem: Es ist nicht länger in der Lage, dieser Flut von Freien Radikalen entgegenzuwirken. Es stellt sich ein schädigender Oxidativer Stress ein, der im Laufe seines Einwirkens gewisse organische Schäden mit sich bringt. Besonders verhängnisvoll wirkt sich der Angriff der Freien Radikale auf die Strukturen der Zellmembranen aus: Die vielfach ungesättigten Fettsäuren, die Phosphorlipide sowie Proteine werden geschädigt. - Die Funktionseinheit der Zelle steht auf dem Spiel. In diesen Fällen muss unterstützend eingegriffen werden! Bewirkt wird dies durch eine verbesserte Ernährung, in der Regel verbunden mit der Zufuhr antioxidativer Nahrungsergänzungen sowie einer Änderung des Lebensstils.

Kasten 5.8 **Definition Oxidativer Stress**

Abschließend zu Kapitel 5 "Oxidativer Stress" soll zum Einstieg in Kapitel 6 "Antioxidantien" eine Definition für den Risikofaktor Oxidativer Stress formuliert werden:

Ist das Gleichgewicht zwischen Freien Radikalen und Antioxidantien gestört und sind dabei die Freien Radikale in der Überzahl, steht der Organismus unter Oxidativem Stress. Dieser Zustand stellt einen ernstzunehmenden Risikofaktor für unsere Gesundheit dar.

d-ROMs Test: Messwerte vor und nach aerobischer Aktivität

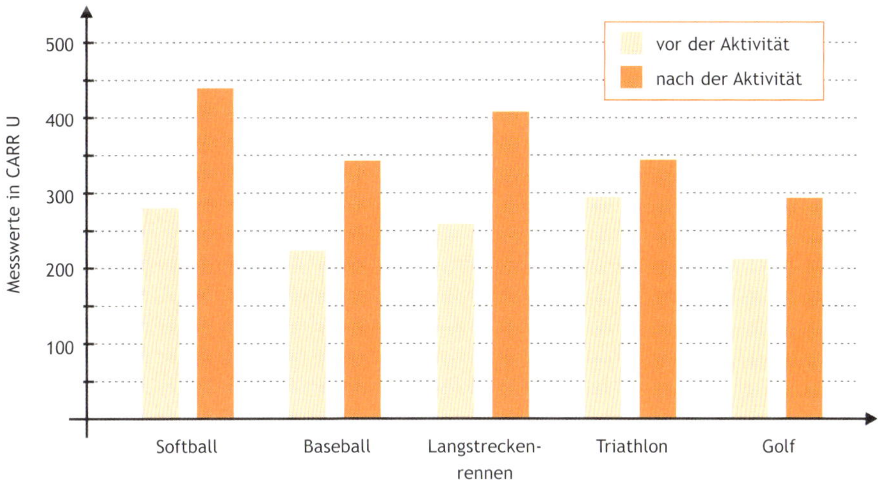

Studien zeigen, dass eine präventive Gabe von Antioxidantien vor den Trainingseinheiten zu einer deutlichen Verminderung der Belastung durch Freie Radikalen führt. Wissenschaftler schließen daraus, dass die Gabe von Antioxidantien eine sinnvolle Nahrungsergänzung für Athleten ist.

Belastung durch Freie Radikale bei Radsportlern, 150 km Rad-Rennen

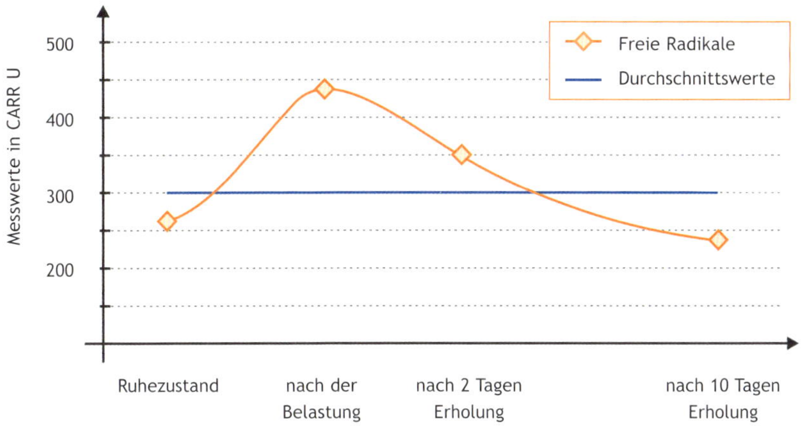

Deutlich erkennbar ist ein starker Anstieg der Konzentration an Freien Radikalen während der sportlichen Belastungphase. Es dauert anschließend einige Tage, bis sich die Werte wieder normalisieren. Die Durchschnittswerte beschreiben die Konzentration der Freien Radikale ohne sportliche Belastung. Eine Interpretation der gemessenen Werte ist auf Seite 104 in diesem Kapitel dargestellt.

Die Messungen wurden mit dem d-ROMs Test ermittelt.

Kasten 5.9 **Aus dem Interview mit Raymond Hecht**

Der fünffache deutsche Meister im Speerwerfen und Olympiavierte in Sydney, Raymond Hecht, über die Gefahren durch Freie Radikale aus der Sicht eines Hochleistungssportlers:

"Freie Radikale fallen besonders in den Trainingsphasen an, die einen Wechsel bedeuten, also zum Beispiel der Wechsel vom Wintertraining (Ausdauertraining) zum Sommertraining, bei dem es speziell in meiner Sportart mehr auf Explosivität ankommt. Diese Wechselphasen bedeuten für den Körper starken Stress: Trainingsgewohnheiten wechseln, es kommt beispielsweise zu einer Verschiebung vom aeroben in den anaeroben Bereich.

Der Stress tritt meist in den Phasen vermehrten Trainings ein, wenn der Sportler nur wenige Erholungszeiten einlegt. Letzteres dient einerseits einer Anreicherung des Blutes mit Erythrozyten, wodurch im Blut mehr Sauerstofftransporteure bereit stehen. Das ist für den Höchstleistungssportler im Wettkampf ja besonders wichtig. Parallel kommt es dadurch aber auch zu einer Erhöhung oxidativer Stressfaktoren. Trainingsbegleitend wird daher natürlich besonders Wert auf die unterstützende Ernährung gelegt. Der Körper benötigt in jeder Trainings- und Wettkampfphase eine speziell auf die Belange abgestimmte Ernährung, die angereichert ist mit ergänzenden Substanzen.

Genau in diesen beschriebenen Bereichen liegen die Gefahren für den aktiven Freizeitsportler, der sich mit Ehrgeiz ebenfalls zu Höchstleistungen animieren will - und über kurze Strecken diese Höchstleistungen auch erreichen kann. Wird die sensible Balance zwischen Sauerstoffaufnahme und Sauerstoffverwertung im Körper einerseits und der Entstehung von Oxidativem Stress andererseits nicht beachtet, kippt das System. Dann wird die sportliche Aktivität mehr zu einer Belastung für den Körper als zu einem Gesundheitsstabilisator. Es treten extreme Erschöpfungszustände auf, in einigen Fällen können Körperstrukturen, Muskeln und Gelenke, dauerhaften Schaden nehmen.

Bei mir zeigt sich die Strapazierung des Körpersystems einmal beim Wechsel vom Wintertraining zum Sommertraining, wenn also die Anzahl einzelner Trainingsversuche minimiert wird und man mehr in den Kraftaufbau geht, was eine extreme Belastung für die Muskulatur darstellt. In dieser Zeit kommt es teilweise zu Entzündungen in den Muskeln, die sich auf die Bänderansätze an den Knochen ausdehnen können und von hier auf die Gelenke übergreifen. Ich habe dann manchmal mit heftigen Knieproblemen zu kämpfen. Im schlimmsten Fall kommt es sogar zu Wassereinlagerungen in die Gelenkkapseln durch das Überstrapazieren der Gelenkstrukturen.

Beim Übergang in das Wintertraining wiederum bin ich vermehrt anfällig für Erkältungen, muss hier also stärker in die Prävention gehen.

Bei beiden Formen von erhöhtem Oxidativen Stress baue ich auf den Schutz durch Antioxidantien. Sie bewirken zum Beispiel bei einer Gelenkbelastung eine

Oxidativer Stress

schnellere Beruhigung der betroffenen Strukturen, in der Erkältungszeit stärken sie das Immunabwehrsystem meines Körpers.
In der diesjährigen Vorbereitungssaison habe ich erstmals auch den d-ROMs Test zur Überprüfung meines oxidativen Status eingesetzt. Der Effekt war erstaunlich: Auf einmal hatte ich einen Messwert zur Hand, anhand dem ich meinen aktuellen Leistungs- und Belastungszustand einschätzen konnte. Darüber hinaus hat mir das zum Beispiel auch mental geholfen. Immer wieder gab es Tage, an denen das Training zwar gut lief, die Trainingsdaten den Fortschritt anzeigten, aber der Körper am Trainingsende zu müde wirkte. Mit Hilfe des d-ROMs Test-Wertes wusste ich in diesen Fällen immer genau, dass ich dennoch körperlich im Zielbereich lag. Das war eine Hilfe, die ich gar nicht hoch genug bewerten kann. Denn damit bin ich nun in der Lage, Fehlerquellen meines Denkens oder auch meines Trainings auszuschließen.
Für mich steht fest, dass ich diese Test-Methode so oft wie möglich einsetzen werde. Sie stellt ein wichtiges Mittel für die genaue Einschätzung des Trainingszustandes dar."

Wichtige Begriffe aus Kapitel 5

Abeta
Alzheimer Krankheit
Amyloid Beta-Peptid
Antioxidantien
Arteriosklerose
Asthma bronchiale
Ausdauersport
Betakarotin
Bronchiale Dysplasie
Carotinoide
Carr-Wert
Chemoluminiszenz-Verfahren
Dialyse
D-ROMs Test
Ekzem
Elektronen-Spin-Resonanz-Spektroskopie (ESR)
Emphysem
Exspiriumprobe
FR-Analyse
Free radical disease
Freie Radikale-Krankheit
Gewebeschäden
Glutathionperoxidase
Hämodialyse
HDL
Hepatitis
Herpes
Herzinfarkt
HIV
Hyperoxie
Initiation
Kampfsport
Katalase
Kontaktdermatitis
Kraftsport
Krebs
LDL
Leistungssportler
Lupus erythematodes
Lymphozyten-DNA
Melanom
Metabolisches Syndrom
Mineralien
Mononukleose
Morbus Crohn
Muskelenzyme
Nieren
P53
Peroxiddismutase
Pfeiffersches Drüsenfieber
Polyphenole
Präeklampsie
Progression
Promotion
Proteasen
Rheumatoide Arthritis
Schnellkraftsport
Sjögren Syndrom
Spermatogenese
Spielsport
Spin-Trap-Technik
Sport
Spurenelemente
TAS
Totaler antioxidativer Status
Typ 1-Diabetes
Typ 2-Diabetes
Unit Carr.
Urämie
Verletzungsrisiko
Vitamin C
Vitamin E
Zystische Fibrose

6

Antioxidantien

Alle Aspekte des Wohlbefindens beginnen und enden auf der Ebene der Körperzellen. Jede Zelle ist ein kleiner Kosmos, in dem in jedem Augenblick tausende von biochemischen Reaktionen ablaufen (siehe Kapitel 2). Zum Glück hat die Natur dem Körper ein mächtiges Schutzschild gegeben: Bestimmte Substanzen können diesem Oxidationsprozess entgegenwirken, das heißt, sie besitzen antioxidative Eigenschaften. Man bezeichnet sie daher als Antioxidantien. Schützend stellen sie sich vor die angegriffenen Zellen und entschärfen die Freien Radikale. Daher auch ihr zweiter Name: Radikalfänger. Hält sich die Produktion von Freien Radikalen in Grenzen, wird der Körper ganz gut allein mit ihrer Bekämpfung fertig. Hierfür verfügt er sogar über eigene Antioxidantien. Doch aufgrund der vielfältigen Angriffe aus der Umwelt sowie den Lebensumständen ist dieses körpereigene System bei den meisten Menschen überlastet. Dann wird Verstärkung von außen gebraucht: Gefördert werden die körpereigenen Abläufe durch das, was der Mensch isst.

Gesundheit kommt von innen

Heute weiß man, dass der Zustand von Gesundheit im eigenen Körper entsteht. Die Evolution hat den menschlichen Organismus mit einem raffinierten Verteidigungssystem, dem Immunsystem, ausgestattet, das ihn sicher durch alle Gefahren seiner Umwelt geleitet. Im Idealfall funktioniert dieser Schutz ein Leben lang und sorgt für Gesundheit und Wohlbefinden. Viele Menschen behandeln jedoch ihre inneren Wächter schlecht, lassen sie regelrecht müde und schlapp werden. Die Folge sind dann Krankheiten.
Wie eine allgegenwärtige, immer aktive Alarmanlage zieht sich das Abwehrsystem durch den ganzen Körper. Mit vielen spezialisierten Zellen und raffinierten Waffen werden krankmachende Keime rasch aufgespürt und unschädlich gemacht - oft ohne dass wir den Kampf bemerken. Winzige Botenstoffe regeln das überaus komplizierte Zusammenspiel der einzelnen Abteilungen. Ein gesundes Immunsystem wird mit einer unglaublichen Vielfalt von Krankheitserregern fertig - besser und effektiver als jedes Medikament (mehr über das Immunsystem erfahren Sie in Kapitel 3).
Das Immunsystem ist wie alle anderen Systeme im Körper nicht autark. Es will ernährt werden, um fit zu bleiben. Und es kommt noch besser: Was das Immunsystem stärkt, ist auch für Herz und Kreislauf gut. Wer also seine Zellen richtig ernährt, erntet Gesundheit und ist fit bis ins hohe Alter.
Laufen alle Prozesse im Organismus harmonisch und geordnet ab, fühlt der Mensch sich wohl - sowohl körperlich wie seelisch. Nur wenn unerwünschte Feinde sofort abgewehrt werden und im Körper anfallender "Müll" (entartete, infizierte oder "alte" Zellen) rasch entsorgt werden, kann ein Mensch gesund bleiben. Bei Mangel an Fitmachern für das Immunsystem wird die Gesundheit labiler, es tritt ein allgemeines Kränkeln auf, der Körper wird generell anfälliger für die stets in seiner Umgebung lauernden Erreger.
Doch man muss nicht erst bis zum Auftreten einer Krankheit warten, um zu merken, dass mit dem Immunsystem etwas nicht stimmt. Es sendet bereits bei Beginn

Lesen Sie mehr über die Feinde im Schutzprogramm der Natur im Kapitel 4 "Freie Radikale - der programmierte Rosenkrieg" ab Seite 64.

einer Funktionsschwäche Alarmsignale aus. Dazu gehört jenes "Kränkeln" und typischerweise durch den ganzen Körper wandernde Beschwerden. Leider werden solche Hilferufe jedoch gerne - selbst von Ärzten - übersehen oder verkannt. Sie sind nicht so eindeutig zuzuordnen wie etwa eine laufende Nase bei einem Schnupfen oder ein charakteristischer Hautausschlag bei einer Infektionskrankheit.

Oft stammen die Beschwerden auch aus dem psychischen Bereich: Das Immunsystem und das Gehirn "sprechen" nämlich die gleiche Sprache; stimmt es in der Abwehr nicht mehr, so löst dieses Durcheinander im Gehirn Launen und Reizbarkeit aus. Wer kennt nicht die depressive Phase vor Ausbruch eines Schnupfens oder einer Grippe? Schuld daran sind die Botenstoffe des Abwehrsystems, die bei Erspähen eines Feindes ins Blut ausgeschüttet werden und den Kampf koordinieren. Das Immunsystem bringen sie auf Touren, das Gehirn machen sie träge und depressiv.

Oft rauben auch die Lebensumstände dem Körper lebenswichtige Bausteine. So entzieht Stress beliebiger Art - sei es Arbeitsüberlastung, Ärger, Trauer, Liebeskummer etc. - dem Körper direkt oder indirekt Vitamine und auch andere lebenswichtige Bausteine. Ein etwa einstündiger Streit raubt dem Körper rund 300 mg Vitamin C - das ist das Dreifache dessen, was die Deutsche Gesellschaft für Ernährung als Tagesbedarf empfiehlt. Stressbedingte Verluste von Vitamin B6 (z. B. durch Aufregung, Angst etc.) erzeugen erhebliche Störungen im Eiweiß- und vor allem im Hormonstoffwechsel. Die Folge: Entzündungen, Zyklusstörungen, aber auch Depressionen und Reizbarkeit. Lang dauernde seelische Belastungen führen dazu, dass der Körper erheblich mehr Magnesium "schluckt". Das fehlt dann in den Nervenzellen, in der Muskulatur (Krämpfe) und bei zahlreichen Umsetzungen im Körper. Auch Vergiftungen des Körpers mit Stoffen wie z. B. Arzneimittel, Umweltgifte, anorganische Gifte wie Blei und Cadmium, oder auch Lebensmittelgifte wie Konservierungsstoffe, Farbstoffe, Süßmittel, Aromastoffe, Insektizide und dergleichen können den Bedarf an Mineralien und Vitaminen in die Höhe schnellen lassen. Teilweise kann auch ein derart belasteter Organismus die lebensnotwendigen Bausteine schlechter aufnehmen. Ein erhöhter Vitaminbedarf wird außerdem bei verschiedenen Krankheiten wie fieberhafte Infekte, Malignome, Magen-Darm-Störungen, aber auch nach schweren Verletzungen oder Operationen beobachtet. Manchmal ist sogar der Versuch, sich besonders gesund zu ernähren, schuld an einer Unterversorgung: Wer über längere Zeit eine Crash-Diät zum Abnehmen durchführt, versagt sich fast immer lebenswichtige Bestandteile. Generell entsteht ein Mangel an Vitaminen und Mineralien, wenn über längere Zeit weniger als täglich 1200 kcal (= 5000 kJ) an Nahrung gegessen werden. Mehr oder weniger ausgeprägte Defizite an Vitaminen und Mineralien zeigen auch Krankenhauspatienten: Bedingt durch ihre Krankheit und die in fast allen Krankenhäusern minderwertige Kost. Ähnliches gilt für Schwangere oder stillende Frauen sowie ältere Menschen und Menschen, die künstlich ernährt werden. Die Folge solcher Defizite sind schwere, in der Regel schleichend entstehende Krankheiten.

Tabelle 6.1

Mikronährstoffmangel und seine Auswirkungen

Erkrankung	Mikronährstoffmangel	Auswirkungen	
Herz-Kreislauf-Erkrankungen	Vitamin C und E, Selen, Vitamin B6 und B12, Folsäure, Magnesium	⇩ Oxidation von Blutfetten ⇧ Homocystein-Werte	⇨ Arteriosklerose ⇧ ⇨ Herzinfarktrisiko ⇧ ⇨ Blutdruck ⇧
Diabetes mellitus	Vitamin E Chrom Vitamin C	⇩ Insulinfunktion ⇩ Verwertung des Blutzuckers ⇧ Reaktion von Zucker und Eiweißen	⇨ Blutzucker ⇧ ⇨ Blutzucker ⇧ ⇨ Gefäßverdickung und Organschäden
Krebs (eine Ursache ist die geschwächte Immunabwehr)	Vitamine Selen	⇩ Abfangen Freier Radikale ⇩ Aktivität der Killerzellen ⇩ Bindung und Ausleitung krebserregender Schwermetalle	
Immunschwäche	Vitamin E und C Vitamin C	⇩ Abfangen Freier Radikale ⇩ Schutz gegen Bakterien und Viren	
Psychische Instabilität	Vitamin B6, B12, Folsäure Calcium Vitamin C	⇩ Serotonin, Noradrenalin ⇩ Übertragung von Nervenreizen ⇩ Fettverbrennung, ⇩ Energie	⇨ Stresstoleranz ⇩ ⇨ nervöse Unruhe ⇧ ⇨ chronische Müdigkeit

Kasten 6.1 **Ergänzen was fehlt: Die Wirkung von Nahrungsergänzung**

Unser Organismus braucht täglich folgende Nährstoffe: 60 Mineralien, 15 Vitamine, 12 wesentliche Aminosäuren und 3 wesentliche Fettsäuren. Das macht zusammen 90 Nahrungsnotwendigkeiten. Die richtige Ernährung ist eine Lebensversicherung: Sie halbiert die Zahl der Herz-Kreislauf-Erkrankungen, senkt das Krebsrisiko verschiedenen Forschungsergebnissen zufolge um ca. 40 % und lässt Stoffwechselerkrankungen, wie etwa Diabetes mellitus Typ 2 ("Alterszucker"), kaum eine Chance. Die richtige Ernährung ist ohne jeden Zweifel eine Langzeitinvestition in die Gesundheit.

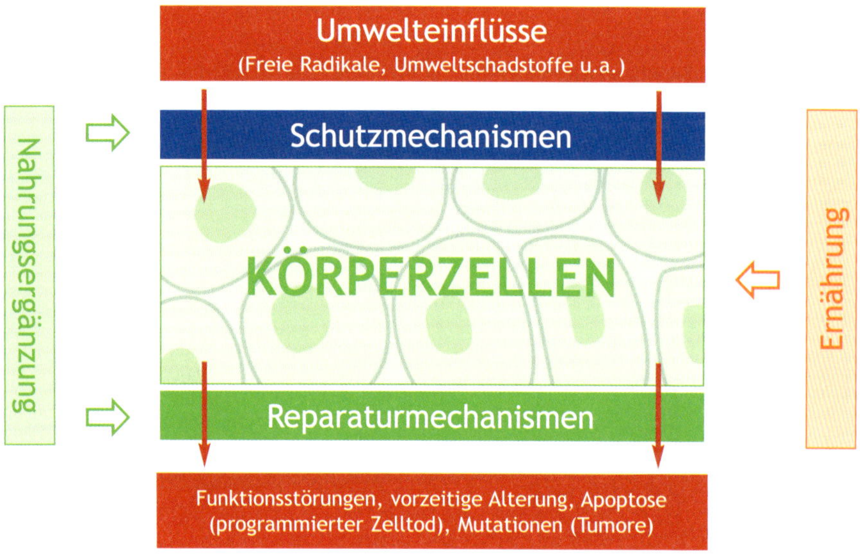

Leiden wir an einem akuten Nährstoffmangel, so kann unser Organismus nicht ordnungsgemäß funktionieren. Er ist geschwächt und wird in diesem Zustand leicht zur Nahrung bzw. Angriffsfläche für Viren und Bakterien. Der Effekt von Nahrungsergänzungs-Präparaten liegt zwischen Ernährung und Medikamenten. Sie werden vorwiegend für vorbeugende und therapieergänzende Maßnahmen eingesetzt.

Die Ernährung ist wichtig für die Zellen

Viele weltweit durchgeführte Studien haben gezeigt, dass 40 bis 80 % aller Krankheiten durch eine Störung im Stoffwechsel hervorgerufen werden. Hauptauslöser hierfür ist den Veröffentlichungen zufolge zu einem hohen Prozentsatz die Unausgewogenheit der Mikrobausteine. Dadurch sind die Körperzellen nicht mehr richtig versorgt, sie verrichten ihre Aufgabe nur unvollständig.
Besonders stark trifft ein solcher Mangel die Bausteine des Abwehrsystems. Jeder Teil des Körpers beansprucht verschiedene Mengen an Stoffen. Das Gehirn - Schaltzen-

trale vieler lebenswichtiger Abläufe - hat einen besonders hohen Bedarf. Mit einer ausgewogenen Ernährung erhält der Körper die richtigen Bausteine, um sich vor einer Immunschwäche zu schützen. Auch wenn es bereits zu ersten "Kursabweichungen" gekommen ist, kann eine gesunde Ernährung immer noch einiges wieder ins Lot bringen.
Neben ihren positiven Langzeiteffekte hat die richtige Ernährung aber auch sehr erfreuliche Kurzzeiteffekte:

- Steigerung der geistigen und körperlichen Power
- Anheben der Konzentrationsfähigkeit
- Verbesserung der Verdauung
- frischeres Auftreten
- attraktivere Figur

Antioxidantien - Partner für körperliche und geistige Leistung

Sie heißen Vitalstoffe, sekundäre Pflanzenstoffe, Antioxidantien, Phytochemicals, Phytamine oder Phytozymes. Viele diese Stoffe stammen aus pflanzlicher Nahrung und dienen der Gesunderhaltung und Vorbeugung von Krankheiten. Ihre Zahl wird mittlerweile auf 30.000 geschätzt.

Modell der Wirkung von Antioxidantien

Das **Freie Radikal** hat Elektronenmangel und ist daher ein instabiles und aggressives Molekül, dass anderen Molekülen ein Elektron entreißt, um selbst wieder stabil zu werden. Damit macht es jedoch das nächste Molekül zu einem Freien Radikal. Eine Kettenreaktion wird in Gang gesetzt.

Ein Antioxidant hat die besondere Eigenschaft immer stabil zu sein, da es nur über ungepaarte Elektronen verfügt - eine freie Abgabe ist möglich. Antioxidantien können die Kettenreaktion unterbrechen, indem sie dem Freien Radikal das fehlende Elektron abgeben, ohne selbst ein aggressives Molekül zu werden.

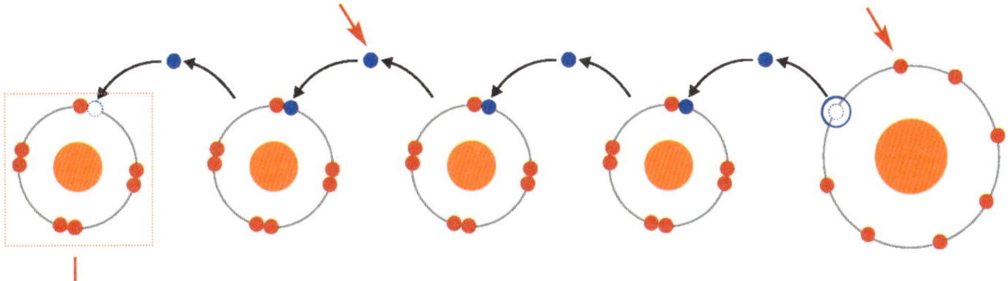

Kennzeichen für **ein stabiles Molekül**: paarige Elektronen. Sind alle Stellen besetzt, ist das Molekül "stabil". Ein Molekül wird instabil, wenn sich nur ein ungepaartes Elektron auf der Außenschale befindet. Jetzt greift es ein anderes Molekül an.

Antioxidantien sind Substanzen, die Moleküle vor der Oxidation schützen, indem sie Elektronen abgeben oder Wasserstoffatome aufnehmen, ohne dabei selbst in aggressive und stark reaktionsfähige Moleküle umgewandelt zu werden.
Freie Radikale entstehen in den Zellen aller Sauerstoff abhängigen Organismen als Nebenprodukte des normalen Stoffwechsels. Vor allem entstehen sie in den Mitochondrien, in denen bis zu 10 % des Sauerstoffs nicht vollständig zu Wasser reduziert werden. Sie entstehen auch bei Autooxidationsreaktionen und enzymatischen Reaktionen, zum Beispiel mit Oxidasen, Oxidreduktasen oder Peroxidasen. Im Kampf gegen eingedrungene Fremdstoffe produzieren Granulozyten und Makrophagen als Zellen der Immunabwehr gezielt Freie Radikale, um eingedrungene Erreger wie Bakterien zu zerstören. Äußere Faktoren wie UV-Strahlung, Röntgenstrahlung oder giftige Chemikalien lösen eine Produktion Freier Radikale oder reaktiver Sauerstoffspezies (ROS) aus.

Kasten 6.2 **Antioxidantien auf einen Blick**

- Enzymatisches, antioxidatives Abwehrsystem
    - Superoxiddismutasen (SOD)
    - Glutathion-Peroxidasen (GLP)
    - Glutathion-Reduktatasen oder Katalasen (GLR)
    - Lycopen, stimuliert nur 1 Enyzm (GLP)
- Nicht-Enzymatisches, endogenes antioxidatives Abwehrsystem (Blutbarriere)
    - Albumin (Eiweiß), 28 %
    - Urat (Salz der Harnsäure), 19 %
    - Bilirubin (Abbauprodukt des Hämoglobin), 1 %
- Nicht-Enzymatisches, exogenes antioxidatives Abwehrsystem (nur Fänger der Freien Radikale)
    - Ubichinon (Coenzym Q10)
    - Vitamin E, 2 %
    - Vitamine C, 3 %
    - β-Carotin (Provitamin A)
    - Spurenelemente: Selen, Mangan, Kupfer, Zink, Eisen
    - Phytochemische Substanzen
    - Mineralstoffe wie der Zeolith Klinoptilolith, die selbst kein Antioxidant sind, aber aufgrund einer hohen Ionenaustauschkapazität über eine antioxidative Wirkung verfügen

Neuere Forschungsergebnisse belegen eindeutig, dass bestimmte Vitamine, Mineralien und Spurenelemente eine Schutzfunktion gegenüber zahlreichen Erkrankungen ausüben können, wenn sie in ausreichender Menge im Körper vorhanden sind.
Antioxidantien sind in der Lage, das Immunsystem zu kräftigen und die einzelnen Zellen vor den schädlichen Freien Radikalen zu schützen, die als Folge der oft falschen Ernährungs- und Lebensgewohnheiten erheblich vermehrt auftreten und eine Schlüsselrolle bei der Auslösung krankhafter Prozesse spielen.

Exogene Substanzen werden in der Regel nur mit der Nahrung zugeführt. Als Klassiker gelten: Vitamin C und E sowie die Carotinoide. Antioxidativ wirksam, aber selbst keine Antioxidantien sind Elemente wie Selen, Mangan oder Magnesium Sie sind zwar Bestandteil endogener Abwehrmechanismen, werden dabei aber selbst nicht verändert.

Antioxidantien unterstützen den Körper bei folgenden Erkrankungen/Lebenssituationen:

- Arteriosklerose
- Krebserkrankungen
- Nebenwirkungen von Krebsmitteln
- chronische Gelenkerkrankungen und Rheuma
- Asthma
- Schwächung des Immunsystems mit wiederholten Infektionen
- diabetische Gefäßerkrankungen
- Katarakt
- Hautalterung
- erhöhte Belastung mit Radikalen (zum Beispiel bei Rauchern)
- intensive sportliche Belastungen mit deutlich erhöhtem Sauerstoffumsatz
- Herzinsuffizienz
- unmittelbar nach einer Organspende oder einer Lysetherapie bei Herzinfarkt oder Gefäßverschluss
- Erkrankungen des Nervensystems (Alzheimer, Parkinson, Epilepsien)

Der Schutz für die Zelle

Antioxidantien machen aggressive Freie Radikale unschädlich

Antioxidantien beseitigen potentiell schädliche Freie Radikale und verhindern so die Strukturverletzung des Biomoleküls. International anerkannte Therapieprotokolle basieren auf der Kombination von Vitamin C und E sowie β-Carotin, Selen und einigen anderen mineralischen Komponenten, oft mit dem Zusatz der Aminosäuren Methionin und Cystein.

Drei Wege im Schutz gegen die Oxidation:

(1) ***Primäre Antioxidantien*** verhindern die Entstehung Freier Radikale. So verhindern die Enzyme Superoxiddismutase (SOD), Glutathionperoxidase (GSHP) sowie das Metallprotein Ceruloplasmin die Bildung von Hydroxylradikalen. Zu dieser Gruppe der primären Antioxidantien zählen auch Proteinarten, die bei der Einlagerung und beim Transport von Metallen (zum Beispiel Kupfer = Cu) aus der Zwischengruppe der Elemente mitwirken: neben Ceruloplasmin (Cu) sind dies Metalothionin (Cu), Albumin (Cu), Transferrin (Cu) und Myoglobin (Cu).

(2) Zu den ***sekundären Antioxidantien*** zählen Vitamin E, C, Carotinoide, Flavonoide, Harnsäure, Bilirubin und Glutathion. Sie stabilisieren Freie Radikale und werden dabei selbst zu stabilen Radikalen, also extrem trägen Radikalen, umgewandelt.

(3) ***Tertiäre Antioxidantien*** sind enzymatische Systeme. Sie reparieren Schäden an biomolekularen Strukturen, zum Beispiel Methionin, Sulfoxid und Reduktase. Des weiteren können auch Enzyme aus der Gruppe der Proteasen und Lipasen hinzugerechnet werden, die bereits beschädigte Moleküle abbauen.

Vitamine sind für den Menschen in jedem Fall lebensnotwendig. Da sie vom Körper entweder gar nicht oder nicht in ausreichender Menge hergestellt und meist auch nicht sehr lange gespeichert werden, ist ihre regelmäßige Zufuhr mit der Nahrung unabdingbar. Zwar sind die benötigten Vitaminmengen nur gering, doch hat ein Mangel an diesen essentiellen Vitalstoffen fatale Folgen. Das hat schon die schlimme Seefahrerkrankheit Skorbut bewiesen, die auf einem Vitamin C-Mangel beruht.
Der Vitaminbedarf des Körpers ist keine feste Größe, sondern hängt von zahlreichen Faktoren ab: Lebensalter, körperliche Belastung (Stress, Training), Gesundheitszustand (zum Beispiel chronische Erkrankung), Schwangerschaft, Stillzeit, Ernährungsverhalten (zum Beispiel Alkohol als Vitaminräuber), Verdauung, Medikamente usw. Jedes Vitamin erfüllt eine Reihe spezieller Aufgaben (nachzulesen auf Seite 187). Vitamine gehören damit wie auch viele Mineralstoffe, Aminosäuren und Fettsäuren zu den essentiellen Nahrungsbestandteilen.
Das wichtigste fettlösliche Vitamin ist Vitamin E, aus der Gruppe der Tocopherole. Das bedeutendste in der Natur vorkommende Vitamin E ist das α-Tocopherol. Seine Funktion besteht darin, Fettmoleküle unseres Körpers (Membranlipide, Lipoproteine und Depotfette) vor dem Abbau durch die Lipidoxidation (siehe Seite 94) zu schützen. Läuft die Peroxidation aus dem Ruder, können Arteriosklerose sowie Autoimmun- und neurodegenerative Erkrankungen, wie Morbus Alzheimer, entstehen. Die wichtigste Waffe der Natur zum Schutz der Lipide gegen Peroxidation ist ein Oxidationsschutz, zum Beispiel durch Vitamin E (α-Tocopherol).
Das Problematische bei der Peroxidation von Lipiden: Sie ist eine Kettenreaktion. Im ersten Schritt spaltet ein Sauerstoffradikal - ein Sauerstoffmolekül mit einem ungepaarten Elektron - ein Wasserstoffatom von einem Lipid ab. Übrig bleibt ein Lipidradikal, ein Lipid mit einem ungepaarten Elektron an einem seiner Kohlenstoffatome, das mit einem weiteren Sauerstoffmolekül zu einem Lipidperoxylradikal reagiert.
Dieses Radikal trägt das freie Elektron wieder an einem Supersauerstoffatom und greift nun seinerseits ein Lipid an, um ihm ein Wasserstoffatom zu entreißen - und wie-

Pflanzen betreiben einen hohen biochemischen Aufwand, um Stoffe zu produzieren, die sie vor Angriffen wie Pilzbefall, Fäulnis, Witterungsbedingungen usw. schützen. Der Mensch dagegen hat im Laufe der Evolution "gelernt", die Pflanze als Nahrungsquelle zu nutzen und dabei gleichzeitig ihre Schutzwirkungen "mitzunehmen". Mehr noch: Er hat sich im Laufe seiner Entwicklung darauf eingestellt, dass er einige Substanzen, die auch heute noch von anderen Säugetieren hergestellt werden (Vitamin C bei Hund und Katze), nicht selbst produziert. Aus diesem Grund müssen diese lebensnotwendigen Stoffe mit der Nahrung aufgenommen werden.

Fett wird mit der Zeit ranzig. Um Speisen vor dieser unangenehmen Oxidation zu schützen, wird Vitamin E zum Beispiel auch in der Lebensmittelindustrie Fetten wie Butter zugesetzt.

der entsteht ein Lipidradikal. Der Teufelskreis ist nur schwer zu stoppen. Hier kommen Antioxidantien auf den Plan. Sie fangen die Lipidperoxylradikale ab. Radikalfänger vom Tocopherol-Typ sind Phenole, sie bestehen aus einem aromatischen Kohlenstoff-Sechsring, an dem ein Sauerstoffatom hängt, das ein Wasserstoffatom trägt (OH-Gruppe). Dieser Wasserstoff wird durch das Peroxyl-Radikal abgerissen. Das entstehende phenolische Radikal ist im Gegensatz zu den lipidschen relativ reaktionsträge, die Kettenreaktion stoppt.
Im nächsten Schritt setzt dann eine der wichtigen Aufgaben von ***Vitamin C*** (Ascorbinsäure) ein: Es bewirkt die Regeneration des Vitamin E-Radikals.
Für ***β-Carotin wurden*** neben seiner Bedeutung als Provitamin A in den letzten Jahren eigenständige Funktionen entdeckt, so kann es zum Beispiel auch als Antioxidant wirken: Vor allem in der Haut entsteht durch UV-Strahlung der aktive Singulettsauerstoff ($^1O_2$). Durch Reaktion mit β-Carotin wird er wieder in seinen Grundzustand

Oxidative Beschädigungen an Molekülen

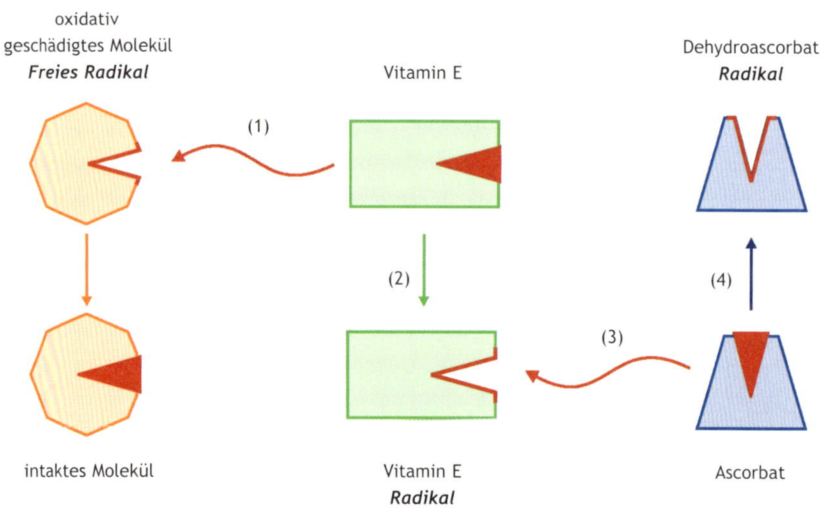

Antioxidantien wie Vitamin C, Vitamin E, Glutathion (GSH) usw. besitzen die Fähigkeit, Elektronen oder Wasserstoffatome an Stellen mit oxidativen Beschädigungen in Biomolekülen abzugeben: Bei der Übertragung eines H-Atoms auf das zu bekämpfende Radikal (1) verändert sich hier zum Beispiel das Vitamin E in ein Vitamin E-Radikal (2) und wird durch Ascorbat "repariert" (3). Das Dehydroascorbat Radikal (4) ist so träge, dass an dieser Stelle die Kettenreaktion der Radikalentwicklung abgebrochen wird.

Kasten 6.3 Das körpereigene Abwehrsystem

Balance zwischen Produktion und Abwehr:
Die körpereigenen Schutzmechanismen stellen im komplexen Zusammenspiel untereinander sowie mit Antioxidantien wie den Vitaminen einen wesentlichen Faktor in der Krankheitsabwehr dar.

Superoxiddismutase (SOD):
Bei der Dismutation (auch Disproportionierung oder Oxidoreduktion) handelt es sich um eine Reaktion zwischen Molekülen, die sich auf einer mitteren Oxidationsstufe befinden. Parallel wird ein Molekülteil oxidiert, ein weiteres reduziert.
Superoxid ($H_2O_2^-$) kann durch die SOD rasch zu H_2O_2 dismutieren. H_2O_2 kann auf zwei Wege entgiftet werden:

- durch Katalase zu Wasser (H_2O) und Sauerstoff (O_2)
- durch die Selen abhängige Glutathionperoxidase (GSPH) zu Wasser (H_2O)

Liegt im Körper ein Superoxiddismutase-Mangel vor, wird die Entstehung bestimmter Erkrankungen begünstigt:

Superoxid-dismutase Typ:	Vorkommen	Hervorrufen folgender Krankheiten durch Beschädigung bei Produktion:
SOD 1	zytoplasmatisch (= in der Zelle)	▪ ALS = Amyotrophe Lateralsklerose ▪ Down Syndrom (Trisomie 21, Mongolismus)
SOD 2	im Mitochondrium (in der Zelle)	▪ idiopathische Kardiomyopathie (unheilbare Herzmuskelerkrankung) ▪ mitochondriale Myopathie (spezielle Form der Muskelschwäche) ▪ Friedreiche Myopathie (Muskelkrankheit mit Lähmungen)
SOD 3	außerhalb der Zelle	▪ Arteriosklerose der Herzkranzgefäße und der Hirnarterien

Glutathionperoxidase (GSHP):
Ein Selenprotein, das vier Selenuntereinheiten besitzt.
Die GSHP reduziert Peroxide wie H_2O_2 oder Lipidperoxide und beseitigt H_2O, das bei der Reaktion mit SOD entstanden ist. Beschädigungen bei der Produktion rufen folgende Krankheiten hervor:

- Schädigung des Gehirns
- Idiopathische Anämie

Katalase oder Glutathionreduktase:
Die Katalse beseitigt H_2O_2 und regeneriert die Beschädigungen.
Durch einen Genverlust können folgende Krankheiten hervorgerufen werden:

- Aniridrie (Fehlbildung der Augenregenbogenhaut)
- *Wilms*-Tumor (Nierentumor)

zurück gebracht. Das dabei entstehende β-Carotin-Radikal kann durch Abgabe der Energie in Form von Wärme wieder regeneriert werden. Diese Inaktivierung von Radikalen wird als "quenchen" bezeichnet. Ein weiterer Einsatz als Radikalfänger findet an den lipiden Strukturen statt: Zum Beenden der Lipidoxidation wird β-Carotin in einer direkten chemischen Reaktion verbraucht.
Bei den ***Mineralstoffen*** weist Selen eine deutliche antioxidative Komponente auf: Nach neueren Untersuchungen gibt es mindestens 25 verschiedene selenhaltige Proteine. Als Bestandteil der Glutathionperoxidase schützt Selen die Zellen vor schädigenden Oxidationsvorgängen. Im komplexen Zusammenspiel verschiedener Stoffe zählt Selen zu den wesentlichen Abwehrmöglichkeiten des Körpers. Auch andere Mineralstoffe zeigen antioxidative Nebeneffekte wie Zink, das sich an spezifische Stellen eines Moleküls bindet und dieses damit vor Oxidation schützt. Über die besonderen Eigenschaften des Zeolith Klinoptilolith, einem Würfelzeolith erfahren Sie mehr in ab Seite 170.

Balance zwischen Produktion und Abwehr

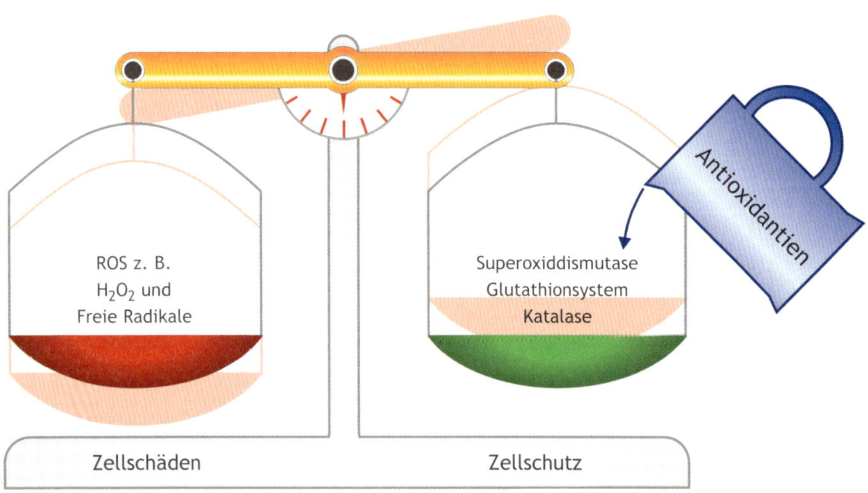

Oxidativer Stress entsteht, wenn einer gesteigerten ROS-Produktion ein überlastetes endogenes Abwehrsystem gegenüber steht. Die ergänzende Zuführung exogener Antioxidantien kann eine mögliche Disbalance ausgleichen.

Flavonoide und Polyphenole werden ebenfalls zu den "klassischen" pflanzlichen Antioxidantien gezählt und sind hauptsächlich in den Schalen verschiedener Obstsorten zu finden, also in den Regionen, die oft dem Messer oder anderen Schälwerkzeugen zum Opfer fallen. Flavonoide haben die Fähigkeit, Metallionen mit einer Art Isolierschicht zu umgeben ("Chelat-Bildung"). Auf diese Weise hemmen sie eine ganze Reihe von Enzymen in Bakterien oder Viren und entfalten so eine starke entzündungshemmende und antivirale Wirksamkeit.
Die dargestellten Mechanismen zur Sanierung oxidativer Schäden an Biomolekülen sind verbunden mit der Entstehung neuer, stabiler Freier Radikale. Die Natur entschließt sich, von zwei Übeln das kleinere, nämlich das stabile Freie Radikal, zu wählen. Dabei hängt die Gesamteffektivität dieses Systems zur antioxidativen Abwehr von der Anwesenheit aller Komponenten im richtigen Verhältnis zueinander ab.

Anwendung von Antioxidantien in der Prävention

Vor einigen Jahren kannte kaum einer die Bedeutung der Antioxidantien. Niemand ahnte, wie wertvoll diese "Cocktails" für das Leben sind. Seit einiger Zeit aber laufen die wissenschaftlichen Untersuchungen auf Hochtouren, und es zeigt sich mehr und mehr, welches gewaltige Erkenntnisfeld sich für die Gesundheit der Menschen öffnet.
In den USA wurde vom Nationalen Krebsinstitut 1990 ein gewaltiges Projekt ins Leben gerufen. Das Ziel war die Erforschung der Zusammensetzung von Pflanzen und ihrer Wirkungen. Heute, knapp 15 Jahre später, weiß man viel mehr über die Möglichkeiten der "Phytochemikalien" oder Pflanzenwirkstoffe. Dennoch leben wir in einer zweischneidigen Situation:
Zwar ist in der Medizin die Akzeptanz über die Bedeutung und für eine Verwendung von Antioxidantien gestiegen, doch gibt es nach wie vor keine eindeutigen Definitionen darüber,

- in welchen Dosierungen Antioxidantien einzunehmen sind,
- welches Antioxidant für welche Fragestellung geeignet ist und
- welches das richtige Herstellungsverfahren und die beste Zubereitungsart für das jeweilige Präparat ist.

Die Ansichten der Ärzte sind hier geteilt. Sind die einen davon überzeugt, dass die Anwendung von Radikalfängern wichtig ist und besonders bei bestimmten Erkrankungen zur Behandlung einfach dazu gehört, so sind die anderen nach wie vor skeptisch. Auch wenn sich für bestimmte Krankheiten die Hinweise mehren, dass sie mehr oder weniger stark durch den Mangel an bestimmten Nährstoffen ausgelöst werden, bleibt die Behandlung dieser den Produkten der pharmazeutischen Industrie überlassen. Hier wäre ein sinnvolles Abwägen von Kombinationen aus Medikamenten und Nahrungsergänzungsprodukten oft weitaus effektiver.
Die Folge: In der Mehrzahl der Fälle gibt es noch keine offiziell akzeptierte Lehrmeinung und alles bleibt dem individuellen Standpunkt des Behandelnden überlassen. Die Vorgaben der Deutschen Gesellschaft für Ernährung zum Beispiel sind in vielen Bereichen stark abweichend von denen aus dem ärztlichen oder sportlerischen Bereich.
Langzeitstudien über die präventive Wirkung von Nahrungsergänzungen nehmen in der Regel fünf Jahre in Anspruch. Bislang werden sie in der Medizin selten durchgeführt. Ohne sogenannte prospektive klinische Untersuchung akzeptiert die Medizin nur schwerfällig neue Präparate, vor allem wenn die Resultate der Anwendung bei einem bereits entwickelten Krankheitsbild nicht spektakulär und in den meisten Fällen nicht rasch wahrnehmbar sind. Die Anwendung von Antioxidantien hängt auch im besonderen Maß von der Akzeptanz der Theorie der Freien Radikale (Kapitel 4) ab. Als präventive Maßnahme finden Antioxidantien dort den Hauptbereich ihrer Anwendung.
Mittlerweile akzeptierte die Medizin aufgrund zahlreicher Studien, dass zwischen Freien Radikalen und vielen

Im Alltag sieht es so aus, dass Gesunde wie auch Patienten selbst entscheiden, ob sie Antioxidantien einnehmen. Sie nehmen auch die Qual der Wahl selbst in die Hand.

chronischen Erkrankungen eine Verbindung besteht. Jedoch noch nicht kontrolliert wurde die Wirkung einzelner Antioxidantien mittels entsprechender Testmethoden wie TAS und d-ROMs Test (siehe hierzu auf Seite 103 in Kapitel 5).

Durch eine empfohlene Ernährungsweise vermeidbare Krebsfälle

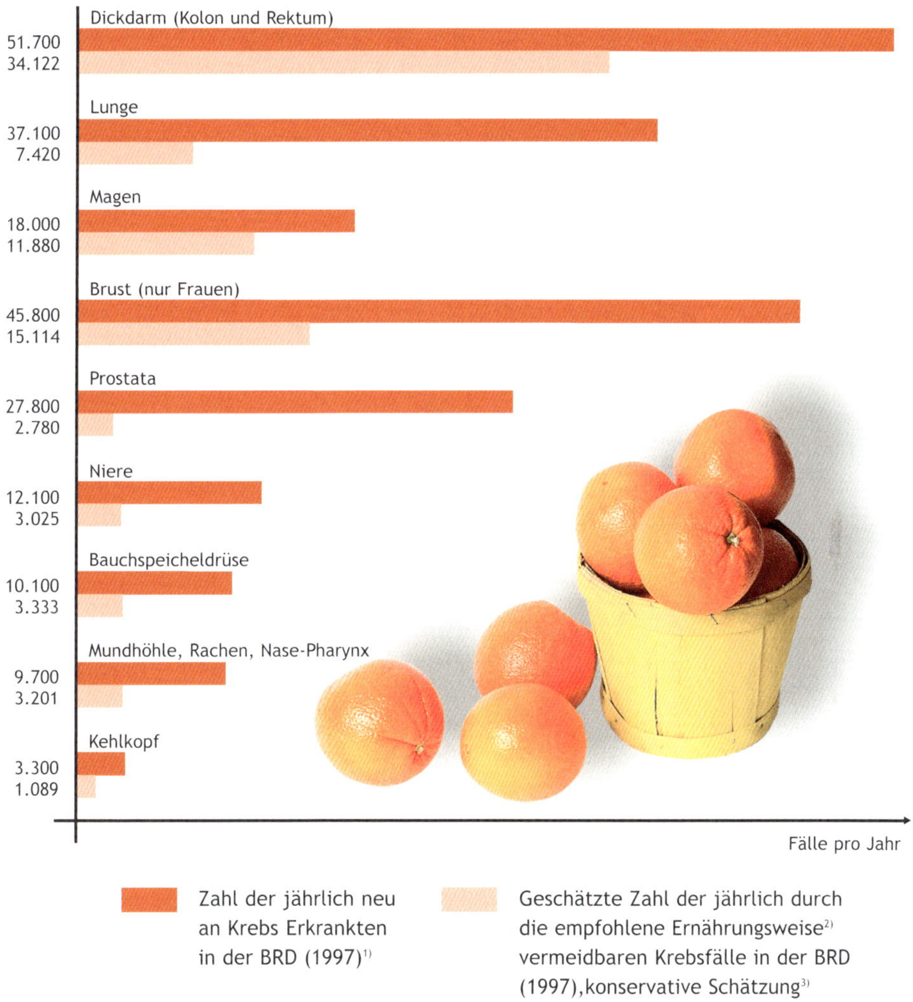

1) Quelle: Robert-Koch-Institut (Schätzwerte)
2) Empfehlungen aus dem Report WCRF "Food, Nutrition and the Prevention of Cancer: a global perspective"
3) Grundlage bildet die Einschätzung des Wissenschaftlergremiums, das o.g. Report erarbeitet hat

Durchaus verbreitet ist heute die Auffassung, dass Freie Radikale eine große Rolle bei der Entstehung von Krebserkrankungen sowie von Diabetes mellitus spielen. Beide Erkrankungen gelten heute als Synonym für Oxidativen Stress. Zunehmend wird auch die wissenschaftliche Bestätigung erbracht, dass Oxidativer Stress auch bei der Entstehung oder der Beschleunigung einer frühen Arteriosklerose und damit der Auslösung von Infarkten sowie koronaren Herzerkrankungen (Arteriosklerose der Herzkranzgefäße) eine maßgebliche Rolle spielt. Eine 1999 vom Deutschen Institut für Ernährungswissenschaften herausgebrachte Veröffentlichung belegte, dass durch falsche Ernährung eine enorme Zahl von Krebserkrankungen verursacht werden.

Noch ist die Frage nicht geklärt, ob Oxidativer Stress Folge oder Ursache einer Erkrankung ist. Vermutlich sollten wir die bekannten Tatsachen akzeptieren, dass es zuerst zu Funktionsstörungen auf Zellebene kommt, die sich zu dauerhaften Schäden weiterentwickeln können, wenn sie nicht saniert werden. Dann erst entsteht eine Krankheit und der gesamte Prozess tritt in einen Teufelskreis ein.

Größere Schädigungen verhindern eine normale Funktion des Abwehrsystem der Zellenzyme, die im Zustand der Gesundheit eine erhöhte Produktion Freier Radikale im Körper kompensieren können bzw. entstandene Schäden sanieren (z. B. Glutathionreduktase). Sind die entstandenen Schäden an einzelnen Systemen jedoch irreversibel, tritt die Krankheit in die chronische Phase.

Bei einem bereits entwickelten Krankheitsbild dienen Antioxidantien als Zusatztherapie: Sie unterstützen die maßgebliche, medikamentöse Behandlung.

Normalerweise reicht das vom Körper über Jahrmillionen entwickelte Abwehrsystem aus, um die durch den Stoffwechsel anfallenden Freien Radikale abzuwehren. Bei größerer körperlicher oder psychischer Anstrengung erhöht sich der Bedarf antoxidativ wirkender Substanzen. Bis zum Alter von 35 Jahren findet sich bei gesunden Menschen kein erhöhter Bedarf, der zur Einnahme irgendwelcher Präparate führen sollte. Eine gesunde Ernährung ohne übermäßige Kalorienzufuhr, statt dessen mit viel Obst und Gemüse, sowie eine entsprechende Lebensweise stimulieren das körpereigene anitoxidative System in ausreichendem Maß.

Wann besteht ein erhöhter Bedarf bei Gesunden?

Bei gesunden Menschen besteht mit Sicherheit ein erhöhter Bedarf an Antioxidantien:

- wenn sie (z. B. an ihrem Arbeitsplatz) Giftstoffen oder belastender Strahlung ausgesetzt sind.
- Wenn sie Raucher oder vermehrt passiv Zigarettenrauch ausgesetzt sind: Zigarettenrauch führt verstärkt zu einer Schädigung der Inhibitorgene oder Antionkogene, so dass die Entstehung von Lungenkrebs begünstigt wird.
- Wenn sie sich erhöhter Sonnenbestrahlung aussetzen: Ultraviolette Strahlen lassen das Niveau Freier Radikale ansteigen.
- Bei übermäßigen körperlichen Belastungen, zum Beispiel intensivem Sport, Training oder Fitness. Berufssportler zählen zu den besonders gefährdeten Gruppen: Bei hartem Training oder Wettkämpfen entwickeln sie verstärkt Oxidativen Stress. Für Sportler ist daher die zusätzliche Einnahme von Antioxidantien unverzichtbar, Obst und Gemüse reichen hier nicht mehr aus.
- Besonders gefährdet sind Sportler bei der Beendigung ihrer sportlichen Ausübung. Es fallen vermehrt Freie Radikale beim Muskelabbau an. Außerdem stellt das Missverhältnis eines (groß) trainierten Herzens mit entsprechend herausgebildeten Herzkranzgefäßen bei Minderbelastung ein echtes Problem dar.
- Stärkere psychische Belastungen führen zum vermehrten Anfallen Freier Radikale. Derartig schädigende Belastungen können zum Beispiel bereits im Schulalter und bei Studenten verstärkt nachgewiesen werden.

"Auf einmal hatte ich einen Messwert zur Hand, anhand dem ich meinen aktuellen Leistungs- und Belastungszustand einschätzen konnte. Darüber hinaus hat mir das auch mental geholfen... damit bin ich nun in der Lage, Fehlerquellen meines Denkens oder auch meines Trainings auszuschließen..."

Raymond Hecht, mehrfacher deutscher Speerwurfmeister

Die Messung des Bedarfs

Den sichersten Beweis zur Feststellung des Bedarfs an Antioxidantien liefert eine Bestandsaufnahme: Mit dem d-ROMs Test steht die geeignete Technik zur Verfügung, die in Minutenschnelle interpretierbare Ergebnisse liefert. Sie ist auch geeignet zur Kontrolle und wird daher zum Beispiel von Sportlern gern in Trainingsphasen eingesetzt, wie der mehrfache Deutsche Meister im Speerwerfen, Raimund Hecht, in seinem interview beschreibt (siehe Seite 128).

Anwendung von Antioxidantien bei Krankheiten

Bei einer bereits entwickelten Krankheit muss zweifelsfrei mit einer antioxidativen Therapie begonnen werden. Forschungsergebnisse der Universität Tufts (USA), aber auch von anderen Autoren zeigen, dass eine Messung der Aktivität des endogenen Abwehrsystems notwendig erscheint. Erst nach einer derartigen Messung kann die Behandlung mit Antioxidantien erfolgen.

1) Krebserkrankungen

Die Krebszelle ist voll von Freien Radikalen. Zahlreiche wissenschaftliche Studien zeigen, dass besonders in Krebszellen von Nieren und Brüsten, im Plattenepithelkarzinom der Lunge sowie im Hepatozellularkarzinom der Leber eine erhöhte Konzentration an Freien Radikalen nachzuweisen ist. Die DNA dieser Zellen ist demnach konstant einem alarmierend hohem Maß an Oxidativem Stress ausgesetzt.
Zwei Fragen sind derzeit noch offen:

1) Werden die ROS (reaktive Sauerstoff (O-)substanzen, OH-Radikale) in den Krebszellen selbst oder in nicht entarteten Zellen innerhalb des Krebsgeschwürs gebildet?
2) Ist die Produktion an ROS erhöht - oder ist die Aktivität des inneren antioxidativen Systems verringert?

In neueren Arbeiten finden sich aufgrund einer Auswertung des DNA-Spektrums Hinweise auf eine erhöhte Produktion von OH-Radikalen innerhalb der Krebszellen. Desweiteren zeigt sich in den Krebszellen eine Expression des Gens, das die wichtigsten antioxidativen Enzyme kodiert. Nachgewiesen ist auch eine Aktivitätsminderung der Superoxiddismutase (SOD, mehr hierzu auf Seite 145), Katalse sowie der Glutathionreduktase.
Diese Ergebnisse lassen die Vermutung zu, dass maligne Zellen selbst verstärkt Freie Radikale erzeugen, während ihr geschädigtes antioxidatives System nicht mehr in der Lage ist, die anfallenden ROS zu neutralisieren.

Dadurch, dass Freie Radikale den Prozess des programmierten Zelltodes hemmen, wirken sie krebsauslösend (kanzerogen).

Besonders während der Chemo- und Strahlentherapie ist der Oxidative Stress erhöht. Das hat einerseits den Vorteil, dass die entarteten Zellverbände wieder in den normalen Prozess des programmierten Zelltodes (Apoptose, S. 43) zurückkehren.

Zwei Seiten der Medaille

Die Antikrebswirkung der meisten Zytostatika beruht auf einem Auslösen von Oxidativem Stress innerhalb der Krebszelle. Auf diese Weise hemmen Zytostatika im Anfangsstadium das weitere Wachstum.
Im fortgeschrittenen Stadium aber bewirken sie das Gegenteil: Sie hindern die Krebszelle daran, in den normalen Prozess der Teilung bzw. des programmierten Zelltodes einzutreten.

Schützenhilfe durch Antioxidantien

Die erhöhte Aufnahme von antioxidativ wirksamen Substanzen über die Nahrung oder als Nahrungsergänzung ist mit einem verminderten Karzinomrisiko verbunden. Epidemiologischen Studien zufolge hat ein niedriges Antioxidationsniveau im Körper eine Steigerung des Krebsrisikos zur Folge.

Platz der antioxidativen Therapie in der Krebsbehandlung

Bei der Behandlung von Krebserkrankungen hat sich in den vergangenen zehn Jahren eine Öffnung zugunsten dem Einsatz von Antioxidantien vollzogen. Eine große Anzahl an Studien erbrachte einen nicht mehr weg zu diskutierenden, unterstützenden Therapiewert bei der Behandlung des Krebsleidens:

- Antioxidantien tragen präventiv zur Verhinderung von Oxidativem Stress bei
- Die Wirkung von Antioxidantien besteht
  - a) im Abfangen Freier Radikale sowie
  - b) der Stimulierung des endogenen (körpereigenen) antioxidativen Abwehrsystems (SOD, GSHP, Katalase)
- Verringerung der toxischen Effekte einer Chemotherapie

Kasten 6.4 **In der Zytostatikatherapie**

Der richtige Zeitpunkt für die begleitende antioxidative Therapie bei der Zytostatik:

- **Zytostatika aus der Gruppe der Antimetabolite** (5-Fluor-Uracil, Metotrexat, Zytarabin, pyrimidische Analoge) verringern zum Beispiel indirekt den Oxidativen Stress. Die Verabreichung von Antioxidantien ***vor der Chemotherapie*** und speziell 72 Stunden vor der Verabreichung von Zytostatika ist hier sinnvoll.

- Die **übrigen Zytostatika** rufen starken Oxidativen Stress hervor. Bei ihnen sollte die Verabreichung von Antioxidantien 24-72 Stunden ***nach der Chemotherapie*** beginnen. Auf diese Weise wird dem Zytostatikum ermöglicht, mit größerer Wirkung auf den Tumor einen Oxidativen Stress vor Ort zu bewirken.

- Der Oxidative Stress von Krebszellen, der durch eine Chemotherapie erhöht anfällt, verhindert bei Krebszellen die Rückkehr in den normalen Prozess der Apoptose (natürliches Selbstmordprogramm jeder Körperzelle, Kapitel 2). Viele Wissenschaftler und Ärzte berichten über eine bessere Wirkung der Chemotherapie, besonders bei sehr therapieresistenten Krebserkrankungen und Rezidiven.

☝ Therapiepläne bei der Behandlung von Krebserkrankungen weisen heute standardmäßig antioxidative Präparate auf.

Grundlegendes:
Was Niemand bestreitet: Die sinnvollste und günstigste Anwendung von Antioxidantien ist die im Rahmen der Prävention, also bevor es überhaupt zu einer schweren Erkrankung gekommen ist.

Diese Erkenntnisse ermutigen, weisen sie doch darauf hin, dass die Chemotherapie den ersten Teil der Behandlung bewältigt und zu einem bestimmten Prozentteil den Tumor verkleinert - natürlich jeweils in Abhängigkeit von der Art des Tumors - , jedoch die Unterstützung durch Antioxidantien benötigt zur:

- Verbesserung der chemotherapeutischen Wirkung
- Verringerung des Oxidativen Stresses in der Zelle
- Rückkehr der Zelle in den programmierten Zelltod (Apoptose)

- Verhinderung von Rezidiven (erneutes Auftreten des Tumors)

Neueren Erkenntnissen zufolge sollte eine die Krankheit begleitende Behandlung mit Antioxidantien nach einer laborchemischen Beurteilung des endogenen antioxidativen Systems erfolgen. Auch erscheint es sinnvoll, begleitend zur Therapie in regelmäßigen Abständen eine Kontrolluntersuchung durchzuführen.
Noch bessere Effekte der antioxidativen Therapien wurde durch intravenöse Gabe erzielt. Dies führte zu einer Erhöhung der Wirkkapazität direkt vor Ort (*Journal of the National Cancer Institute, Vol 92, pp. 376-387, 2000*). Besondere Bedeutung kam hierbei dem Zeitpunkt der Verabreichung zu, was dem Zellzyklus und der damit verbundenen Angreifbarkeit eher zu entsprechen schien. Inzwischen stehen einige Standard-Antioxidantien wie Vitamin C und E, Q10, Selen und Methionin zur Verfügung Diese Präparate werden in hohen Dosen und in Kombination mit weiteren Präparaten verabreicht. Die Kapazität dieser Standardpräparate trägt 2 - 3 % zur Veränderung des oxidativen Status bei.
Die Wirkweisen und Effekte eines bislang wenig beachteten Minerals, dem Zeolith Klinoptilolith, werden im folgenden ab Seite 170 ausführlich dargestellt.

2) Diabetes mellitus

Mit einem Diabetes ist die erhöhte Anfälligkeit für Komplikationen verbunden:

- *schleichender Sehverlust (Retinopathie)*
- *Nierenversagen bis hin zur Dialysepflichtigkeit*
- *Nervenschäden*
- *Blutzirkulationsprobleme*
- *Herzerkrankungen*
- *Gefahr von Herzinfarkt und Schlaganfall*

Zahlreiche Tierstudien bestätigen die Schutzwirkung von Antioxidantien auf die Betazellen der Bauchspeicheldrüse: Sie lösen die Freien Radikale aus den Zellinseln regelrecht heraus (z. B. das Antioxidant Nicotinamid). In neueren Untersuchungen wurde das Antioxidantien-

Kasten 6.5 Die Behandlung mit Vitamin C

Die Behandlung mit Antioxidantien, besonders mit Vitamin C, reduziert den Oxidativen Stress und wirkt regulierend auf das Millieu ein. Dies führt zur Risikominderung für die schweren Folgeerkrankungen von Diabetes.
Vitamin C-Infusionen erhöhen bei Diabetikern nachweislich das Antioxidantien-Niveau im Plasma und wirken sich zugleich regulierend auf den Glucosespiegel im Blut aus.

niveau im Blut insulinabhängiger Diabetiker mit dem gesunder Personen verglichen: Dabei zeigte sich eine wesentliche Verringerung der d-ROMs Test-Werte, von Albumin und Ascorbinsäure.

3) Weitere Anwendungsbereiche für Antioxidantien

Frühe Arteriosklerose

Die Entstehung der Arteriosklerose ist eng mit einem hohen Status an Freien Radikalen verbunden. Die Schulmedizin verfügt derzeit über keine adäquate Therapie gegen diese Erkrankung. Neuerdings werden Antioxidantien nicht mehr nur zur Vorbeugung sondern nunmehr auch zur Behandlung der Arteriosklerose eingesetzt.

Neurodegenerative Krankheiten des ZNS

Auch Parkinson und Alzheimer Erkrankung werden mehr und mehr mit Freien Radikalen in Verbindung gebracht: Neuere wissenschaftliche Veröffentlichungen verweisen auf die Bedeutung der ROS bei der Entstehung sowie auf die Anwendung von Antioxidantien in der Therapie.

AIDS (Acquired Immune Deficiency Syndrome)

Bei diesem Immunmangelsyndrom werden Antioxidantien mittlerweile standardmäßig in der Therapie eingesetzt. Erstaunlicherweise wurde hier sehr schnell der Einsatz von Antioxidantien akzeptiert (oder von seinen Betroffenen gefordert), hingegen sich die Behandelnden bei vielen anderen Krankheitsbildern noch zu zieren scheinen.

Mit Sicherheit nur ein Zufall: Die Entdeckung der Bedeutung Freier Radikale für die Gesundheit ist etwa genau so alt wie die Entdeckung der Krankheit AIDS.

Antioxidantien im Fokus

Nachfolgend werden zunächst drei natürliche Antioxidantien bzw. antioxidativ wirkende Stoffe näher betrachtet. Eine Übersicht über weitere Antioxidantien finden Sie am Ende dieses Kapitels im "Kleinen Lexikon der Antioxidantien".

1) Lycopen

Lycopen ist ein natürliches Karotinoid und starkes Antioxidant. Karotinoide sind in der Pflanzenwelt vielfach anzutreffen und geben dem Gemüse aber auch Früchten ihre charakteristischen Farben, wie zum Beispiel der Karotte oder Tomate. Lycopen ist das rote Pigment aus der Tomate. Neben einer starken antioxidativen Wirkung hat Lycopen auch einen immunstimulierenden Effekt, kann aber, wie auch Vitamin C, nicht vom menschlichen Körper selbst synthetisiert werden. Der Lycopengehalt in gekochten Tomaten ist bis zu 2,5 Mal höher als in rohen, wobei Lycopen besser resorbiert wird, wenn die Tomaten mit Öl, insbesondere Olivenöl gekocht werden. Neben Lycopen enthalten Tomaten weitere Phytonutrienten wie Phytoen, Phytofluen, β-Carotin, Tocopherole, Phytosterois und Phospholipid.

Die Bedeutung von Lycopen

Lycopen besitzt vor allem in der Prävention von Prostatakrebs, anderen Krebsarten und der Prävention von Herzgefäßerkrankungen eine große Bedeutung. Zudem wirkt es unterstützend bei der Regulierung des Bluthochdrucks und führt zu einer Reduzierung der Oxidation von LDL-Cholesterin. Es hemmt das Wachstum menschlicher Krebszellen, schützt das antioxidative, endogene Enzym Gluthaionperoxidase (GPX).

Schutz vor UV Strahlen

Deutsche und Niederländische Forscher haben herausgefunden, dass eine tomatenreiche Ernährung Hautschädigungen durch UV-Einstrahlung beträchtlich zu verringern vermag. In einer im *Journal of Nutrition* veröffentlichten Studie hatten 9 Personen an einer mit 40 g (etwa 3 Esslöffel) Tomatenpaste und Olivenöl ergänzten Ernährungsstudie teilgenommen, während zehn Kontrollpersonen lediglich Olivenöl als Ergänzung zu ihrer normalen Ernährung bekommen hatten. Die gesamte Untersuchung erstreckte sich über einen Zeitraum von 10 Wochen. Die Gesamtmenge an Lycopen in der täglich zugeführten Tomatenpaste betrug 16 mg. Am Beginn der Studie, nach 4 Wochen und nach zehn Wochen wurden die teilnehmenden Personen jeweils bis zur Entstehung eines leichten Sonnenbrandes auf den Schultern einer UV-Bestrahlung ausgesetzt. Die teilnehmenden Personen waren zwischen 26 und 67 Jahren alt, homogen in der Hautfarbe, leicht pigmentiert, hatten helle Haare, blaue Augen und waren ohne Sonnenbräune.

Der Grad der Hautschädigung (bezeichnet als der a-Wert), verursacht durch die wiederholte UV-Bestrahlung wurde in beiden Gruppen entsprechend gemessen. Nach der ersten Bestrahlung hatten beiden Gruppen sehr ähnliche a-Werte (6,0 für die Kontrollgruppe und 5,6 für die Konsumenten der Tomatenpaste), so wie es bei einer Zufallsgruppe von Individuen zu erwarten war. Vier Wochen später lagen die Werte etwas niedriger (5,4 für die Kontrollgruppe und 5,1 für die Tomatengruppe), aber immer noch ohne wirklich bemerkenswerten Unterschied. Nach der zehnten Woche jedoch zeigte die UV-Bestrahlung einen deutlich niedrigeren Wert für die Konsumenten der Tomatenpaste, nämlich 3,8, während der a-Wert für die Kontrollgruppe bei 6,3 lag. Dies heißt, dass der Verzehr von drei Esslöffeln Tomatenpaste täglich über einen Zeitraum von 10 Wochen bei einer bestimmten Belastung mit UV-Strahlen eine um 40% geringere Hautschädigung verursacht.

Zur Erklärung der Resultate dieser Strahlenstudie wurden die Lycopenwerte beider Gruppen bestimmt. So zeigte die Kontrollgruppe in der zehnten Woche eine 8prozentige Abnahme der Lycopenwerte im Blut und eine Abnahme von 51 % der Karotinoide in der Haut. Dem gegenüber konnten die Konsumenten der Tomatenpaste ihre Lycopenwerte im Blut um 95 % und die Werte der Karotinoide in der Haut um 15 % erhöhen. Mit diesen Ergebnissen ist davon auszugehen, dass die erhöhten Lycopen- und Karotinoidwerte in den Zellen der Haut

einen ausgezeichneten Schutz vor Hautschäden durch UV-Einstrahlung bieten.
Ergänzende Experimente untermauern diese Ergebnisse. So konnte eine andere Studie an der *Tufts Universität* zeigen, dass die Lycopenwerte in strahlungsgeschädigter Haut im Vergleich mit strahlungsungeschädigter Haut stärker als die Werte anderer Karotinoide (z. B. β-Carotin) abgenommen hatten. Die Wissenschaftler schlossen daraus, dass gerade Lycopen in besonderem Maße geeignet ist, der Haut den nötigen Schutz zu gewähren, wenn UV-Einstrahlung die Entstehung Freier Radikale in den Hautzellen verursacht.
Basierend auf einer 1999 in Kanada durchgeführten Studie zur Untersuchung von Essgewohnheiten, wurde festgestellt, dass die tägliche Aufnahme von Lycopen etwa 25 mg betrug, eine Menge, die, verglichen mit der empfohlenen Tagesmenge von 35 mg doch etwas niedrig ist. Personen mit tomatenarmer Ernährung werden in der Folge von einem Lycopenmangels stärker betroffen sein, da 80 - 85% der täglichen Lycopenzufuhr durch Tomaten geschieht. Natürlich könnten wir viel mehr Tomaten essen, aber nicht jeder wird dies wollen, vor allen Dingen nicht jeden Tag. Bequemer und weitaus zuverlässiger ist ein Ausgleich dieses Mangels durch eine ergänzende Aufnahme. Anzumerken bleibt in diesem Zusammenhang jedoch, dass eine synergistische Wirkungen von Lycopen mit anderen Komponenten der Tomate nicht gänzlich auszuschließen ist.

Gehalt an Lycopen

In der folgenden Tabelle ist zu erkennen, dass gekochte und weiter verarbeitete Tomaten die beste Quelle für die Lycopenzufuhr darstellen, da der Lycopengehalt hier durch Konzentrationsverfahren wesentlich höher liegt. Die Ergänzung mit Öl oder fetthaltiger Nahrung, wie zum Beispiel Käse zusammen mit Tomatenprodukten, erhöht die aus dem Darm in den Blutstrom abgegebene Lycopenmenge, die dadurch den Zellen mit höherem Bedarf in größerer Menge und vor allem schneller zur Verfügung steht. Interessant erscheint zudem der Sachverhalt, dass die Wassermelone im Schnitt weitaus höhere Mengen an Lycopen enthält, als frische Tomaten.

Tabelle 6.2
Quellen für Lycopen

Nahrungsprodukt	mg Lycopen pro 100 g
Frische Tomaten	0,9 - 4,2
Tomatensuppe	2,0 - 5,5
Tomaten in Dosen	9,3 - 12,4
Ketchup	4,2 - 17,2
Tomatensoße	6,0 - 18,0
Tomatensaft	5,0 - 29,9
Tomatenpaste	5,4 - 150,0
Wassermelone	2,3 - 7,2

2) OPC

OPC (Oligomere Proantho Cyanidine) ist eine farblose und bittere Substanz, ein so genanntes Flavanol und gilt zudem als ein starkes Antioxidant. Es kommt in sehr hoher Konzentration in Weintrauben, besonders in den Traubenkernen vor. Weitere Quellen für OPC sind u. a. wilde Brombeeren, Hagebutten oder Himbeeren.
Seit der Entdeckung von OPC im Jahre 1951 durch *Jacques Masquelier* (*Bordeaux Universität* / Frankreich) konnte in über 50 Jahren klinischer, analytischer, toxikologischer und pharmakologischer Tests, keine schädigende Wirkung von OPC nachgewiesen werden. Vielmehr wurde festgestellt, dass OPC die Wirkung von Vitamin C aktivieren und verzehnfachen kann. Ebenso können die Vitamine A und E durch OPC bis zu zehn Mal länger aktiv bleiben. Zudem reguliert es den Metabolismus der Histamine und reduziert Entzündungen und allergische Reaktionen. Derzeit gilt OPC als das stärkste, aus Nahrungsmitteln isolierte Antioxidant der Welt. Es ist bis zu achtzehn Mal stärker als Vitamin E und C.

Die Geschichte OPC

Im Winter 1534/35 entdeckte *Jacques Cartier* mit seiner Mannschaft den St.-Lorenz-Strom im Norden Kanadas. Das schlechte Wetter und das Treibeis hielten ihn und seine Mannschaft für Monate in diesem Gebiet fest. Nach einiger Zeit begannen die Seeleute zu erkranken: Neben Muskelschwäche und -schmerzen waren Zahnfleischbluten, faulendes Zahnfleisch und Zahnausfall schließlich an der Tagesordnung. Bereits nach kurzer Zeit forderte die Ausbreitung der Krankheit auf Lungenflügel und Nieren die ersten Toten.

Cartier notiert in seinem Tagebuch: "Einige von ihnen verloren ihre ganze Stärke und waren nicht länger in der Lage, auf ihren eigenen Beinen zu stehen. Die Beine waren geschwollen und ihre Sehnen schwarz wie Kohle. Andere hatten rötliche, purpurrote Punkte auf ihrer Haut. Sie fingen an unter üblem Mundgeruch zu leiden und ihr Zahnfleisch wurde so faul, dass es bis zur Wurzel zurücktrat und die Zähne heraus fielen. Wir waren in einer hoffnungslosen Lage, denn weder die Ursache noch die Krankheit selbst war uns bekannt. Nicht mehr lange und diese geheimnisvolle Krankheit wird unser aller Leben fordern. *Phillipe de Rougemont* erlaubte uns, seinen Körper nach dem Tod zu öffnen. Wir sahen sein Herz weiß und faul. Außerdem war es von etwa einem Liter rotem Wasser umgeben."

Schließlich stießen die Seeleute *Cartiers* auf einen Indianer, der ihnen von einem Tee aus der Rinde und den Nadeln des kanadischen Aneeda Baums erzählte. Dieser sollte die Krankheit schnell kurieren. Und tatsächlich trat bereits nach einer Woche eine erhebliche Verbesserung ein, sodass *Cartier* und ein Teil seiner Mannschaft mit dem Leben davon kamen.

Was genau war nun diese geheimnisvolle Krankheit und warum war es gerade der Tee, welcher den Seeleuten das Leben rettete?

Mehr als vierhundert Jahre später las *Jacques Masquelier* von der *Bordeaux Universität* / Frankreich in *Cartiers* Aufzeichnungen und beschloss, den Fragen auf den Grund zu gehen. Schnell war klar, dass *Cartier* und seine Männer an Skorbut erkrankt waren, einer Mangelerscheinung, die durch einen anhaltenden Vitamin C Mangel hervorgerufen wird und auf die ausschließliche Ernährung mit Pökelfleisch und Schiffszwieback zurückzuführen war. Bereits seit Mitte des 18. Jahrhunderts war bekannt, dass man dieser gefürchteten Krankheit mit Zitrusfrüchten vorbeugen konnte. Der Tee musste also, wie zuvor die Zitrusfrüchte, reich an Vitamin C gewesen sein. *Masquelier* fand heraus, dass die Nadeln des kanadischen Aneeda Baums (eine Kiefernart) viel Vitamin C enthielten und die Wirkung durch die in der Rinde enthaltenen Bioflavonoide um ein vielfaches verstärkt wurde. In tiefer greifenden Untersuchungen konnte schließlich das entscheidende Bioflavanoid isoliert werden: OPC.

Die Bedeutung von OPC

In der täglichen Nahrung aus Obst und Gemüse sind nur geringe Mengen an OPC enthalten, zudem wird der Gehalt an OPC durch das Kochen weiter reduziert. Der Extrakt der Traubenkerne liefert schließlich die für eine gezielte Ergänzung der Nahrung sinnvolle Menge an OPC.
Gründe für die Nahrungsergänzung mit OPC sind u. a.:

- Schutz vor Herzgefäßerkrankungen und anderen degenerativen Erkrankungen
- Verringerung des LDL - Cholesterinspiegels
- Erhöhung der Elastizität der Blutgefäße
- Stärkung und Regeneration von Kollagen im Bindegewebe
- Verbesserung der Hautgesundheit
- Verminderung der Gefahr einer durch eine diabetische Stoffwechsellage verursachten Retinopathie (Augengefäßerkrankung)
- Schutz der Zellen vor dem Angriff Freier Radikale (antioxidative Wirkung)

OPC ist im menschlichen Körper zu 100 Prozent bioverfügbar. Bereits 20 Minuten nach der Einnahme ist OPC im Blut nahezu 72 Stunden nachweisbar. Im Gegensatz zu den meisten anderen Antioxidantien besitzt OPC die Fähigkeit, eine direkte Schutzfunktion für das Gehirn und das zentrale Nervensystem auszuüben.
OPC hat vier biochemische Eigenschaften, die für den Körper vorteilhaft sind:

- Abbau von Freien Radikalen, Verminderung des Risikos durch Oxidativen Stress
- Kollagenschwergängigkeit, Schutzfunktion für das Gewebe
- Hemmung der entzündlichen Enzyme, Vorbeugung von Entzündungen

- Hemmung der Histaminbildung, Reduzierung pseudoallergischer Reaktionen bei Histamin-überempfindlichen Menschen

In der Praxis ist das mediterrane oder französische Paradox bekannt: "Länger leben mit Rotwein." Auch wenn Franzosen fetthaltig essen und starke Raucher sind, liegt ihr Risiko, einen Herzinfarkt zu erleiden, ein Drittel niedriger gegenüber der Weltbevölkerung, was ihnen eine höhere Lebenserwartung beschert (*A. S. Steger*, Fachzeitschrift *Lancet*). Amerikanische und dänische Wissenschaftler bestätigen in Untersuchungen, dass der tägliche Konsum von zwei Gläsern Rotwein das Herzinfarkt- und Schlaganfallrisiko um 40 bis 60 Prozent senken kann, da die Häufigkeit der Thrombose und dadurch auch die der Embolie gesenkt wird.

Nahrungsergänzung mit OPC

Masquelier empfiehlt für eine ausreichende Nahrungsergänzung mit OPC täglich 0,6 bis 0,7 mg OPC je Kilogramm Körpergewicht. Für eine optimale Absorption schlägt *Masquelier* zudem vor, dass OPC ohne Proteine eingenommen werden soll, da OPC eine Affinität für Kollagen hat. Eine Toxizität von OPC ist nicht bekannt.

3) Polyphenole im Tee

Tee ist mehr als nur ein Getränk in unzähligen Geschmacksvarianten. Tee inspiriert, Tee belebt und ist schon fast nebenbei eines der ältesten Heilmittel, die es seit Menschengedenken gibt. Ganz gleich ob afrikanischer Roibusch Tee, Grüner Tee aus China oder schwarzer Tee aus Indien, seit jeher gibt es viele Mythen um die Heilkraft und Wirkung der verschiedenen Teesorten. Täglich genießen Millionen von Menschen ihren Tee ohne wirklich zu wissen, welchen positiven Beitrag sie ihrer eigenen Gesundheit damit liefern.
Was haben nun aber Teesorten mit Antioxidantien zu tun? Ziemlich viel sogar. Grüner und Schwarzer Tee sind besonders reich an Polyphenolen und genau diese Polyphenole haben nachweislich eine antioxidative Wirkung. Besonders Grüner Tee hat einen außerordentlich hohen

Gehalt an Polyphenolen, wobei auch Schwarzer Tee nicht zu verachten ist.

Grüner oder Schwarzer Tee?

Grundsätzlich können beide Teesorten aus der gleichen Blattsorte hergestellt werden. Erst der Herstellungsprozess selbst sorgt für den Unterschied.
Grüner Tee wird zunächst auf über 100°C erhitzt, anschließend gerollt und getrocknet. Durch den Prozess des Erhitzens wird das blatteigene Enzym Polyphenoloxidase unwirksam gemacht, sodass es später nicht mehr zur Fermentation kommt. Schwarzer Tee welkt bis zu 16 Stunden, wird gerollt, durch das in den Blättern enthalten Enzym fermentiert, um schließlich zu trocknen. Während des Fermentierens wird bei schwarzem Tee, im Gegensatz zu Grünem Tee, ein Großteil der enthaltenen Catechine verändert.
In den vergangenen Jahren konnten viele klinische Studien belegen, dass eine Einzeldosis eines Teeaufgusses die antioxidative Kapazität des Plasmas erhöht. Bei gesunden Erwachsenen war dieser Effekt schon 30 bis 60 Minuten nach der Aufnahme nachweisbar. Im Allgemeinen sieht man einen Maximalwert der antioxidativen Kapazität im Plasma ein bis zwei Stunden nach der Aufnahme von Tee. Dieser fällt anschließend langsam ab.
Vergleichende Studien haben gezeigt, dass beide Tees im Bereich der Chemopräventiva gleichwertig sind. Zudem wurde festgestellt, dass das im schwarzen Tee enthaltene Theaflavin und dessen Gallate die Verdauungsenzyme ausgeprägter hemmen als die Catechine im Grünen Tee.
Eine Entscheidung für eine der beiden Teesorten zu fällen ist grundsätzlich nicht möglich. Auf der sicheren Seite ist in jedem Fall, wer beide Sorten konsumiert.
Angemerkt sei an dieser Stelle, dass es wichtig ist, den Tee ausreichend lange extrahieren zu lassen. Bei einer Extraktionszeit von fünf Minuten in heißem Wasser gehen etwa 84 Prozent der Polyphenole in die Tasse über. Nach zehn Minuten erhält man den maximalen Gehalt an Polyphenolen und Theanin. Kurze Aufgusszeiten von 2 bis 3 Minuten sind besten Falls etwas für Genießer.

Tee sollte zwischen 5 und 10 Minuten extrahieren, damit alle Wirkstoffe eine Chance haben, in das Teewasser überzugehen.

Tabelle 6.3

Vergleich der Inhaltstoffe von Grünem und Schwarzem Tee

Stoff	frische Blätter	Grüner Tee - Aufguss -	Schwarzer Tee -Aufguss -
Coffein	4	3 - 6	3 - 6
Catechine	30	30 - 42	3 - 10
Theaflavine	0	0	2 - 6
Flavonole	2	2	1
andere Polyphenole		6	23
Theanin / Aminosäuren	4	je 3	je 3
Peptide/Proteine	15	6	6

Catechine im Grünen Tee

Grüner Tee enthält die Flavane Catechin, Epicatechin (EC), Epigallocatechin (EGC) sowie größere Mengen Epicatechingallat (ECG) und Epigallocatechingallat (EGCG). Letzteres gilt heute als wichtigster Inhaltsstoff. Im Experiment zeigt EGCG verschiedene Wirkungen, die auf ein hohes antikanzerogenes und kardioprotektives Potential hinweisen. Dabei ist Grünter Tee der Einzelsubstanz EGCG jedoch in keiner Weise unterlegen. Vielmehr haben Studien gezeigt, dass die Kombination der Catechine ein größeres Wirkspektrum zu besitzen scheint. Ursache dafür ist wohl, dass alle Catechine starke Antioxidantien sind und etwa zehn Mal länger beständig sind als beispielsweise Vitamin C oder β-Carotin. Zudem scheinen die Catechine die Einsatzbereitschaft von Vitamin E und β-Carotin deutlich zu verlängern.
Doch die Catechine des Grünen Tees scheinen untereinander nicht nur additiv zu wirken. Vielmehr geht man heute von einer synergistischen Wirkung aus. So konnte in einer Kultur humaner Lungenkarzinomzellen effektiver die Apoptose induziert werden, als unter alleiniger Verwendung von EGCG. Zudem schützen alle Catechine, mit Ausnahme von EGCG, ähnlich wie Curcumin signifikant vor einer strahleninduzierten Schädigung der DNA. Eine Kombination von Curcumin mit EGCG hemmte überraschender Weise das Wachstum von Tumorzellen. Weitere Wirkungen von Grünem Tee sind:

- antibakterielle und bakterizide Wirkung auf die Plaque- und Kariesbildung an den Zähnen
- antidiabetische Wirkung

- dosisabhängige Senkung des Blutzuckerspiegels, Bremsung der Glycosylierung
- Hemmung der Insulinsekretion und Verhinderung des Auftretens von Insulinspitzen
- entzündungshemmend sowie die Verminderung der Schwere einer Arthritis
- Modulation des Immunsystems
- hohes antivirales Potential
- Hemmung der Telomerase (siehe Kapitel 1) und Angiogenese, dadurch Einschränkung des Tumorwachstums und der Metastasierung

Schlussfolgerungen

Nicht jeder braucht eine Zusatzbehandlung mit Antioxidantien. Wer sich ausgewogen ernährt, die Nahrung aus ökologisch einwandfreiem Anbau beziehen kann, wer reines Wasser trinkt und sich dem Lebensrhythmus entsprechend verhalten kann, der ist sicherlich nicht dem Oxidativen Stress ausgesetzt, den ein Großstädter täglich bewältigen muss. Bis zum Alter von 25 Jahren ist in einem solchen Lebensumfeld in der Regel kein dramatischer Stressfaktor zu erwarten.
Wird eine antioxidative Behandlung notwendig, sollte diese generell zusammen mit einer Überprüfung des oxidativen Status (d-ROMs Test, siehe Kapitel 5) durchgeführt werden. Wenn schließlich eine Stabilisierung der Werte im Normbereich erreicht ist, kann eine dreimonatige Pause eingelegt werden, wenn keine weiteren Umstände eine Fortführung der Behandlung verlangen.
Grundsätzlich spricht nichts dagegen auch bei scheinbar gesunden Menschen regelmäßig den oxidativen Status zu bestimmen, zumindest zwei Mal pro Jahr. Das Messverfahren (d-ROMs Test, siehe Kapitel 5) ist mittlerweile kostengünstig und ambulant durchführbar und kann durchaus einen wesentlichen Beitrag zum frühzeitigen Screening von Defiziten leisten.
In Lebenssituationen, die Oxidativen Stress hervorrufen, empfiehlt es sich, die Nahrung durch zusätzliche Einnahme natürlicher Antioxidantien zu ergänzen.
Bei bereits bestehenden Krankheiten ist die zusätzliche Einnahme von Antioxidantien ohne Zweifel eine sinnvol-

le Maßnahme, die den Heilprozess stützt bzw. das Fortschreiten der Erkrankung bremst und bereits geschädigten Zellen eine normale Funktionsfähigkeit zurückgeben kann. Als Zusatz zur schulmedizinischen Behandlung ist dieser Ansatz äußerst empfehlenswert.

Die Bedeutung der Nahrungsergänzung

täglicher Bedarf			symptomatische Reparatur
Nahrung	funktionelle Nahrung	Nahrung-ergänzung	Medikamente
	Defizitausgleich	vorbeugend, therapeutisch	

Die Bedeutung der Nahrungsergänzung:mehr als die Ernährung, weniger Wirkung als Medikamente. Ihren besonderen Wert zeigen Nahrungsergänzungsmittel in der Vorbeugung oder in der begleitenden Therapie von Erkrankungen. Funktionelle Nahrung ("Functional Food") dient dem Ausgleich individuell verschiedener Ernäherungsdefizite: Ein Leistungssportler stellt andere Anforderungen an die Nahrung als ein Büroangestellter.

Kasten 6.6 Aus dem Interview mit Thomas Loosch

Der amtierende Weltmeister und Weltrekordhalter (2003) Thomas Losch ist ein Ausnahmeathlet: Viermaliger Weltmeister, ein Mal Vizeweltmeister, drei Mal Vizeeuropameister und insgesamt neun Mal Deutscher Meister. 14 Mal errang er einen Weltrekord in seinen Wurfdisziplinen Kugelstoßen, Diskus und Speerwurf. Trotz einer spastischen Lähmung im linken Arm und Bein als Folge eines Unfalls steht der Sport für ihn ganz oben. Nicht nur im Behindertensport ist Thomas Loosch Weltklasse.

"Dass ich heute wieder so aktiv und erfolgreich Sport treiben kann, erlebe ich immer wieder als ein großes Geschenk. Ich war bereits in meiner Jugend sehr erfolgreich, aber durch falsches Training musste ich bereits als 18-Jähriger meine hoffnungsvolle Karriere beenden: Meine Wirbelsäule war dermaßen überstrapaziert worden, dass ich unter schweren Abnutzungserscheinungen litt. Erst 20

Jahre später und Jahre nach meinem schweren Motorradunfall sowie einer neurochirurgischen Notoperation, die gerade noch verhindern konnte, dass ich auf Höhe der Halswirbelsäule eine Querschnittslähmung erlitt, habe ich die Rückkehr in den Sport geschafft. Das war im Herbst 2001.

Meine Leistungen überzeugten den Bundestrainer damals sofort, und ich stieg auf Weltklasseniveau bei den entsprechenden Wettkämpfen ein. Meine Erfolge sprechen da ja für sich.

Mit moderaten Trainingseinheiten bringe ich heute meinen Körper dazu, die Leistungsanforderungen nicht nur einmal sondern dauerhaft zu erbringen. Natürlich muss ich als körperlich Behinderter immer wieder Rückschläge einstecken. Das beginnt schon damit, dass sich nach und nach bis vor ein paar Monaten die Muskelspastik im Arm verhärtete. Ein großes Problem für einen Werfer! Heute habe ich unter anderem auch dank meiner Physiotherapeutin, Dorothea Schall, eine neue Methode kennen gelernt, mit besseren Übungsmethoden Erleichterung zu erzielen.

Etliche Körperstrukturen sind bei einem Behinderten vorgeschädigt und durch Abnutzung oder Überbeanspruchung besonders den Attacken Freier Radikale ausgesetzt. Als Sportler weiß ich das, aber dennoch mindert dieses Wissen natürlich nicht meine Begeisterung für den Sport. Die Überanstrengung zeigt sich erst später: zum Beispiel als schwere Müdigkeit oder durch Muskel- oder Gelenkschmerzen oder hartnäckige Infekte. Bei mir war lange Zeit auch mein Asthma ein ernsthaftes Gesundheitsproblem. Eine gute Möglichkeit, hier dem Körper Schützenhilfe zu geben, sind bekanntlich Antioxidantien.

Meine Erfahrungen bis zum Herbst 2002 waren befriedigend. Dann begann ich mit der Anwendung von aktiviertem Klinoptilolith und ich muss heute noch mit Erstaunen feststellen, dass diese sprichwörtlich wie eine Bombe einschlugen:

- Asthma wesentlich verbessert
- bessere Körperregeneration
- bessere Kondition
- keine Erkältung mehr

Gerade in der schwierigen Phase meiner Muskelverhärtung war ich natürlich froh, bereits unter entsprechender Antioxidantien-Zufuhr zu stehen. Denn dieser winzige Molekularfilter musste in dieser Zeit sicher eine erhebliche Menge an belastenden Stoffwechselprodukten ("Schlacken") abtransportieren. Diese hätten sonst meinen Organismus noch mehr belastet. Ich weiß nicht, ob ich das alles genau so gut ohne die Nahrungsergänzung mit aktiviertem Klinoptilolith geschafft hätte. Womöglich hätten meine sportlichen Leistungen erheblicher gelitten.

Die Kontrollmessungen mit dem d-ROMs Test haben stets eine Bestätigung der guten Antioxidantienlage in meinem Körper - trotz der muskulären Belastungen - erbracht. Für mich ist klar, aktivierter Klinoptilolith hat mich deutlich nach vorn gebracht."

Ein Grundbaustein der Gesundheit kommt aus dem Innern der Erde

Obwohl er nicht zu den klassischen Antioxidantien gezählt werden kann, verfügt der Klinoptilolith aus der großen Gruppe der Zeolithe scheinbar über besondere antioxidative Fähigkeiten. Die Ursache hierfür liegt in seiner außerordentlichen Adsorptions- und Selektionsfähigkeit sowie Ionenaustauschkapazität.

Millionen von Jahren sind vergangen, seit flüssige Magma aus dem Innern der Erde an die Oberfläche trat und in fester Form erstarrt ist. Dieses Lavagestein setzt sich aus Silikat-Kristallen zusammen, die vermutlich zu einem der wichtigen Reaktionspartner bei der Entstehung des Lebens auf unserem Planeten zählen: Als in der Uratmosphäre noch ständig Aminosäuren gebildet und diese dann auf der Erdkruste abgelagert wurden, entstanden aus ihnen die ersten Moleküle und Proteine. Die Oberflächenstruktur der Gesteinskristalle mag die Reaktionen der chemischen Zutaten entscheidend beschleunigt haben. Eines der bedeutendsten natürlichen Minerale vulkanischen Ursprungs ist die große Gruppe der Zeolithe. In manchen Regionen der Erde bildeten zeolithhaltige Gesteine große Oberflächen aus, an anderen sind sie eher selten anzutreffen. Das Interesse für Zeolithe geht bis ins Jahr 1756 zurück, wo sie erstmals in den Felsen von La Roca Magica gefunden wurden.

Zeolithe gehören in die große Gruppe der Silikate, den anorganischen Salzen der Kieselsäure. Neben den Zeolithen zählen Feldspate, Glimmer und Tone dazu. Silikate sind demnach keine seltenen Mineralien sondern mit bis zu 80 Prozent am stofflichen Aufbau der Erdkruste beteiligt. Grundbaustein aller Silikate ist der $[SiO_4]^{4-}$ - Tetraeder, eine kleine Pyramide mit einem zentralen Siliziumatom (Si) und vier Sauerstoffatomen (O), die in den unterschiedlichen Silikaten in vielfältiger Form, Mustern und Anordnungen auftritt: als Doppel-, Ketten- oder Ringtetraeder.
Weitere Bausteine wie Magnesium, Aluminium, Eisen oder Mangan können sich mit den Tetraedern verbinden, so dass neue hochkomplexe Strukturen in unterschiedlicher Färbung entstehen. Wie Feldspat enthält auch der Zeolith Aluminium, allerdings im Vergleich zum Feldspat in einer wesentlich geringeren Menge.

Der SiO_4 - Tetraeder

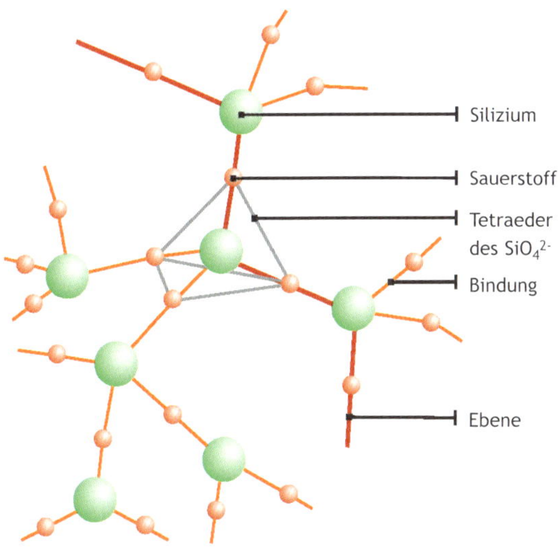

Der Siliziumtetraeder ist der Grundbaustein aller Silikate. In ihm befindet sich jeweils ein Siliziumatom, welches an vier Sauerstoffatomen gebunden ist. Über die Sauerstoffatome sind die einzelnen Silizumatome miteinander "verkettet", sodass die typische Kristallstruktur entsteht.

Silizium und Kieselsäure

Nach dem Sauerstoff ist Silizium das zweithäufigste Element der Erdkruste. Es ist bis zu 80 Prozent am Aufbau der Erde beteiligt.

Silizium ist eine der am häufigsten in der Umwelt anzutreffenden Substanzen. Dort kommt es meist an Sauerstoff als Kieselsäure gebunden sowohl in Sedimenten als auch in Pflanzen vor. In unterschiedlichen Mengen ist Kieselsäure enthalten in: Getreiden, vor allem in Hafer (0,6 Prozent), Hirse (0,5 Prozent) und Gerste (0,2 bis 0,3 Prozent).
Dass Kieselsäure für den Menschen von großer Bedeutung ist, wurde erst 1972 nachgewiesen: Wissenschaftler stellten fest, dass Kieselsäure zu den essentiellen, also lebensnotwendigen, Elementen zu zählen ist. Wegen ihrer großen Verbreitung in der Außenwelt wurde bislang die Notwendigkeit der Kieselsäure bzw. des enthaltenen Siliziums für den menschlichen Körper kaum beachtet.

Aufgaben und Funktionen

Kieselsäure bzw. Silizium ist wichtig für:

- die Zellatmung (siehe Seite 174)
- Aufbau und Spannkraft des Bindegewebes (siehe Seite 174)
- Die Kollagensynthese
- Die Elastizität und Festigkeit der Arterien- und Venenwände
- Die Matrix und die Mineralisierung (Calciumeinbau) der Knochen
- Den Aufbau und die Festigkeit des Knorpels in den Gelenken
- Die Aktivität des Immunsystems, das vor der Ausbreitung von Infektionen und bösartigem Zell-Wachstum schützt
- Die lokale Linderung von Entzündungen in Mund, Rachen, Speiseröhre, Magen sowie auf der Haut

Bei einem ausgeprägten Silizium-Mangel kommt es zu so genannten Mangelkrankheiten. Aufgrund der weit verbreiteten vollwertigen Ernährungsweise sind in unseren Breiten Mangelerscheinungen in ausgeprägter Form nur extrem selten. Die schleichenden Formen des Man-

Multitalent Kieselsäure

Die Wirkung der Kieselsäure auf den menschlichen Organismus ist sehr vielfältig. Allein der positive Einfluss auf das Bindegewebe macht sie zu einem echten Multitalent der Natur, denn Bindegewebe ist im ganzen Körper vielfältig "eingespannt".

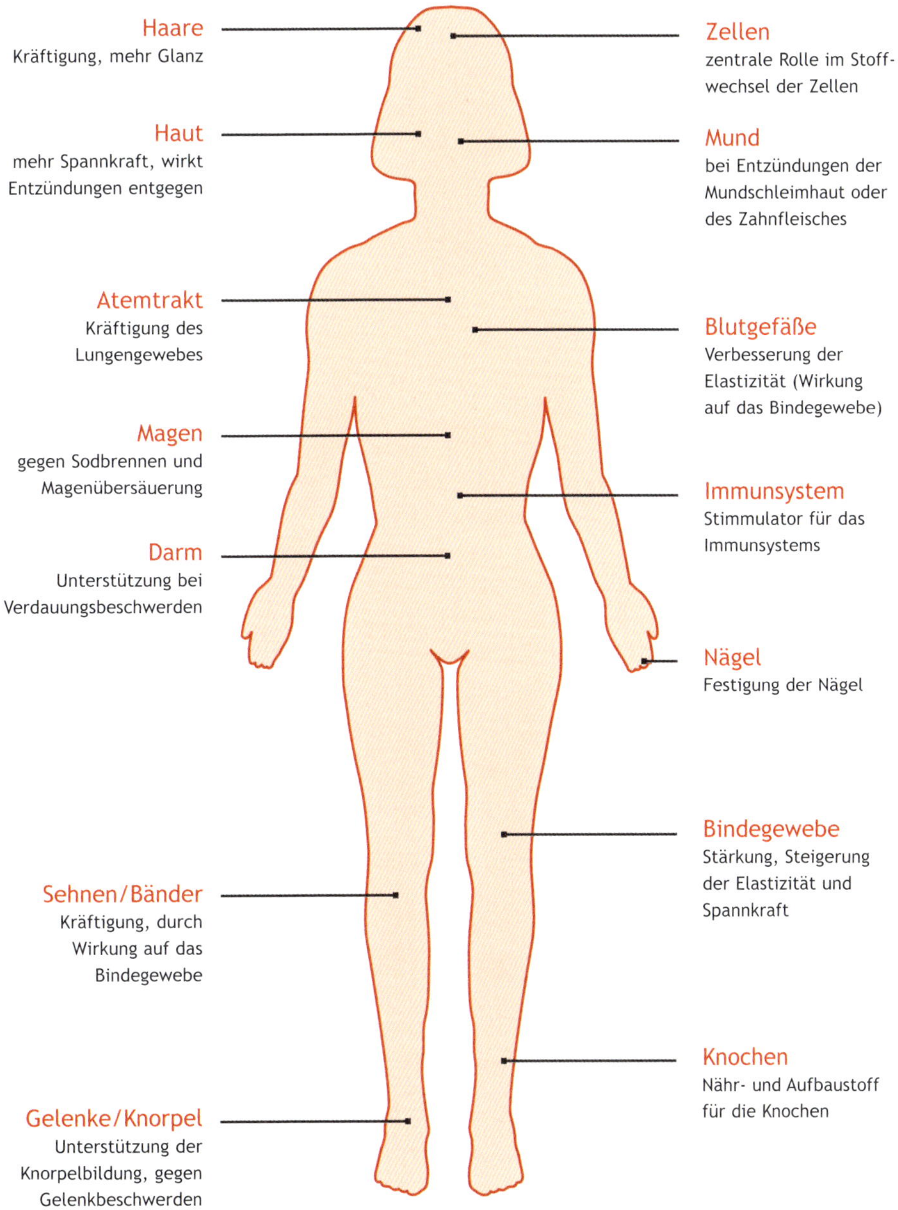

Der tägliche Mindestbedarf liegt Bilanzstudien zufolge bei ca. 50 mg Silizium bzw. 1,2 g Kieselsäure/Kieselerde. Eine Überdosierung oral aufgenommener Kieselsäure ist nicht möglich, da eine schnelle Ausscheidung über die Nieren erfolgt. Untersuchungen haben ergeben, dass täglich maximal 250 mg Silizium aufgenommen werden können.

gels zeigen sich nur verdeckt oder treten als so genannte "Alterserscheinungen" auf - und sind irrigerweise mittlerweile als solche nahezu akzeptiert. Das ist auch einer der Gründe, warum einer optimalen Silizium-Aufnahme bislang wenig Beachtung geschenkt wurde, obwohl dieses Element essentiell und absolut notwendig für ein gesundes Leben ist.
Entscheidend für die Funktion des Körpers ist, wie viel Silizium tatsächlich in den Zellen ankommt. Das Problem liegt in der relativ schwierigen Aufnahme der Kieselsäure verglichen zur besonders leichten Ausscheidung über die Nieren. Dabei kommt erschwerend hinzu, dass die Resorptionsquote unseres Organismus relativ gering ist und mit dem Älterwerden noch weiter abfällt.

Die Zellatmung

Die innere Zellatmung ist die zentrale und unverzichtbarste Lebensfunktion. Sie wird in den Mitochondrien umgesetzt (siehe Kapitel 2). Mit steigendem Lebensalter verringert sich die Zellatmung nach und nach. Das hat Auswirkungen auf die Leistungsfähigkeit der einzelnen Zelle, des Organs sowie in der Folge des gesamten Körpers. Besonders deutlich zeigen sich die Auswirkungen der verminderten Zellatmung in den hochspezialisierten Zellverbänden: den Nerven- und Immunzellen. Etliche Alterungsprobleme und Erkrankungen sind mit einem Absinken der Zellatmung erklärbar. Eine Stabilisierung bzw. Regeneration der inneren Zellatmung ist daher besonders wichtig für eine dauerhafte Leistungsfähigkeit und Gesundheit. Die optimale Versorgung mit Kieselsäure in einer für den Körper besser zu resorbierenden Form ist daher besonders günstig.

Aufbau und Funktion des Bindegewebes

Mit dem Altern verbunden ist für die meisten Menschen ein Nachlassen der Gewebeelastizität. So lässt sich am Erscheinungsbild der Haut das Alter des Gegenüber wie selbstverständlich ablesen. Ebenso ist die Haut ein Indikator für vorzeitiges biologisches Altern oder für eine längere Vitalität bei anderen.

Doch nicht nur das Stützgewebe der Haut ist empfänglich für Altersprozesse: Für den Betrachter nur mit speziellen Methoden sichtbar zu machen sind die Folgen des Alterns auf die Gefäßwände, die Muskulatur, den Knorpel sowie die Fähigkeit des Bindegewebes, Nähr- oder Abfallstoffe hindurchzulassen.

Zeolithe - architektonische Wunderwerke

Zeolithe sind natürliche mikroporöse Silikat-Mineralien, die farblos bis weiß oder hellrot sind. Verfärbungen sind durch Verunreinigungen und/oder zusätzliche andere Mineralien entstanden. In der Natur findet man diese Zeolithlager in Vulkanansammlungen und Felsen, entstanden durch Ablagerungen von Gasen und Dämpfen, sowie in Ozeanen.
Unter dem Mikroskop betrachtet, entfaltet sich die architektonische Wunderwelt dieser Kristallgerüste: Zeolithe bieten eine zauberhafte Formenvielfalt aus Fasern, Lamellen, Kanälen, Würfeln. Folgende Grundformen lassen sich dabei bestimmen:

- faserartige Zeolithe (Ketten)
- blättrige (schuppige) Zeolithe (Bänder, Schichten)
- ringförmige Zeolithe

Physikalische und chemische Eigenschaften des Zeolith Klinoptilolith

Chemische Zusammensetzung und Struktur

Klinoptilolith liegt in kristalliner Struktur und meistens in Zwillings- oder Vierlings-Form vor. Das Grundskelett des Kristallgitters besteht aus Tetraedern aus SiO_4 und Al_2O_3. Durch den Gerüstbau haben sich Kanäle und Hohlräume, herausgebildet die den gesamten Stein durchdringen. In diesen sind Ionen gebunden (hauptsächlich Kationen, wie z. B. Natrium, Kalium und Calcium), die gegen andere Ionen leicht austauschbar sind. Im Vergleich zu anderen Zeolithen ist das Verhältnis von Silizium und Aluminium beim Klinoptilolith 1:4. Sonst liegt es darunter.
Als Begleiter der Klinoptilolithe findet man Spuren anderer Mineralien, wie z. B. Quarz, Gips, Mordenit, Ton und

Die dominanten austauschbaren Kationen des Klinoptiloliths sind Na^+ und K^+. Ein Ionenaustausch ist bei niedrigen Temperaturen (meistens unter 100 °C) möglich, Wasser wird bei über 250 °C abgegeben und bei Raumtemperatur reversibel readsorbiert (Gottardi und Galli, 1985).

Plagioklas sowie Elemente, die nur in ppm (Parts per Million) messbar sind, wie z. B. Strontium, Barium, Zink, Kupfer, Nickel und Chrom.
Der Zeolith Klinoptilolith ist ein Würfelzeolith und gehört zur zeolithischen Gruppe der Heulandite.

Tabelle 6.4

Durchschnittliche chemische Zusammensetzung von Klinoptilolithen

Komponente	von (%)	bis (%)
SiO_2	61,96	67,17
TiO_2	0,15	0,32
Al_2O_3	12,46	15,12
Fe_2O	0,98	2,05
MnO	Spuren	0,05
MgO	1,30	1,96
CaO	3,03	4,35
Na_2O	0,70	1,11
K_2O	0,78	1,32
H_2O bei 100 °C	17,91	18,66
H_2O bei 1000 °C	4,05	4,74

Absorption:
Aufsaugen/Aufnehmen von Gasen in Flüssigkeiten und festen Stoffen

Adsorption:
Gase oder gelöste Stoffe an der Oberfläche eines festen Stoffes anlagern

Physikalisch-chemische Eigenschaften

Zeolithe gelten aufgrund ihrer chemischen Zusammensetzung und Struktur als gute Ionenaustauscher. Darüber hinaus besitzen sie ausgeprägte Adsorptions- und Absorptionseigenschaften bei verschiedenen Gasen und Flüssigkeiten.
Die durchgeführten Untersuchungen der Klinoptilolithe haben folgende physikalisch-chemische Eigenschaften gezeigt:

- Farbe: je nach Reinheit hell-mintgrün bis hellgrau
- Ihr Schmelzpunkt liegt bei: 1260 - 1280 °C
- Härte (nach Moss): 3 - 3,5
- Verlust an eingeschlossenem Wasser beim Erhitzen von 100 auf 1000 °C: 13,86 bis 13,92 %

Übrigens, Zeolithe werden auch als "Kochstein" oder "Siedestein" bezeichnet, da sie durch ihre große Oberfläche Luft binden und durch die Abgabe kleiner Gasblasen Siedeverzüge (Überhitzen des Materials) beim Kochen verhindern.

Kasten 6.7 Der Zeolith Klinoptilolith

Klinoptilolith ist ein Felsenmineral, das seine Entstehung vulkanischen Aktivitäten vor Millionen von Jahren verdankt. Es ist ein kristallines hydriertes Aluminosilikat mit dreidimensionalem Gerüst aus Siliziumoxiden (SiO_4) in Tetraederform. Die Honigwaben ähnliche kristalline Struktur absorbiert Ionen. Die Reinheit liegt im Minimum bei 75 Prozent. Die austauschbaren Kationen sind Natrium, Calcium, Kalium und Magnesium. Damit weist Klinoptilolith eine hohe Austauschkapazität dieser Kationen auf, welches zu einer hohen Absorption und Neutralisierung von schädlichen Elementen wie Ammonium, Blei, Cadmium, Cäsium, Kupfer, Chrom, dem Spurenelement Zink sowie organischen Molekülen führt.

Klinoptilolith ist das meist benutzte natürliche Zeolith und wird bei vielen Anwendungen wie z. B. als chemisches Molekularsieb, Gasabsorber, Futterzusatz, Lebensmittelzusatz, Absorber unangenehmer Düfte sowie als Filter für Trinkwasser und Aquarien verwendet. Klinoptilolith ist aufgrund der großen Anzahl an Poren, der hohen Temperaturbeständigkeit sowie seiner chemischen Eigenschaften für diese Anwendungen bestens geeignet.

Klinoptilolith wird seit geraumer Zeit als Zusatzmittel dem Futter für Rinder, Schweine, Pferde und Hühner beigemengt. Die gesundheitliche Belastung der Luft, vor allem durch Ammoniak, kann somit in den Ställen stark gemindert werden. Auch gibt es Hinweise darauf, dass die Vermehrung von Parasiten nur noch gebremst stattfindet.Auch bessert eine Beimengung von Klinoptilolith die Futterresoption bei der Verdauung. Eine ähnliche Anwendung ist bei der Ernährung von Menschen getestet worden. Klinoptilolith kann Ammoniak und andere toxische Gase in Wasser und Luft leicht absorbieren, was die Verwendung in Filtern für Gesundheitszwecke und auch der Desodorierung dient (zum Beispiel in Ammoniak belasteten Ställen).

Die Verwendung von Zeolith

Zeolithe zeigen ein breites Wirkspektrum. Ihr schwammartiges Gittergerüst mit der vergrößerten inneren Oberfläche eignet sich besonders gut, Stoffe an sich zu binden, zu transportieren und gegebenenfalls wieder abzugeben oder auszutauschen. Diese Eigenschaften sind nicht nur für industrielle Zwecke sondern auch für den Menschen von herausragender Bedeutung. Die seit langem durch zahlreiche Studien bestätigten Fähigkeiten der Zeolithe liegen besonders in der Entgiftung, dem Transport von Substanzen und der Austauschkapazität sowie der Fähigkeit, Säuren zu binden.

Lesen Sie über den Darm mit seiner wichtigen Rolle in der Immunabwehr mehr auf Seite 57 in Kapitel 3.

Entgiftung

Der menschliche Organismus wird überflutet von Giftstoffen sowie weniger giftigen aber dennoch belastenden Substanzen. Seine Immunabwehr ist zu einem Großteil mit der Beseitigung dieses unbrauchbaren und schädlichen Substrats beschäftigt. Da Zeolithe sich schon in der Landwirtschaft als Entgifter bewiesen haben, indem sie verschiedene Stoffe an sich binden können, lag die Vermutung nahe, sie auch für den Menschen nutzbar zu machen. Besonders im Darm lagern viele belastende Stoffe. Diese zu binden und zu neutralisieren, war das Ziel. Zu den belastenden Stoffen zählen u. a. Schwermetalle wie Blei und Cadmium, Quecksilber, radioaktive Substanzen, Farbstoffe, unverdauliche Konservierungsstoffe, aber auch körpereigene Abfallsubstanzen aus dem Stoffwechsel wie Ammoniak.

Transport durch Austausch

Ionen auszutauschen ist eine der typischen Fähigkeiten von Zeolithen. Hierdurch sind sie in der Lage, Stoffe an einem Ort aufzunehmen, in ihr Gittergerüst einzulagern, an einen anderen Ort zu transportieren und sie hier durch Austausch gegen andere Substanzen wieder abzugeben. So funktioniert es nicht nur in industriellen Prozessen. Auch im menschlichen und tierischen Organismus können so zum Beispiel wichtige Spurenelemente durch den "Transporteur Zeolith" in den Körper gelangen. Im Darm werden sie dann freigesetzt und entfalten hier ihre Wirkfähigkeit. Ausgetauscht werden die Spurenelemente dann durch Schwermetalle oder andere belastende Teilchen (siehe oben).

Ionenaustauscher Zeolith

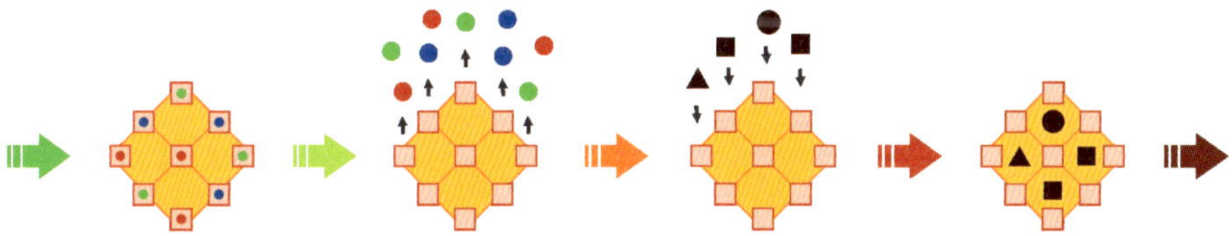

Der Zeolith wird über die Nahrung aufgenommen und ist im Gittergerüst reich an Spurenelementen

Die Spurenelemente werden aus dem Gittergerüst an die Organe abgegeben

Schadstoffe, Gifte und Schwermetalle werden in das Gittergerüst aufgenommen, z. B. aus Organen

Über den Enddarm erfolgt der Abtransport des ionengetauschten Zeolithen

Welche Stoffe also in den Körper gelangen, hängt einzig davon ab, womit die Zeolithe zuvor beladen wurden.

Bindung freier Säuren

Wasser ist neutral. Sein pH-Wert liegt bei 6,9.

Säurebildung findet nicht nur im Magen statt. Das "saure Aufstoßen" nach einem schweren Essen oder das Völlegefühl selbst nach kleinen Mahlzeiten, sind bekannte Symptome für einen sauren, gereizten Magen. Doch nicht nur hier sondern im gesamten Organismus kann der Mensch sauer sein. Bis in die entferntesten Zellgruppen können die als Säurebildner bekannten Protonen vordringen und Stoffwechselprozesse belasten, erschweren oder gar verhindern. Für die meisten Stoffwechselvorgänge ist ein fest definiertes Milieu (pH-Wert) erforderlich: Die Reaktionsfähigkeit und -geschwindigkeit von Eiweißen und Enzymen hängt davon ab. Normalerweise gelingt es dem menschlichen Organismus, einen optimalen pH-Wert durch ausgeklügelte Puffersysteme aufrecht zu erhalten. Besonders die Atmung spielt hier eine wichtige Rolle. Sind diese Puffersysteme jedoch erschöpft, geht das optimale Milieu zugrunde.
Zeolithe binden Protonen und entschärfen damit die saure Situation. Diesen Effekt bewirken sie bereits im Darm, also dem Ort, der für die Bildung der Protonen verantwortlich ist.

Klinoptilolithe sind wie alle Zeolithe gewissermaßen "Schwämme aus Stein". Sie sind nicht kompakt wie ein Granit sondern voller Hohlräume: Sie nehmen Flüssigkeiten und Gase in sich auf. Allerdings lassen diese "Stein-Schwämme" sich nicht auspressen. Stattdessen tauschen sich die aufgenommenen Partikel gegen andere aus. Diese Fähigkeit macht sie zu wichtigen Rohstoffen für verschiedene Anwendungsarten.

Anwendungsgebiete:

1. Industrie
   - als Baumaterial
   - Filter im Papier
   - für das Ausfiltern von Cäsium und Strontium aus Atommüll und radioaktiven Niederschlag
   - Filtrieren von Trinkwasser
   - Energieaustauscher in solaren Kühlschränken
   - Beseitigung des Ammoniak bei der Tierhaltung

2. Landwirtschaft
   - Substrat für den Pflanzenwuchs bei der Raumfahrt
   - Für den Zusatz von Salzen in der Agro- und Hortikultur

3. Umweltschutz
   - Adsorbens für Ammoniak aus industriellen und
   - landwirtschaftlichen Abfällen

4. Biologie
   - als Futterzugabe (besondere Diäten für Tiere)
   - als Desodorant
   - Streu für Kleintiere

5. Medizin
   - als Ammoniakfilter in Apparaten für die Dialyse
   - Adsorbens in anästhesiologischen Apparaten
   - zur Heilung postoperativer Wunden, so auch infizierter Wunden
   - Medikament gegen Durchfall
   - Medikament gegen Entzündungen der Schleimhäute in der Mundhöhle

Zusammenfassend lässt sich heute noch keine endgültige Aussage über das gesamte Spektrum an Einsatzmöglichkeiten von Zeolithen geben. Die Vielfältigkeit mag in den kommenden Jahren noch neue Anwendungsbereiche entdecken. Die bis heute erforschten grundsätzlichen Wirkungen können in einige Gruppen zusammenfassen:

- Anwendung in der Hämodialyse
- Anästhesiologische Apparate
- Detoxidation (Entgifrung)

- Antibakterielle Wirkung
- im Verdauungstrakt
- Als Adsorbens von schädlichen Metaboliten nach der Behandlung mit Chemotherapie, Bestrahlungen, sowie beim Versagen von Nieren und Leber.
- Bei der Hämoperfusion
- Diätetische Zugaben zum Viehfutter
- In der Medizin, Zeomin R (Mittel gegen Diarrhö) und Zemic R in der Stomatologie
- Agronomie und Hortikultur

Wichtige Begriffe aus Kapitel 6

Absorption
Adsorption
Aluminium
Alzheimer Erkrankung
Ammoniak
Antimetabolite
Antioxidantien
- *Primäre*
- *Sekundäre*
- *Tertiäre*

Autooxidationsreaktionen
Catechin
Ceruloplasmin
Chelat-Bildung
Crash-Diät
Curcumin
Entgiftung
Epicatechin (EC)
Epicatechingallat (ECG)
Epigallocatechin (EGC)
Epigallocatechingallat (EGCG)
Flavonoide
Glutathionperoxidase (GSHP)
Granulozyten
Grüner Tee
Heulandit
Histamine
Kieselsäure
Klinoptilolith
Kristallgitter
Kupfer (Cu)
Lipasen
Lipidperoxylradikal
Lycopen
Makrophagen
Methionin
Mineralstoffe
Oligomere Proantho Cyanidine (OPC)
Oxidase
Oxidoreduktase
Parkinson Erkrankung
Peroxidase
Polyphenole
Proteasen
Reduktase
Röntgenstrahlung
Schwarzer Tee
Selen
Silikat
Siliziumtetraeder
Sulfoxid
Superoxiddismutase (SOD)
Theaflavin
Theanin
UV-Strahlung
Vitamine
Zeolith
Zytostatika

A

ServiceCenter

Das kleine Lexikon der wichtigsten Antioxidantien aus der Nahrung

Eisen

antioxidativ wirksamer Mineralstoff

Aufgabe:
zentraler Baustoff für die roten Blutkörperchen (etwa 70% des Körpereisens), Speicherung und Transport von Sauerstoff: direkter Einfluss auf die Gehirnleistung!

Vorkommen:
Bierhefe, Leber, Fleisch

Anwendung:
- anhaltende Blutverluste (Menstruation), rasche Ermüdung, allgemeine Mattigkeit und Appetitlosigkeit

Täglicher Bedarf:
Frauen 18 mg, Männer 12 mg
Nur etwa 10% davon werden tatsächlich verwertet. Bessere Verwertung in Anwesenheit von Vitamin C oder Zitronensäure!

Kupfer

antioxidativ wirksamer Mineralstoff

Aufgabe:
- Bestandteil und Aktivator zahlreicher Enzyme
- Baustoff für Neurotransmitter

Vorkommen:
Woher das Kupfer stammt und wie die Aufnahme abläuft ist noch kaum bekannt.

Anwendung:
Anämie aufgrund einer Eisenverwertungsstörung, spontane Gefäßrisse, Knochenbrüche als Folge von Osteoporose

Täglicher Bedarf:
1,5-3,0 mg

Lycopen

antioxidativ wirksames Karotinoid

Lycopen ist das rote Pigment aus der Tomate. Neben einer starken antioxidativen Wirkung hat Lycopen auch einen immunstimulierenden Effekt, kann aber, wie auch Vitamin C, nicht vom menschlichen Körper selbst synthetisiert werden.

Vorkommen:
Tomaten, Karotten, Wassermelone,

Anwendung:
- Prävention von Prostatakrebs und anderen Krebsarten
- der Prävention von Herzgefäßerkrankungen
- Reduzierung des Bluthochdrucks
- Verringerung der LDL-Cholesterin Oxidation
- Schutz vor UV Strahlung

Täglicher Bedarf:
empfohlen werden 35 mg pro Tag; gekochte Tomaten sowie Tomatenprodukte wie Ketchup sind besonders reich an Lycopen

Magnesium
antioxidativ wirksamer Mineralstoff

Aufgabe:
- Thrombosevorbeugung (durch Hemmung der Blutgerinnung)
- Herzstabilisierung
- Vorbeugung der Migräne
- Abbau von Glukose, Fett und Eiweiß
- Stressdämpfung
- Krampflösung an Muskulatur, bei Magen- und Darmkrämpfen

Vorkommen:
Gemüse, Getreide, Obst, Nüsse

Anwendung:
Arbeit in starker Hitze, Leistungssport, Stressbelastung, Muskelkrämpfe, Schwindel, Unruhe oder Zittern, Herz-Kreislauf-Beschwerden

Täglicher Bedarf:
300-350 mg
Mangel kommt selten vor (z. B. bei Störungen im Magen-Darm-Trakt, Einnahme der Antibabypille, Einnahme Wasser treibender Medikamente)

Mangan
antioxidativ wirksamer Mineralstoff

Aufgabe:
- Enzymaktivierung (in zahlreichen Enzymen enthalten)
- Glukoseverwertung
- Gehirnstoffwechsel

Vorkommen:
Vollkornmehl, Hülsenfrüchte, Tee, Walnüsse

Anwendung:
Vorbeugung von Erkrankungen, die auf Freien Radikalen beruhen (S. 64), Diabetes, Entzündungen, Immunschwäche, Depressionen

Täglicher Bedarf:
2-5 mg

Methionin
antioxidativ wirksame Aminosäure

Aufgabe:
- Fettverbrennung
- Leistungssteigerung im körperlichen und geistigen Bereich
- Entgiftung

Vorkommen:
Knoblauch, Zwiebeln, Bohnen, Hirse, wilder Reis, Fleisch, Käse, Ei

Anwendung:
Ermüdung, Konzentrationsschwäche, Hautprobleme

Täglicher Bedarf:
25-60 µmol/l

OPC
antioxidativ wirksames Flavonoid

OPC ist die Abkürzung für Oligomere Proantho Cyanidine, ein farbloser Bitterstoff, ein sogenanntes Flavonol, es gilt innerhalb der großen Familie der Flavonoide als eines der wirkungsvollsten Antioxidantien. Ihm wird die

Rolle des wichtigsten Partners von Vitamin C zuerkannt, dessen Wirkung durch OPC verzehnfacht wird. Auch die Vitamine A und E sind in seiner Gegenwart mehr als zehnmal so wirksam.

Nachgewiesene Wirkung von OPC:
- Es vermindert Entzündungsreaktionen durch indirekte Regulierung der Histamin- und Histidin-Produktion.
- Es bindet sich direkt an Kollagen und Elastin und unterstützt das Gewebe (z. B. auch Blutgefäße).
- Es vermindert die "Klebrigkeit" der Blutplättchen und beugt Thrombosen vor.
- Es ist so klein, dass es im Gegensatz zu Vitamin C auch ins Gehirn gelangt und dort ebenfalls Freie Radikale abfangen kann und deren Spätschäden vorbeugt.

Vorkommen:
in Rotwein, Erdnüssen, wilden Brombeeren, wilden Himbeeren, Propolis, Knollen, Wurzeln, Rinden, Nadeln, Blättern, Blüten und besonders reichhaltig in den Häuten der Traubenkerne und der Rinde der Maritimen Pinie (Kiefernart, Nadelbaum), alle bitter oder herb schmeckenden Heilkräuter (Hagebutten), Knollen (Knoblauch) und Wurzeln (Ginseng), Teebaumöl

Anwendung:
Konzentrationsschwäche, leichte Depressionen, niedriger Blutdruck, Müdigkeit, Neigung zu Allergien und Entzündungen schwaches Immunsystem, Infektanfälligkeit, Hämorrhoiden

Täglicher Bedarf:
Bislang werden keine Empfehlungen von den offiziellen Gesellschaften herausgegeben. 1-3 mg pro Tag werden in der wissenschaftlichen Literatur als Bedarf angegeben.

Q10 (Ubichinon)

antioxidativ wirksames Q10

Aufgabe:
- Schutz der Zelle vor oxidativen Schäden, "innere Zellatmung"

Vorkommen:
überall, wird vom Körper auch selbst hergestellt (mit zunehmendem Alter in abnehmender Menge)

Anwendung:
vorzeitiges Altern, Herzschwäche, Erschöpfungszustände, Krebs, Abwehrschwäche, Diabetes, hoher Cholesterinspiegel, Durchblutungsstörungen, Thrombosegefahr, Neurodermitis

Täglicher Bedarf:
30 mg (Zufuhr etwa ab 45 Jahren beginnen: je nach Bedarf bis 200 mg)

Selen

antioxidativ wirksamer Mineralstoff

Aufgabe:
- Bestandteil eines Enzyms, das Freie Fettsäure-Radikale neutralisiert (ähnliche Schutzwirkung wie Vitamin E)

- Bekämpfung schädlicher Stoffe

Vorkommen:
Schalentiere, Fisch, Innereien, Vollkornprodukte, Weizenkeime,

Anwendung:
Frühgeborene, nicht gestillte Säuglinge, chronische Verdauungsstörungen, anhaltende Müdigkeit, Muskelschwäche und -schmerzen, Herzklopfen, unregelmäßiger Herzrhythmus, Blutarmut, Leberzirrhose, Parkinsonsche Krankheit, Alzheimer Krankheit, Multiple Sklerose

Täglicher Bedarf:
50-100 g

Vitamin A (Retinol)

antioxidativ wirksames Vitamin

Aufgabe:
- Steigerung der Immunabwehr, Infektionsschutz
- Krebsvorbeugung
- Schutz für Augen, Haut und Schleimhäute

Vorkommen:
Leber, Fleischwaren, Gemüse, Milch

Anwendung:
Nachtblindheit, Hornhautschäden am Auge, rissige Haut, Mangel an Verdauungssäften, Unfruchtbarkeit, depressive Stimmung, Infektanfälligkeit

Täglicher Bedarf:
1,0-1,4 mg

Da das Vitamin fettlöslich ist, ist der gleichzeitige Verzehr von Milch oder Fett günstig! Vorsicht vor Überdosierung!

Vitamin C (Ascorbinsäure)

antioxidativ wirksames Vitamin

Aufgabe:
- Stärkung der Immunabwehr
- Energiebereitstellung
- Straffung des Bindegewebes

Vorkommen:
frisches Obst und Gemüse

Anwendung:
Frühjahrsmüdigkeit, Abgeschlagenheit, Appetitlosigkeit, Herzbeschwerden, Störungen der Magen-Darm-Funktion, Kopfschmerzen, Immunschwäche mit Infektanfälligkeit, wichtig für Raucher!

Täglicher Bedarf:
je nach körperlicher Konstitution 100-1000 mg
Wichtig: In grünem Gemüse wird Vitamin C nach der Ernte rasch abgebaut.

Vitamin E (Tocopherole)

antioxidativ wirksames Vitamin

Aufgabe:
- Schutz vor chronischen Erkrankungen (Diabetes, Krebs, Rheuma, Parkinsonsche Krankheit, Grauer Star)
- Stärkung der Herz-Kreislauf-Funktion
- Steigerung der Immunabwehr

- Schutz vor schneller Blutgerinnung (Thromboseprophylaxe)
- Straffung der Haut

Vorkommen:
Pflanzen, Nüsse, tierisches Fett

Anwendung:
Konzentrationsschwäche, Nervosität, nachlassende Sehkraft, schlechte Wundheilung, vorzeitiges Altern

Täglicher Bedarf:
12 mg

Zink

antioxidativ wirksames Spurenelement

Aufgabe:
- Wundheilung
- Stabilisierung des Immunsystems
- Bestandteil und Aktivator zahlreicher Enzyme
- Insulinbildung und -speicherung in der Bauchspeicheldrüse

Vorkommen:
Fleisch, Fisch, Schalentiere, Innereien, Milch(produkte)

Anwendung:
Diabetes mellitus, chronische Darmerkrankungen, Schwangere, stillende Mütter, abnorme Essgelüste, erhöhter Stress, einseitige Ernährung, Verlust von Geruchs- und Geschmackssinn, schwaches Nervenkostüm, schlechte heilende Wunden, Störung der Sexualfunktionen und vieles mehr

Täglicher Bedarf:
12-15 mg bzw. bei besonders aktiven Menschen bis 20 mg
Bei Diabetes mellitus und chronischen Darmerkrankungen wichtig

Wasser als Lebensspender

Wasser ist das wichtigste Nahrungsmittel überhaupt. Kaum ein Körpervorgang kommt ohne Wasser aus. Wasser ist Lösungs-, Transport- und Kühlmittel, Partner biochemischer Reaktionen, Baustoff und vieles mehr.
Eine normalgewichtige Frau besteht zu 60% aus Wasser, ein normalgewichtiger Mann zu 50-55%. Ohne Nahrung überlebt der Mensch einige Wochen, ohne Wasser nur etwa 72 Stunden.
Ohne Wasser werden auch fast keine Vitalstoffe aufgenommen. Sorgen Sie daher immer für eine ausreichende Zufuhr an Wasser. Nicht jedes Getränk ist zur Wasserzufuhr geeignet: Kaffee, Schwarzer Tee und Alkohol entziehen dem Körper Flüssigkeit! Deswegen sollten Sie zu Kaffee immer ein Glas Wasser dazu nehmen. Das vermeidet das innere Austrocknen (Dehydrieren). Auch zu einem Glas Wein gehört ein großes Glas Wasser.
Der Grundbedarf von 35 ml Wasser pro kg Körpergewicht steigt bei Hitze und bei Kälte, verstärktem Schwitzen, Fieber, Infekten, Durchfall und Erbrechen, Arbeit in klimatisierten Räumen mit trockener Luft sowie im Flugzeug wegen der geringen Luftfeuchtigkeit an Bord.

Ein paar Anmerkungen zur Wasserqualität

Wasser hat regional sehr unterschiedliche Eigenschaften. Nicht nur die Mineralstoffe des örtlichen Erdreichs, sondern auch Stoffe aus dem Abwasser, in der Landwirtschaft verwendete Substanzen (Dünger, Pestizide usw.) und Sickerstoffe aus Mülldeponien gelangen in den Wasserkreislauf. Im Einzelnen sind dies:

- Metalle und Schwermetalle (z. B. Blei, Kupfer)
- anorganische Verbindungen (z. B. Nitrate, Chlor, Fluor, Arsen, Thallium)
- polyaromatische Kohlenwasserstoffe (PAK)
- Hormone und hormonähnliche Substanzen
- Arzneimittel
- organische Stoffe

Für das Auge sind alle diese Substanzen unsichtbar. Doch der Körper kann nicht einfach "wegschauen": Die Inhaltsstoffe werden mit dem Wasser in die Zellen eingeschwemmt und greifen dort in Stoffwechselvorgänge ein. Die Folgen sind ganz unterschiedlich, können aber bis zur Erhöhung des Krebsrisikos reichen.

Viele haben kein sauberes Wasser

40 Prozent der Weltbevölkerung verfügen nicht über eine adäquate Abwasserentsorgung. Täglich sterben 6.000 Kinder an Krankheiten, die durch unsauberes Wasser übertragen werden. Verschmutztes Trinkwasser und mangelhafte Abwasserentsorgung sind die Ursache für 80 Prozent aller Krankheiten in den Entwicklungsländern. 1,1 Milliarden Menschen, etwa ein Sechstel der Weltbevölkerung, haben keinen Zugang zu sauberem Wasser. In den Entwicklungsländern versickern 90 Prozent der Abwässer ungeklärt oder werden in Flüsse abgeleitet.

Weltwasserreport der UNESCO, veröffentlicht am 22.3.2003

Experten berechneten den Vergleichsindex aus Daten zur Güte und der Menge des Süßwassers, dem Grundwasser, der Behandlung von Abwasser und dem Einhalten der Umweltgesetze. Die Gesamtliste ist auf der Folgeseite abgebildet.
Die Erhebung umfasst 122 Länder aus der gesamten Welt. Deutschland rangiert dabei mit Platz 57 noch in der oberen Hälfte hinter anderen europäischen Ländern wie Finnland, Frankreich, Ungarn oder Slowenien. Aber auch andere außereuropäische Länder wie Brasilien, Kuba oder Bangladesch verfügen über einen deutlich besseren Index. Bedenklich erscheint zudem die erschütternde Platzierung Belgiens auf Position 122.

1. Finnland
2. Kanada
3. Neuseeland
4. Großbritannien
5. Japan
6. Norwegen
7. Russland
8. Südkorea
9. Schweden
10. Frankreich
11. Portugal
12. USA
13. Argentinien
14. Ungarn
15. Philippinen
16. Schweiz
17. Irland
18. Österreich
19. Island
20. Australien
21. Niederlande
22. Mali
23. Brasilien
24. Slowenien
25. Singapur
26. Griechenland
27. Kuba
28. Spanien
29. Dänemark
30. Iran
31. Italien
32. Uruguay
33. Kuwait
34. Polen
35. Kolumbien
36. Tschechien
37. Ghana
38. Costa Rica
39. Chile
40. Bangladesch
41. Lettland
42. Estland
43. Panama
44. Slowakei
45. Türkei
46. Trinidad und Tobago
47. Südafrika
48. Kroatien
49. El Salvador
50. Fidschi
51. Bulgarien
52. Botswana
53. Venezuela
54. Litauen
55. Jamaica
56. Ecuador
57. Deutschland
58. Zimabwe
59. Peru
60. Libanon
61. Rumänien
62. Albanien
63. Ägypten
64. Sri Lanka
65. Saudi Arabien
66. Armenien
67. Bolivien
68. Kamerun
69. Moldawien
70. Tansania
71. Belarus
72. Mazedonien
73. Vietnam
74. Mongolei
75. Kenia
76. Dominikanische Republik
77. Kirgisien
78. Nepal
79. Syrien
80. Pakistan
81. Guatemala
82. Nicaragua
83. Kasachstan
84. China
85. Libyen
86. Papua Neu Guinea
87. Malaysia
88. Israel
89. Honduras
90. Paraguay
91. Usbekistan
92. Aserbaidschan
93. Gabun
94. Senegal
95. Ucraine
96. Bhutan
97. Madagaskar
98. Togo
99. Tunesien
100. Thailand
101. Haiti
102. Nigeria
103. Mosambik
104. Algerien
105. Sambia
106. Mexiko
107. Benin
108. Uganda
109. Äthiopien
110. Indonesien
111. Malati
112. Mauritius
113. Ruanda
114. Zentralafrika
115. Burundi
116. Burkina Faso
117. Niger
118. Sudan
119. Jordanien
120. Indien
121. Marokko
122. Belgien

Die "alte" Ernährungspyramide

Die 1992 vom US-Landwirtschaftsministerium herausgegebene Ernährungspyramide empfiehlt, Fett zu meiden und vor allem kohlenhydratreiche Nahrungsmittel wie Brot, Getreideflocken, Reis und Nudeln zu essen. Ziel dieser Pyramide ist es, die Aufnahme gesättigter Fettsäuren zu drosseln.
Weltweit durchgeführte wissenschaftliche Studien haben mittlerweile aber gezeigt, dass der Verzehr großer Mengen raffinierter Kohlenhydrate in Nahrungsmitteln wie Weißbrot, Nudeln oder geschältem Reis den Blutzucker- und Insulinspiegel negativ beeinflussen. Ist die Nahrung stattdessen reich an gesunden Fetten - mit ungesättigten Fettsäuren -, verringert sich das Risiko von Herzerkrankungen.

Für Sie zum Vergleich ist an dieser Stelle die **"alte" Ernährungspyramide** abgebildet. Die aktuelle Empfehlung finden Sie auf Seite 73.

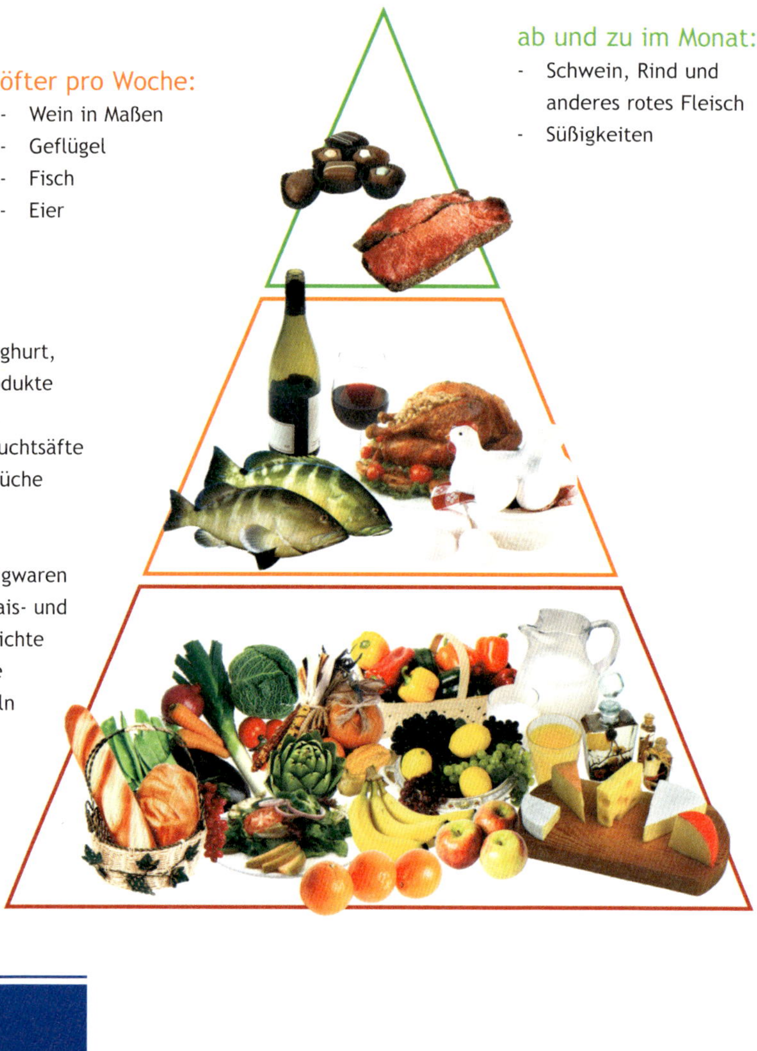

Beispiele für Freie Radikale

Tabelle SC1

Oxidantien		Wirkungen
$^1O_2$	Singulettsauerstoff	Hochreaktive Sauerstoff moleküle (Reactive Oxygen Species, Abk. ROS), sie können Freie Radikale bilden
H_2O_2	Wasserstoffperoxid	
$O_2^{-}\cdot$	Superoxidanion	Freie Radikale, besitzen ein oder mehrere ungepaarte Elektronen, sehr reaktiv; können bei der Reaktion mit anderen Molekülen wiederum Freie Radikale erzeugen (Radikalekettenreaktion)
HO·	Hydroxylradikal	
ROO·	Peroxylradikal	
RO·	Alkoxylradikale	
NO·	Stickstoffoxid	

Veröffentlichungen zu Zeolithen

In weltweit anerkannten Zeitschriften wurden über die Einsatzmöglichkeiten von Zeolithen zahlreiche wissenschaftliche Arbeiten veröffentlicht, z.B.:

Chemistri Industry Mai 308 1991

Der Effekt vom Schiff in der Flasche
In ihrer Struktur können Zeolithe Enzyme von ähnlichem Bau aufnehmen, es besteht Ähnlichkeit zwischen dem tetraederförmigen Protein und der Zeolithstruktur, welche in seinem Kristallgitter von Alomosilikaten Kanäle enthält. (...) Anorganische Enzyme werden eine wichtige Rolle in der Entwicklung des rationalen Katalysatorprojektes haben.

ASAIO Trans Vol 37, 80 1991

Der Effekt vom Schiff in der Flasche eingekapselte Moleküle im Zeolith

- Eingekapselte Komplexe sind fast identisch mit freien Komplexen.

- Die Selektivität dieses Effektes der Komplexität ist in der Entstehung des Zeolith durch den Metallaustausch ablesbar.
- Mit applizierter Urease (Enzym) werden Zeolithteilchen in weniger als einer Stunde zu 80% aus der Urea entfernt

Int J, Zoonoses Vol 8 91 1981

Die Immunisierung, welche man bei Hasen und Mäusen mit der Adsorbtion des Zeolith und der inaktiven Vakzine Tripansome gambienz angewandt hatte, zeigte bessere Schutzmöglichkeiten mit einem höherem Niveau von Titraglutination, welche im Immunsystem verblieben war. Die Folgerung ist, dass der Trägereffekt und das wahrscheinlich stufenweise Nachlassen der inaktiven Vakzine einen Umschwung in der Wirkung brachte, d. h. ein Adjuvanzeffekt.

Int, J. Zoonoses Vol 7.101 1980

Das Silikat benimmt sich wie ein Superantigen, welches in vitro eine Aktivierung menschlicher polyklonaler T - Zellen induziert.

Citated in PNAS Vol 96:3463 1999

Äußerliche Applikation an Wunden
Behandlung der Fersen bei Athletikern erbrachte eine Verkürzung der Abheilung von Wunden nach chirurgischen Eingriffen (USA). Vergleichbare Effekte wurden gefunden bei Bergarbeitern in kubanischen Silikatgruben, deren Wunden und Kratzer dem beim Abbau anfallenden Zeolithstaub ausgesetzt waren. Die Wunden verheilten sehr schnell.

Vet Med Vol 34 467 1989

Strahlungsschutz
Klinoptilolith, welches als Supplement (2,5%, 5% und 10%) der Nahrung zugegeben wurde, eliminierte das Radionukleotid CS 134. Dieses hatte sich in der Leber, in den Nieren und in der Oberschenkelmuskulatur abgela-

gert. Die Dekontaminierungseffekte mit Zeolith wurden 24 Stunden nach der Kontaminierung an braunen Ratten beobachtet.

Zeolith Vol 19 47 1997

Wirkung bei Diabetes
Die hydrothermale Transformation von Klinoptilolith verursacht eine hohe Selektivität für die Absorption der Glucose

Diabetes Vol 34 197 1985

Durch die Anwendung von Silikaten konnte bei jungen Ratten fast völlig das Auftreten eines spontanen Diabetes mellitus verhindert werden. Diese Angaben haben die Wissenschaftler zu weiteren Untersuchungen über die Rolle von Zeolithen bei vorhandenem Diabetes angeregt.

Diabetes Vol 37 930 1988

Die Anwendung von Silikaten (synthetisches Aluminiumsilikat) führte zur Verhinderung einer Destruktion der Beta-Zellen in der Bauchspeicheldrüse.

clinic DENT Vol 9:94 1998

Antibakterieller Effekt
Man benutzt es zur Desinfektion des Ballonkatheters bei der urologischen Katheresierung, besonders angebracht bei Patienten, die durch eine Langzeitkatheterisierung der Harnblase besonders anfällig sind für Infektionen durch:

- Pseudomonas aeruginosa
- Staphylococcus aureus
- Escherichia coli

Oral rehabil Vol 24:350 1997

Ag-zeolith ZEOMIC R ist ein neues antibakterielles Produkt, registriert als Handelsprodukt. ZEOMIC R inhibiert auch Candida albicans und wird in der Zahnmedizin eingesetzt.

Bioresource technology Vol 53.1.1995

Klinoptilolith behindert das Wachstum von Salmonella typhimurium, was wichtig ist besonders in der Agrikultur. Wird es zuvor sterilisiert, zeigt sich kein wachstumshemmender Effekt.

Magn Imaging Vol 5 499, 1995

Gadolinum Zeolith, welche als Suspension für den oralen Gebrauch verwendet wird, löst eine Stimulierung des Verdauungssystems beim Hund aus.
Das gleiche Zeolith als Suspension für den oralen Gebrauch verwendet man auch als Kontrastmittel bei Magnetresonanztomographie-Aufnahmen mit hoher Toleranz

Med. teh. Vol 2:21 1999

Reinigungsfilter für Trinkwasser
Zeolith befreit Wasser von mechanischen Beschädigungen und Eisen

ASAIO Journal Vol 41. 221 11995

Reinigungsfilter für Dialyseflüssigkeit
Als Adsorbens der dialysischen Rezirkulationsflüssigkeit bei Apparaten für die Hämodialyse als Ionenaustauscher für Ammoniak findet man

- Zeolith W
- Zeolith T
- Klinoptilolith

Toxicological Enviromental Chemistry Vol 51.21 1995

Klinoptilolith entfernt schwere Metalle aus wässrigen Lösungen, z. B. Merkur, Blei und Kadmium

Eur. J. Anaesthsil. Vol 15.324, 1998

Anästhesiologie
Silik Zeolith (synthetischer Zeolith) ermöglicht die komplette selektive Adsorption des Inhalationsanästhetika.

Kanebo

Zeolithe zeigen einen guten Schutzeffekt gegen UV - Strahlen bei Polymeren

Sci Total Environ Vol 208:105, 1997

Dekontamination
Die Zugabe von 1,2 oder 5% Zeolith verringert die Aufnahme von Merkur durch die Pflanze und damit die spätere Nahrungsaufnahme durch den Menschen.

Animal Feed Sci Techn Vol 53:297, 1995

Diätetische Zusätze zum Viehfutter
Erhöht die Exkretion von Nitrogenen über den Urin ohne Veränderung des Proteindepots.

Biotechnology Vol 39,49,1995

Wirkung auf Zellkulturen
Der sich in Zellkulturen bildende Ammoniak wirkt in Säugetierzellen toxisch auf die Proliferation. Klinoptilolith entfernt den Ammoniak und induziert ein besseres Wachstum, aber keine bessere spezifische Sekretion der Antikörper.

Bone Miner, Res Vol 7:1281 1992

Wirkung auf die Knochenstruktur:

- erhöhte Proliferation, Differenzierung und Produktion von TGF Beta in den normalen menschlichen Osteoblasten (Zellen, welche die Knochen bauen) in vitro (im Laboratorium)
- erhöht die Knochenformation, so auch die Schalendicke bei Hühnereiern
- erhöht das Niveau der alkalischen Phosphatase im Blut und die Abgabe von Osteokalzin
- ruft einen stabilen Zustand der RNA, sowie des Niveaus der TFG Beta Proteine in einem konditioniertem Medium innerhalb 6 Stunden hervor

Glossar

A

Aminosäuren sind die wichtigsten Grundbausteine von Eiweißen (Proteinen). Sie sind darüber hinaus Vorstufen einer Vielzahl biologisch aktiver Substanzen wie Hormone, Adrenalin, Noradrenalin, Acteylcholin.

Amyotrophe Lateralsklerose (ALS) ist eine tödliche, fortschreitende Erkrankung der Motorneuronen im Rückenmark, die die Patienten ungefähr ab dem 40. Lebensjahr befällt. In einer in "Science" am 3.10.2003 veröffentlichten Arbeit wird zehn Jahre nach der Entdeckung eines ersten die ALS auslösenden Gens von neuen Mechanismen der Krankheitsentstehung berichtet: Bei den meisten auf dominantem Weg vererbten Krankheitsfällen liegt eine Mutationen vor in einem in allen Körperzellen vorkommenden Enzym, der Superoxid Dismutase 1 (SOD1). Selbst gesunde, "normale" Motorneurone zeigen bestimmte pathologische Veränderungen, wenn sie von mutanten Zellen umgeben sind. Andererseits können Motorneurone überleben, obwohl sie mutante SOD1 herstellen, wenn sie von normalen, nicht neuronalen Zellen umgeben sind.

Antigene sind Substanzen (Moleküle oder Molekülteile), die eine Abwehrreaktion des Körpers auslösen, also im Krankheitserreger enthalten sind oder von diesem produziert werden. Sie lösen die Bildung von hochspezifischen Immunglobulinen aus und reagieren mit diesen unter Bildung von Antigen-Antikörper-Komplexen.

Antikörper werden vom Körper dann gebildet, wenn eingedrungene Antigene beim Immunsystem eine Abwehrreaktion ausgelöst haben. In der Folge kommt es zur Bildung von Antigen-Antikörper-Komplexen. Dieser Vorgang der Komplexbildung ist von zentraler Bedeutung für das Immunsystem, aber auch bedeutsam bei einer großen Zahl von analytischen Verfahren (Labormedizin), die eine hohe Spezifität erfordern.

Als ***Apoptose*** wird das Selbstmordprogramm der Zelle bezeichnet. Im allgemeinen dauert es Jahrzehnte, bis eine Zelle so viele Veränderungen (Mutationen) erfahren hat, dass sich eine Entartung vollzieht. Im Zuge ihrer Entartung treffen Zellen auf zahlreiche Kontrollmechanismen, die den Weiterbestand der aus dem gesunden, funktionierenden Zellverband ausgebrochenen Zelle verhindern. Eines davon ist die Apoptose. Sie wird eingeleitet, wenn wesentliche Bestandteile in der Zelle beschädigt werden oder Kontrollmechanismen ins Schleudern geraten. Dann zerstört sich die Zelle selbst. Der Untergang einer einzelnen Zelle ist sinnvoller als das Risiko einer Entartung mit fatalen Folgen für den gesamten Körper (Krebsentwicklung).

ATP Adenosintriphosphat - zentraler Stellfaktor für die Energiegewinnung in der Zelle: Die mit der Nahrung zugeführten Kohlenhydrate, Fette und Eiweiße werden im Organismus oxidiert. Die hierbei freigewordene Energie wird auf AMP (Adenosinmonophosphat) oder ADP (Adenosindiphosphat) übertragen. Bei diesem Prozess entsteht Adenosintriphosphat. Diese im ATP gespeicherte Energie ist ein zentraler Faktor bei der Energiegewinnung der Zelle. Beim Erwachsenen werden pro Tag etwa 85 kg ATP gebildet und verbraucht. Der Energiegehalt des ATP beruht auf den Säureanhydridbindungen zwischen den Phosphatgruppen, wobei die Bindung zur letzten, 3. Phosphatgruppe die energiereichste darstellt. Bei der Abspaltung der letzten Phosphatgruppe entsteht nicht nur aus ATP wieder ADP, es werden auch circa 8 kcal (33,47 kJ) pro Mol ATP Energie verfügbar. Bei der weiteren Reduktion zu AMP kann zusätzliche Energie gewonnen werden.

B

Basen
Vier Basen codieren die Erbinformation in der DNA: Adenin (A), Cytosin (C), Guanin (G) und Thymin (T). (In der RNA fehlt Thymin und stattdessen ist Uracil (U) vorhanden). Abgekürzt mit den vier Anfangsbuchstaben A, C, G, T werden sie auch als das Alphabet des Lebens bezeichnet. Wenn man sich die DNA als eine in sich verdrehte Leiter vorstellt, dann bestehen die Sprossen dieser Leiter aus Basenpaaren, wobei sich immer nur Adenin mit Thymin und Cytosin mit Guanin paaren kann.

C

Chromosom
Ein Chromosom ist ein langer, kontinuierlicher Strang der Desoxiribonukleinsäure (engl.: DNA), der im Zellkern einer Zelle liegt und viele Gene enthält. Chromosomen wurden 1842 von Karl von Naegli entdeckt. 1910

Spaltung von ATP

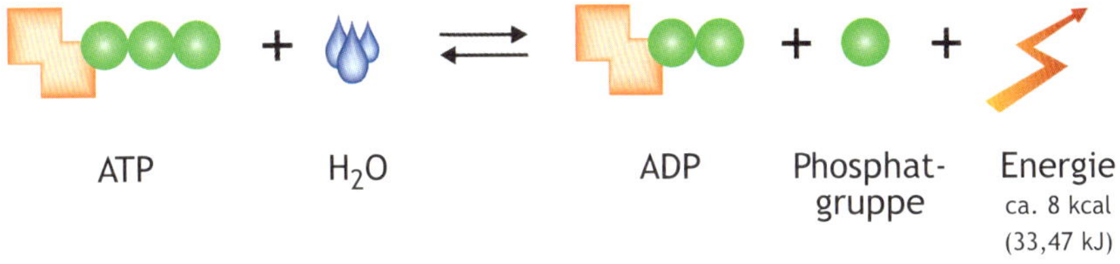

Bei der Spaltung von ATP durch Reaktion mit Wasser entsteht ADP. Dabei wird die letzte Phospatgruppe abgespalten und Energie freigesetzt. Die Energiemenge beträgt ca. 8 kcal (33,47 kJ) pro Mol.

zeigte Thomas Hunt Morgan, dass die Chromosomen die Träger der Gene sind. Der Mensch besitzt 46 Chromosomen.

Innerhalb einer Spezies ist die Chromosomenzahl stets gleich (Tabelle 1). Asexuell reproduzierende Spezies haben einen Chromosomensatz, der in allen Körperzellen gleich ist. Sexuell reproduzierende Spezies weisen normale Körperzellen mit einem diploiden(doppelten) Chromosomensatz auf, mit je einem Chromosom von Mutter und Vater sowie Keimbahnzellen (reproduktive Zellen), die haploid sind (nur eine Chromosomen-Kopie beinhalten). Wenn männliche und weibliche (haploide) Keimbahnzellen verschmelzen, können die passenden Chromosomenpaare von Mutter und Vater Teile austauschen (Crossing over oder Crossover). Dadurch entstehen neue Chromosomen, wie sie weder Vater noch Mutter haben.

Tabelle SC2

Beispiele für (diploide) Chromosomenzahlen

Spezies	Chromosomenzahl
Fruchtfliege	8
Roggen	14
Meerschweinchen	16
Schnecke	24
Schwein	40
Mensch	46
Affe	48
Schaf	54
Pferd	66
Huhn	78
Karpfen	104
Schmetterling	~380
Farn	~1200

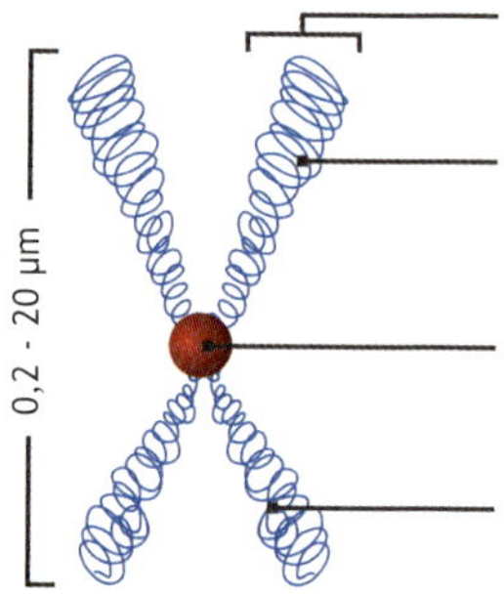

Das Chromatid (1) ist eines der beiden identischen Teile des Chromosoms. Das Centromer (3) ist der Punkt, an dem sich die beiden Chromatiden berühren und an dem die Mikrotubuli ansetzen.

D

Desoxyribonukleinsäure, englisch: Desoxyribonuklein acid = DNA (im deutschsprachigen Raum auch als DNS abgekürzt).

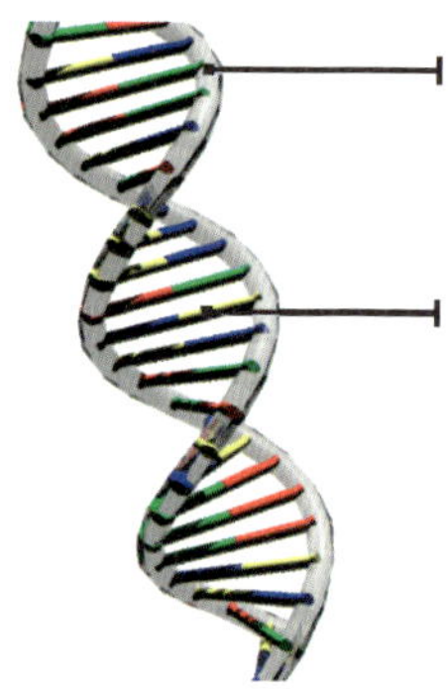

Die Desoxyribonukleinsäure (DNA) ist ein sehr großes, phosphor- und stickstoffhaltiges Molekül und Träger der Erbinformation. Die Bausteine der DNA sind die so genannten Nukleotide, die sich aus jeweils einem Zucker (Desoxyribose), einer Phosphorsäure

und einer Base zusammensetzen. Diese Bausteine verbinden sich zu einem Riesenmolekül (beim Menschen etwa zwei Meter lang) aus zwei Nukleotidsträngen, welches die Form der berühmten Doppelhelix hat. Jeder der beiden Stränge trägt durch die Abfolge seiner Nukleotide die gesamte Erbinformation, die somit in jeder Zelle eines Organismus vollständig vorhanden ist.
Die Verbindung der beiden Stränge erfolgt über die Basen Adenin (A), Cytosin (C), Guanin (G) und Thymin (T), wobei sich immer A mit T und C mit G paart. Aufgrund dieser komplementären Struktur kann die DNA sich bei der Zellteilung selbst verdoppeln. Sie teilt sich wie bei einem Reißverschluss in zwei Einzelstränge, die sich dann jeweils wieder zu einem Doppelstrang ergänzen. Auch bei der Übertragung der Erbinformation öffnet sich die DNA an den Stellen, die von der RNA "abgelesen" werden sollen.
Die Struktur der DNA wurde 1953 von *James Watson* und *Francis Crick* entschlüsselt. Nach dem Modell dieser beiden Forscher ist die DNA aus zwei gegenläufigen DNA - Einzelsträngen aufgebaut.

E

Embryo [spätlat. embryo = Neu-, Ungeborenes]: im Anfangsstadium der Entwicklung befindlicher Organismus, beim Menschen die Leibesfrucht von der 4. Schwangerschaftswoche bis zum Ende des 4. Schwangerschaftsmonats

embryonal bedeutet unentwickelt, unreif, zum Stadium des Embryos gehöhrend

F

Die ***Fenton-Reaktion*** wird als eine Schlüsselreaktion für zahlreiche toxische Prozesse gesehen. Dabei entsteht aus Superoxid und Wasserstoffperoxid unter Beteiligung des $Fe3+/Fe2+$-Redoxsystems ebenfalls ein Hydroxylradikal.

Als ***Fresszellen*** werden weiße Blutkörperchen bezeichnet, die in das Gewebe einwandern und Bakterien, Abfallstoffe der Zellen, Tumorzellen umschließen und vernichten können.

G

Als ***Gen*** wird ein Erbfaktor bezeichnet, der auf den Chromosomen nach festem Schema angeordnet ist. Er trägt die spezifische Information für ein körperliches Merkmal, den genetischen Code.

Genetischer Code:
Der genetische Code ist in der DNA verankert. Er ist eine Anleitung, nach der Dreiergruppen von aufeinander folgender Nukleotiden oder Basengruppen während der Protein-Biosynthese (Produktion) in Aminosäure übersetzt werden.

H

Hormone sind in Körperdrüsen produzierte Botenstoffe, die mit dem Blut an ihr Zielorgan fließen.. Sie regeln Wachstum, Geschlechtsverhalten, Stoffwechsel usw.

I

Als *Immunsystem* wird ganz allgemein das Abwehrsystem des Körpers gegen körperfremde Stoffe oder Organismen (Bakterien, Viren, Pollen usw.) bezeichnet. Dass es wesentlich differenzierter ist, erklärt u. a. Kapitel 6.

K

Killerzellen sind weiße Blutkörperchen, die mit Hilfe von Antikörpern artfremde Zellen vernichten.

Klinoptilolith: (bekannt auch unter dem Namen Heuklandit) ein kristalliner Zeolith. Für den Menschen ist die Anwendung dieses Minerals bei einer entsprechender Aufbereitung zur Nahrungsergänzung geeignet und gesundheitsförderlich.

L

Als Lipid werden Fette und fettähnliche Substanzen bezeichnet. Lipide sind in organischen Lösungsmitteln löslich, nicht aber in Wasser. Als Nahrungsmittel sind sie hochkalorisch.

M

Mitochondrium

Ein Mitochondrium (Plural: Mitochondrien, Abb. 1) ist ein von einer Membran umschlossenes Zellorganell. Ihre Hauptfunktion ist die Umwandlung von potentieller Energie aus Nährstoffen (Glucose) in ATP, die universelle Energiewährung der Zelle. Mitochondrien kommen verteilt im Cytosol vor. Außerdem spielen Mitochondrien eine wichtige Rolle bei der Apoptose.

- Die äußere Membran umschließt das gesamte Mitochondrium.
- Die innere Membran besteht aus Cristae genannten Einstülpungen, wodurch die Oberfläche, an der die chemischen Reaktionen stattfinden können, erheblich vergrößert wird.

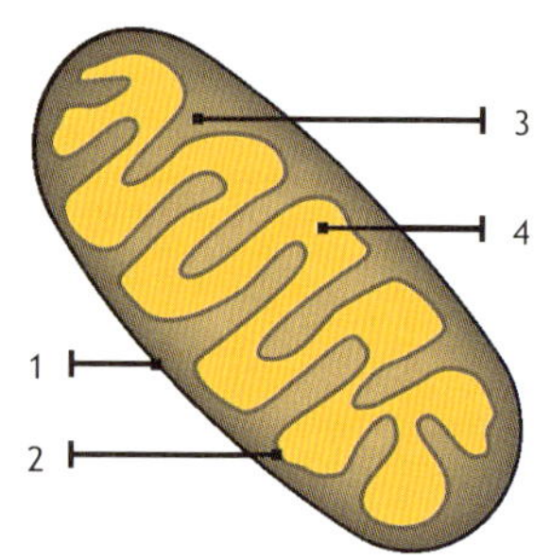

1. Innere Membran, 2. Äußere Membran, 3. Cristae, 4. Matrix

Besonders viele Mitochondrien kommen in Zellen vor, die viel Energie verbrauchen (z. B. Muskelzellen, Nervenzellen, Sinneszellen).

Mutation - genetische Veränderung einer Zelle. Veränderungen in Ei- oder Spermienzellen können vererbt werden.

N

Nukleinsäuren
Die DNA (Desoxyribonuklein acid) speichert die Erbinformation, die RNA (Ribonuklein acid) ist an der Übertragung und Umsetzung dieser Information beteiligt.
DNA und RNA sind chemisch gesehen Säuren und befinden sich überwiegend im Zellkern (nucleus lat. = der Kern).

P

Prophylaxe - Verhütung von und Vorbeugung gegen Krankheiten

R

RNA ist die international gebräuchliche englische Abkürzung für Ribonukleinsäure (engl. ribonucleic acid; deutsch abgekürzt auch: RNS).
Die RNA besteht ebenso wie die DNA aus einem Zuckerphosphat-Rückgrat, sowie einer Abfolge von Basen. Im Unterschied zur DNA ist der Zucker in der RNA die Ribose, und eine der vier Basen, nämlich T (Thymin) ist ersetzt durch U (Uracil). Der wichtigste Unterschied zur DNA besteht aber darin, dass die RNA nicht als Doppelhelix, sondern als einzelner Strang, aber auch in anderen Formen vorkommt.
Die Aufgabe der RNA besteht darin, die in der DNA gespeicherte Information abzulesen und umzusetzen.
Vom Aufbau her ist die RNA der DNA ähnlich. Jedoch sind RNA-Moleküle - im Gegensatz zur doppelsträngigen DNA - einsträngige Polynukleotide. Dieser Unterschied erhöht die katalytische Funktion der RNA und erlaubt ihr chemische Reaktionen, die der DNA nicht möglich sind. RNA-Moleküle können unterschiedliche Funktionen ausüben. Sie werden daher - je nach ihrer Funktion - auch verschieden benannt.

T

Telomere
Mit jeder Teilung verkürzen sich in normalen Körperzellen die Enden der Chromosomen, die so genannten Telomere. Unterschreiten sie eine bestimmte Länge, geht wichtige genetische Information für die Zelle verloren und sie stirbt. Aus diesem Grund teilen sich gesunde Zellen nie häufiger als 50 bis 100 Mal. Krebszellen dagegen können sich unendlich oft teilen. Verantwortlich dafür ist das Enzym Telomerase, das nach jeder Teilung die ursprüngliche Länge der Telomere wiederherstellt. Das Vorhandensein von Telomerase scheint eine Gemeinsamkeit praktisch aller Krebsarten zu sein.

Z

Zelle (Biologie)
Alle bekannten Lebewesen bestehen aus biologischen Grundeinheiten, den Zellen. Eine Zelle ist also die kleinste

selbsterhaltende und sich selbst reproduzierende Einheit des Lebens.
Alle bekannten Zellen, mit Ausnahme einiger spezialisierter Zelltypen, haben bestimmte Komponenten gemeinsam:

- DNA, die genetische Information, die als Bauplan für die anderen Komponenten der Zelle dient
- Proteine, die als Strukturproteine oder als Enzym für den Bau und die biochemischen Funktionen der Zelle zuständig sind
- Membranen, welche die Zelle von ihrer Umgebung abschotten, als Filter fungieren, Kontakt mit der Außenwelt aufrecht erhalten und komplexere Zellen in Kompartimente aufteilen

Zellen haben auch gemeinsame grundlegende Fähigkeiten:

- Reproduktion durch Zellteilung
- Stoffwechsel, die Aufnahme von Rohmaterial, dessen Umwandlung in neue Komponenten und Energie, und die Entsorgung von Abfallprodukten
- Proteinbiosynthese durch Umschreibung von DNA zu RNA und deren Übertragung zu Protein

Der menschliche Körper besteht aus rund 220 verschiedene Zell- und Gewebetypen.

Literaturverweise

Kapitel 1 - Das Mysterium des Alterns

1. Dice, J.F., 1993, Cellular and molecular mechanism of aging, Physiological reviews, 73, 149-159

2. Masoro, E. J., 1992, "Retardation of aging processes by food restriction: an experimental tool, American Journal of Clinical Nutrition, 55, 1250S-1252S

3. Orr, W. C. & Sohal, R. S., 1994, Extension of life span by overexpression of superoxide dismutase and catalase in Drosphila melongaster, Science,263, 1128-1130

4. Rowe, J.W. &. Kahn, R.L, 1987,Human aging: usual and successful, Science, 237, 143-149

5. Sen, C. K., Packer, L. & Hanninen, O., 1994, Exercise induced Oxidative stress. Why is oxidative stress so important to your health? 1996

6. Shigenaga, M. K., Hagen, T. M., & Ames, B. N., 1994, Oxidative damage and mitochondrial decay in aging, Proc. Natl. Acad. Sci, 91, 10771-10778

7. Sohal, R. S. & Weindruch, R., 1996, Oxidative stress, Caloric restriction and aging, Science, 273, 59-63

8. Weindruch, R.,1996, Caloric restriction and aging, Scientific America, 274, 32-38

9. Weindruch, R., & Walford, R. L., 1982, Dietary restriction in mice beginning at 1 year of age: effect on life span and spontaneous cancer incidence, Science, 215, 1415-1417

10. Smith CD, Carney JM, Starke-Reed PE, et al. Excess brain protein oxidation and enzyme dysfunction in normal aging and Alzheimer disease. Proc Natl Acad Sci 1991;88:10540-43

11. Subbarao KV, Richardson IS, Ang LC. Autopsy samples of Alzheimer's cortex show increased peroxidation in vitro. J Neurochem 1990;55:342-45

12. Pappolla MA, Omar RA, Kim KS, Robakis NK. Immunohistochemical evidence of antioxidant stress in Alzheimer's disease. Am J Pathol 1992;140:621-28

13. Martins RN, Harper CG, Stokes GB, Masters CL. Increased cerebral glucose-6-phosphate dehydrogenase activity in Alzheimer's disease may reflect oxidative stress. J Neurochem 1986;46:1042-45

14. Mecocci P. MacGarvey U. Beat MF. Oxidative damage to mitochondrial DNA is increased in Alzheimer's disease. Ann Neurol 1994;36:747-51

15. Gotz ME, Freyberger A, Hauer E, et al. Susceptibility of brains from patients with Alzheimer's disease to oxygen-stimulated lipid peroxidation and differential scanning calorimetry. Dementia 1992,3:213-22

16. Smith MA, Perry G. Richey PL, et al. Oxidative damage in Alzheimer's. Nature 1996;382:120-21

17. ESiri MM, Hyman BT' Beyreuther K, Masters C. Ageing and dementia. In: Graham DI, Lantos PI, eds. Greenfield's neuropatholo-gy. London, Arnold 1997:153-234

18. Pace GW, Leaf CD. The role of oxidative stress m HIV disease. Free Radical Biology and Medicine 1995;19:523-28

19. Bowiing AC, Beal ME. Bioenergetic and oxidative stress in neurodegenerative diseases. Life Sciences 1994;56:1151-71

20. M.R.Rose, Evolutionary Theory of Aging, Oxford University Press (1991).

21. D. Stauffer, Braz.J.Phys. (1994).

22. D. Stauffer and N. Jan, preprint St. F.X.U. (1993).
T.S. Ray, J.Stat.Phys. 74, 929 (1994).
N.Jan, J.Stat.Phys. , in press (1994).

23. S.Vollmar and S.Dasgupta,J.Phys. I France 4, 817 (1994).
S. Dasgupta, J.Phys. I France , in press. (1994).

24. J.D. Farmer, N.H. Packard and A.S. Perelson, Physica D22, 187 (1986); L. da Silva and C.Tsallis, preprint CBPF (1994).

25. P.M.C. de Oliveira, Computing Boolean Statistical Models, World Scientific Publishing, Singapore (1991).

26. D. Stauffer and T.J.P. Penna, preprint UFF (1994).

27. M. Heumman and M. Hötzel, preprint University of Cologne (1994).

28. T.A. Crowl and A. P. Covich, Science 247 949 (1990).

29. Ames, B.N., Shigenaga, M.K., and Hagen, T.M. (1993) Oxidants, antioxidants, and the degenerative diseases of aging, Proc. Natl. Acad. Sci. USA 90, 7915-7922.

30.Gold, L.S., Slone, T.H., Stern, B.R., Manley, N.B., and Ames, B.N. (1992) Rodent carcinogens: Setting priorities, Science 258, 261-265.

31. Ames, B.N. and Gold, L.S. (1990) Chemical carcinogenesis: Too many rodent carcinogens, Proc. Natl. Acad. Sci. USA 87, 7772-7776.

32. Ames, B.N., Profet, M., and Gold, L.S. (1990) Dietary pesticides (99.99% all natural), Proc. Natl. Acad. Sci. USA 87, 7777-7781.

33. Ames, B.N., Profet, M., and Gold, L.S. (1990) Nature's chemicals and synthetic chemicals: Comparative toxicology, Proc. Natl. Acad. Sci. USA 87, 7782-7786.

34. The causes of old age. JAMA 1895;25:1101-1102 (Editorial).

35. Larsen PL. Aging and resistance to oxidative damage in Caenorhabditis elegans. Proc Nat´l Acad Sci USA 1993;90:8905-8909

36. Fenton HJH. Oxidation of tartaric acid in presence of iron. J Chem Soc 1894;65:899-910.

37. Smith JL. Pathological effects due to increase of oxygen tension in air breathed. J Physiol 1899;24:19-35

38. Shigenaga MK, Hagen TM, Amnes BN. Oxidative damage and mitochondrial decay in aging. Proc Natl Acad Sci USA 1994;91:10771-10778.

39. Starke-Reed PE, Oliver CN. Protein oxidation and proteolysis during aging and oxidative stress. Arch Biochem Biophys 1989;275:559-567.

40. Stadtman ER. Protein oxidation and aging. Science 1992;257:1220-1224.

41. Suzuki K. Oberley TD, Pugh TD, et al. Calorie restriction diminishes the age-associated loss of immunoreactive catalase in rat prostate. Prostate 1997;33:256-263

42. Weindruch R. Caloric restriction and aging. Sci Am 1996;January:46-52.

43. Ershler WB, Sun WH, Binkley N, et al. Interleukin-6 and aging: Blood levels and mononuclear cell production increase with advancing age and in vitro production is modifiable by dietary restriction. Lymphokine Cytokine Res 1993;12:225-230.

44. Sohal RS, Windruch R. Oxidative stress, caloric restriction, and aging. Science 1996;273:59-63.

45. McCord JM, Fridovich I. Superoxide dismutase. An enzymatic function for erythrocuprein (hemocuprein). J Biol Chem 1969;244:6049-6055.

46. Guemouri L, Artur Y, Herberth B. et al. Biological variability of superoxide dismutase, glutathione peroxidase and catalase. Clin Chem 1991;37:1932-1937.

47. Bezlepkin VG, Sirota NP, Gaziev AI. The prolongation of survival in mice by dietary antioxidants depends on their age by the start of feeding this diet. Mech Ageing Dev 1996;92:227-234.

48. Yu BP, Kang CM, Han JS, Kim DS. Can antioxidant supplementation slow the aging process? Biofactors 1998;7:93-101.

49. Salganik RI, Solovyova NA, Dikalov SI, et al. Inherited enhancement of hydroxyl radical generation and lipid peroxidation in the S strain rats results in DANN rearrangements, degenerative diseases, and premature aging. Biochem Biophys Res Commun 1994;199:726-733.

50. Schleicher ED, Wagner E, Nerlich AG. Increased accumulation of the glycoxidation product N (epsilon)-(carboxymethyl) lysine in human tissues in diabetes and aging. J Clin Invest 1997;99:457-468.

51. Melov S, Shoffner JM, Kaufmann A, Wallace DC. Marked increase in the number and variety of mitochondrial DANN rearrangements in aging human skeletal muscle. Nucleic Acids Res 1995;23:4122-4126.

52. Ying W. Deleterious network hypothesis of aging. Med Hypoth 1997;48:143-148.

53. Beckmann KB, Ames BN. The free radical theory of aging matures. Physiol Rev 1998;78:547-581.

Kapitel 2 - Die Zelle

1. Darnell, James; Lodish, Harvey; Baltimore, David, Molekulare Zellbiologie, 2. Aufl. - Berlin [u.a.] : de Gruyter, 1996. - XLIII, 1448 S. : Ill., graph. Darst., ISBN 3-11-014460-3

2. Linder Biologie, Gesamtband, 11. - 13. Schuljahr, Hrsg. von Horst Bayrhuber... - 21., neubearb. Aufl. - Hannover : Schroedel, 1998. - 480 S. : zahlr. Ill. und graph. Darst., ISBN 3-507-10580-2

3. Alberts, Bruce, Molekularbiologie der Zelle 3. Aufl. 1., korrigierter Nachdr. - Weinheim [u.a.] : VCH, 1997. - XLVIII, 1598 S. : zahlr. Ill., graph. Darst. + 1 Diskette, ISBN 3-527-30055-4

4. Bielka, Heinz; Borner, Thomas, Molekulare Biologie der Zelle, Heidelberg [u.a.] : Spektrum, Akad. Verl., 1995 . - 346 S. : Ill., graph. Darst., Tab., ISBN 3-8274-0663-3

5. Campbell, Neil A., Biologie, 1. korr. Nachdr. - Heidelberg [u.a.]: Spektrum, Akad. Verl., 1998. - XXXV, 1440 S. : zahlr. Ill., graph. Darst., ISBN 3-8274-0032-5

6. Drews, Gerhart, Mikrobiologisches Praktikum, 4., neubearb. Aufl. - Berlin [u.a.]: Springer, 1983. - XIV, 265 S. : Ill., graph. Darst., ISBN 3-540-11836-5

7. Kleinig, Hans; Sitte, Peter, Zellbiologie : ein Lehrbuch, 3., neubearb. Aufl. - Stuttgart [u.a.] : Fischer, 1992. - XI, 591 S. : zahlr. Ill., graph. Darst., ISBN 3-437-20482-3

8. Schlegel, Hans G., Allgemeine Mikrobiologie, 7., überarb. Aufl. - Stuttgart [u.a.] : Thieme, 1992. - XIV, 634 S. : zahlr. Ill., graph. Darst., ISBN 3-13-444607-3

9. Ude, Joachim; Koch, Michael, Die Zelle : Atlas der Ultrastruktur, 2., völlig neu bearb. und erw. Aufl. - Stuttgart [u.a.] : G. Fischer, 1994. - 309 S. : zahlr. Ill., graph. Darst. ISBN 3-334-60532-9 oder ISBN 3-8274-0648-X

10. Alberts, Bruce, Essential cell biology : an introduction to the molecular biology of the cell, New York, NY : Garland Publ., c1998. ill., ISBN 0-8153-2045-0 l

11. Brown, Barry (ed.)., Cell signalling: biology and medicine of signal transduction, New York,N.Y. : Raven Press, c1993 . - XXIV, 293 p. : ill., Conf.: International Conference on Second Messengers and Phosphoproteins ; 8 (Glasgow) : 1992.08.03-08, ISBN 0-7817-0076-0

12. Celis, Julio E.(ed.), Cell biology : a laboratory handbook, San Diego, Calif. : Acad. Press, 1998. 4 vol., ISBN 0-12-164714-50

13. Cooper, Geoffrey M., The cell : a molecular approach, Washington,D.C. : ASM Press, c1997 . - XXIV, 673 p. : ill. + CD-ROM, ISBN 0-87893-119-8

14. Darnell, James; Lodish, Harvey; Baltimore, David, Molecular cell biology, 3rd ed. - New York : Scientific American Books, c1995 . - XLVII, 1344 p. : ill., ISBN 0-7167-2380-0

15. Estes, James E.; Higgins, Paul James (ed.), Actin : biophysics, biochemistry, and cell biology, New York : Plenum Press, 1994 . - VIII, 236 p. : ill., Conf.: International Conference on the Biophysics, Biochemistry , and Cell biology of Actin; (Troy, NY) : 1992.08.05-09, ISBN 0-306-44810-6

16. Galbraith, David W. (ed.), Methods in plant cell biology, San Diego : Acad. Press, 1995. ill., tab., ISBN 0-12-273871-3

17. Gunning, Brian E.S.; Steer, Martin W., Plant cell biology : structure & function, Sudbury, Mass. : Jones & Bartlett, 1996. ca. 70 p. : ill., ISBN 0-86720-504-0

18. Heldt, Hans-Walter, Plant biochemistry and molecular biology, Oxford : Oxford University Press, 1997. XIV, 522 p. : graph., ISBN 0-19-850180-3 or ISBN 0-19-850179-X

19. Robertis, Eduardo D. P. de, Cell and molecular biology, 8th ed. - Philadelphia : Lea & Febiger, c1987 . - XXIX, 734 p. : ill., ISBN 0-8121-1012-9

20. Weiss, Leon (ed.), Cell and tissue biology: a textbook of histology, 6th ed. - Baltimore : Urban & Schwarzenberg, c1988 . - XII, [16], 1158 p. : ill., ISBN 0-8067-2176-6

21. Widnell, Christopher C., Pfenninger, Karl H., Essential cell biology, Baltimore : Williams & Wilkins, c1990. - XII, 396 p. : ill., graph., ISBN 0-683-09051-8

22. Wilson, John; Hunt, Tim, Molecular biology of the cell : the problems' book, rev. ed. - New York : Garland, 1994. - XVII, 472 p. : ill., graph., ISBN 0-8153-1621-6

Kapitel 3 - Immunsystem

23. Bastisch, I., C. Nischan, M. Deckert, A. Bernard, R.E. Schmidt, J. Schubert. A GPI-anchor deficient mutant cell line and its use to study gene therapy approaches in vitro. Immunobiol. 1996, 196, 276

24. Benschop, R.J., R. Jacobs, B. Sommer, T.H. Schürmeyer, H.R. Raab, R.E. Schmidt, M. Schedlowski. Modulation of the immunologic response to acute stress in humans by ß-blockade or benzodiazepines. FASEB J. 1996, 10, 517-52 Benschop,

25. R.J., M. Rodriguez-Feuerhahn, M. Schedlowski. Catecholamine-induced leukocytosis: Early observations, current research, and future directions. Brain, Bahaviour, and Immunity 1996, 10, 77-91

26. Gessner, J.E., T. Grussenmeyer, M. Dumbsky, R.E. Schmidt. Separate Promotors from proximal and medial control regions contribute to the natural killer cell specific transcription of the human FcγRIII-A (CD16-A) receptor gene. J. Biol. Chem. 1996, 271, 30755-30764

27. Heiken, H., R.J. Schulz, J.V. Ravetch, E.L. Reinherz, S. Koyasu. T lymphocyte development in the absence of Fc receptor I subunit: analysis of thymic-dependent and independent ß and pathways. Eur. J. Immunol. 1996, 26, 1935-1943

28. Hundt, M., R.E. Schmidt. Mechanismen Fc-Rezeptor-vermittelter Zytotoxizität. Clin. Lab. 1996, 42, 645-646

29. Lenz, P., J.E. Gessner, C. Sautes, R.E. Schmidt. Fcγ receptor III (CD16) is involved in NK-B cell interaction. Immunobiol. 1996, 195, 387-398

30. Nolte, K.U., P. Günter, P. v. Wussow. Epitopes recognized neutralizing therapy-induced human anti-IFN alpha antibodies are localized within the N-terminal functional domain of recombinant IFN-alpha2. Eur. J. Immunol. 1996, 26, 2155-2159

31. Ockenga, J., F. Rohde, M. Holtmannspötter, U. Süttmann, M. Ballmeier, I. Schedel. Ketotifen in HIV-infected patients: Effects on body weight and release of tumor necrosis factor alpha. Eur. J. Clin. Pharmacol. 1996, 50, 167-170

32. Ockenga, J., H. Link, F. van Pelt, A. Ganser, R.E. Schmidt. Phenytoin-assoziiertes Hypersensitivitäts-Syndrom nach autologer Stammzelltransplantation (Kurzbeitrag). Allergologie 1996, 19, 210-211

33. Österborg, A., M.A. Boogaerts, R. Cimino, U. Essers, J. Holowiecki, G. Juliusson, G. Jäger, A. Najman, D. Peest. Recombinant human erythropoietin in transfusion-dependent anemic patients with multiple myeloma and non-Hodgkin's lymphoma - a randomized multicenter study. Blood 1996, 87, 2675-2682

34. Peest, D. Das multiple Myelom. Therapeut. Umschau 1996, 53, 147-151 Peest, D., J. Bladé, J.L. Harousseau, B. Klein, A. Österborg, J.F. San-Miguel. Cytokine therapy in multiple myeloma. Br. J. Haematol. 1996, 94, 425-43

35. Richter, S., T. Schuermeyer, M. Schedlowski, A. Hädicke, U. Tewes, R.E. Schmidt, T.O.F. Wagner. Time kinetics of the endocrine response to acute psychological stress. J. Clin. Endocrinol. Metab. 1996, 81, 1956-1960

36. Stoll, M., M. Prokop, J. Bernhards, T. Benter, R.E. Schmidt. HIV-Infektion mit abdominellem Non-Hodgkin-Lymphom unter dem Bild einer nekrotisierenden Pankreatitis. Fortschr. Röntgenstr. 1996, 164.1, 82-84

37. Tamm, A., R.E. Schmidt. The binding epitopes of human CD16 (FcγRIII) monoclonal antibodies: implications for ligand-binding. J. Immunol. 1996, 157, 1576-158

38. Tamm, A., A. Kister, K.U. Nolte, J.E. Gessner, R.E. Schmidt. The IgG binding site of human FcγRIIIB receptor involves CC' and FG loops of the membrane-proximal domain. J. Biol. Chem. 1996, 271, 3659-3667

39. Aul, C., J.T. Fischer, A. Ganser, K. Havemann, R. Hehlmann, H. Heimpel, W. Hiddemann, D. Peest, M. Pfreundschuh, A. Raghavachar. Erkrankungen des Blutes und des Lymphsystems. in: M. Classen, R. Dierkesmann, H. Heimpel, J.R. Kalden, K.M. Koch, J. Meyer, F.A. Spengel, R. Ziegler (Hrsg.) Rationelle Diagnostik und Therapie in der Inneren Medizin; ein Beitrag zur Qualitätssicherung in Klinik und Praxis, Urban & Schwarzenberg, München, 1996

40. Jacobs, R. Methoden der Immunologie. in: M. Schedlowski, U. Tewes (Hrsg.), Psychoneuroimmunologie, Spektrum Akademischer Verlag, Heidelberg, 1996, 187-217

49. Jacobs, R., R.E. Schmidt. Grundlagen der Immunologie. in: M. Schedlowski, U. Tewes (Hrsg.), Psychoneuroimmunologie, Spektrum Akademischer Verlag, Heidelberg, 1996, 37-68

50. Schedlowski, M., R.J. Benschop, M. Rodriguez-Feuerhahn, R. Oberbeck, W. Hosch, R. Jacobs, R.E. Schmidt. Katecholamine und zelluläre Immunfunktionen beim Menschen. in: K.H. Schulz, J. Kugler, M. Schedlowski (Hrsg.), Psychoneuroimmunologie: ein interdisziplinäres Forschungsgebiet, Huber Verlag, Bern, 1996

51. Schedlowski, M., R.E. Schmidt. Streß und Immunsystem. Naturwissenschaften 1996, 83, 214

52. Benschop RJ, Schedlowski M, Wienecke H, Jacobs R, Schmidt RE. Adrenergic control of natural killer cell circulation and adhesion. Brain Behav Immun 1997 Dec 11:4 321-32

53. Hoffmeyer F, Witte K, Schmidt RE. The high-affinity Fc gamma RI on PMN: regulation of expression and signal transduction. Immunology 1997 Dec 92:4 544-52

54. Hundt M, Schmidt RE. Functional characterization of receptor-type protein tyrosine phosphatase CD148 (HPTP eta/DEP-1) in Fc gamma receptor IIa signal transduction of human neutrophils. Eur J Immunol 1997 Dec 27(12):3532-3535.

55. Jetschmann JU, Benschop RJ, Jacobs R, Kemper A, Oberbeck R, Schmidt RE, Schedlowski M. Expression and in-vivo modulation of alpha- and beta-adrenoceptors on human natural killer (CD16+) cells. J Neuroimmunol 1997, 74(1-2):159-164

56. Kadar J, Arseniev L, Schnitger K, Südmeier I, Zaki M, Battmer K, Jacobs R, Diedrich H, Poliwoda H, Stangel W, Link H.b Technical and safety aspects of blood and marrow transplantation using G-CSF mobilized family donors. Transfus Sci 17: 611, 1997

57. Karthaus M, Gabrysiak T, Brabant G, Prahst A, Link H, Soudah B, Geissler RG, Diedrich H, Ganser A, Hertenstein B. Immune thyroiditis after transplantation of allogeneic CD34+ selected peripheral blood cells. Bone Marrow Transplant 1997 Oct;20(8):697-699

58. Sutor GC, Ockenga J, Kirschner P, Schätzle C, Mendila M, Jendro M, Stoll M, Böttger E, Schmidt RE. Tuberculosis cutis colliquativa during long-term immunosuppressive therapy for rheumatoid arthritis. Arthritis Rheum 1997, 40(1): 188-190.

59. Behrens G, Knuth C, Schedel I, Mendila M, Schmidt RE. Highly active antiretroviral therapy. Lancet. 1998 Apr 4;351(9108):1057-8; discussion 1058-9.

60. Bux, J., G. Behrens, G. Jaeger, K. Welte. Diagnosis and clinical course of autoimmune neutropenia in infancy: analysis of 240 cases. Blood 91: 181, 1998

61. Ghendler, Y., M.K. Teng, J.H. Liu, T. Witte, J. Liu, K.S. Kim, P. Kern, H.C. Chang, J.H. Wang, E.L. Reinherz. Differential thymic selection outcomes stimulated by focal structural alteration in peptide/major histocompatibility complex ligands. Proc. Natl. Acad. Sci USA 95: 10061, 1998

62. Heringlake S, Ockenga J, Tillmann HL, Trautwein C, Meissner D, Stoll M, Hunt J, Jou C, Solomon N, Schmidt RE, Manns MP. GB virus C/hepatitis G virus infection: a favorable prognostic factor in human immunodeficiency virus-infected patients?, J Infect Dis 1998 Jun 177(6):1723-1726.

63. Krüger T, Exton MS, Pawlak C, von zur Mühlen A, Hartmann U, Schedlowski M. Neuroendocrine and cardiovascular response to sexual arousal and orgasm in men. Psychoneuroendocrinology. 1998 May;23(4):401-11.

64. Meyer D, Schiller C, Westermann J, Izui S, Hazenbos WL, Verbeek JS, Schmidt RE, Gessner JE. FcgammaRIII (CD16)-deficient mice show IgG isotype-dependent protection to experimental autoimmune hemolytic anemia. Blood. 1998 Dec 1; 92(11):3997-4002

65. Oberbeck R, Schürmeyer TH, Jacobs R, Benschop RJ, Sommer B, Schmidt RE, Schedlowski M.Effects of ß-adrenoceptor-blockade on stress-induced adrenocorticotrophin release in humans. Eur J Appl Physiol 1998 (77) 523-526

66. Schmid-Ott G, Jacobs R, Jäger B, Klages S, Wolf J, Werfel T, Kapp A, Schürmeyer T, Lamprecht F, Schmidt RE, Schedlowski M. Stress-induced endocrine and immunological changes in psoriasis patients and healthy controls. A preliminary study. Psychother Psychosom 1998 67:1 37-42

67. Schmidt RE. Definition eines Immundefekts. [Definition of an immunologic deficiency state]. Internist (Berl) 1998 Jan 39:1 94

68. Schmidt, R.E. Defekte des Immunsystems (I) - Klinik, diagnostisches Vorgehen und Therapie. Allergologie 4: 166, 1998

69. Schmidt, R.E. Defekte des Immunsystems (II) - Klinik, diagnostisches Vorgehen und Therapie. Allergologie 6: 279, 1998

70. Sutor GC, Schuppert F, Schatzle C, Schmidt RE. Primary combined immunodeficiency, growth retardation, and disturbed sexual development: a novel syndrome of congenital impairment of the cellular immune system and the endocrine system. J Allergy Clin Immunol. 1998 Aug;102(2):327-8.

71. Witte T, Hartung K, Sachse C, Matthias T, Fricke M, Deicher H, Kalden JR, Lakomek HJ, Peter HH, Schmidt RE. IgM anti-dsDNA antibodies in systemic lupus erythematosus: negative association with nephritis. Rheumatol Int. 1998;18(3):85-91.

72. Witte T, Hartung K, Matthias T, Sachse C, Fricke M, Deicher H, Kalden JR, Lakomek HJ, Peter HH, Schmidt RE. Association of IgA anti-dsDNA antibodies with vasculitis and disease activity in systemic lupus erythematosus. SLE Study Group. Rheumatol Int. 1998;18(2):63-9.

73. Witte, T., R. Spoerl, H.C. Chang. The CD8ß ectodomain contributes to the augmented coreceptor function of CD8 ß heterodimers relative to CD8 homodimers. Cell Immunol. 190: 191, 1998.

74. Tamm, A., G. Bassmann, R.E. Schmidt. Localization of the epitopes of human CD16 (Fc RIII) monoclonal antibodies on the molecular model of CD16. in: Leukocyte Typing VI, 1998

75. Heller T, Hennecke M, Baumann U, Gessner JE, zu Vilsendorf AM, Baensch M, Boulay F, Kola A, Klos A, Bautsch W, Kohl J. Selection of a C5a receptor antagonist from phage libraries attenuating the inflammatory response in immune complex disease and ischemia/reperfusion injury. J Immunol 1999 Jul 15;163(2):985-94

76. Heller T, Gessner JE, Schmidt RE, Klos A, Bautsch W, Kohl J. Cutting edge: Fc receptor type I for IgG on macrophages and complement mediate the inflammatory response in immune complex peritonitis. J Immunol 1999 May 15;162(10):5657-61

77. Lombardi MS, Kavelaars A, Schedlowski M, Bijlsma JW, Okihara KL, Van de Pol M, Ochsmann S, Pawlak C, Schmidt RE, Heijnen CJ Decreased expression and activity of G-protein-coupled receptor kinases in peripheral blood mononuclear cells of patients with rheumatoid arthritis. FASEB J 1999 Apr;13(6):715-25

78. Pawlak CR, Heijnen CJ, Witte T, Hundt M, Jacobs R, Schubert J, Heiken H, Schmidt RE, Schedlowski M. Auswirkungen von psychosozialen Belastungen und akutem psychischen Streß auf zelluläre Immunfunktionen bei Patientinnen mit chronisch entzündlichen Erkrankungen. Psychomed 1999;11(4):212-216

79. Pawlak CR, Jacobs R, Mikeska E, Ochsmann S, Lombardi MS, Kavelaars A, Heijnen CJ, Schmidt RE, Schedlowski M. Patients with systemic lupus erythematosus differ from healthy controls in their immunological response to acute psychological stress. Brain Behav Immun 1999 Dec;13(4):287-302

80. Jacobs R. Methods in Immunology. in: Psychoneuroimmunology. Schedlowski/Tewes (Hrsg.) Kluwer Academic/Plenum Publishers, New York 1999

81. Jacobs R, Schmidt RE. Foundations in Immunology. in: Psychoneuroimmunology. Schedlowski/Tewes (Hrsg.) Kluwer Academic/Plenum Publishers, New York 1999

82. Behrens GM, Meyer D, Stoll M, Schmidt RE. Immune reconstitution syndromes in human immuno-deficiency virus infection following effective antiretroviral therapy. Immunobiology. 2000 Aug;202(2):186-93.

83. von Horsten S, Helfritz A, Kuhlmann S, Nave H, Tschernig T, Pabst R, Ben-Eliyahu S, Meyer D, Schmidt RE, Schmitz C. Stereological quantification of carboxyfluorescein-labeled rat lung metastasis: a new method for the assessment of natural killer cell activity and tumor adhesion in vivo and in situ. J Immunol Methods. 2000 May 26;239(1-2):25-34.

84. Kittner JM, Jacobs R, Pawlak CR, Heijnen CJ, Schedlowski M, Schmidt RE. Adrenaline-induced immunological changes are altered in patients with rheumatoid arthritis. Rheumatology (Oxford). 2002 Sep;41(9):1031-9.

85. Radeke HH, Janssen-Graalfs I, Sowa EN, Chouchakova N, Skokowa J, Loscher F, Schmidt RE, Heeringa P, Gessner JE. Opposite regulation of type II and III receptors for immunoglobulin G in mouse glomerular mesangial cells and in the induction of anti-glomerular basement membrane (GBM) nephritis. J Biol Chem. 2002 Jul 26;277(30):27535-44.

86. Schmidt RE. Drug under test: influenza--Relenza in daily practice. Experience during the influenza season 1999/2000. Med Microbiol Immunol (Berl). 2002 Dec;191(3-4):175-9.

87. S. Brandner, S. Isenmann, G. Kühne, and A. Aguzzi (1998) Identification of the end stage ofscrapie using infected neural grafts. Brain Pathol. 8:19-27

88. Sibilia, M., Steinbach, J. P., Stingl, L., Aguzzi, A. and Wagner E.F. (1998) A strain-independentpostnatal neurodegeneration in mice lacking the EGF receptor. EMBO Journal 3:719-731

89. D. Shmerling, I. Hegyi, M. Fischer, T. Blättler, S. Brandner, J. Götz, T. Rülicke, E. Flechsig, A.Cozzio, C. Holtz, A. Aguzzi and C. Weissmann (1998) Expression of amino terminally truncated PrPin the mouse leading to ataxia and specific cerebellar lesions. Cell 93: 203-214

90. Lampe, J., Marino, S., Rethwilm, A., and Aguzzi, A. (1998) Degeneration of the cerebellar granulecell layer in transgenic mice expressing genes of human foamy virus. Neuropathol. Appl.Neurobiol. 24:36-43.

91. Günes, C., Heuchel, R., Georgiev, O., Müller, K.-H., Lichtlen, P., Blüthmann, H., Marino, S.,Aguzzi, A. and Schaffner, W. (1998).

92. Embryonic lethality and liver degeneration in mice lackingthe metal-responsive transcriptional activator MTF-1. EMBO J., 17:2846-2854

93. Akuteareflektorische Tetraplegie mit Coma. Schw. Arch. Neurol. Psych. (in press)Rovigatti, U., Afanasyeva, T., Brandner, S., Hainfellner, J.A., Kiess, M., Maddalena, A., Malin, G.,Rülicke, T., Steinbach, J., Weissenberger, J, and Aguzzi, A. (1998) Transgenic Mice as ResearchTools in Neurocarcinogenesis. J. Neurovirol. 4: 159-174

94. Aguzzi, A. (1998) Grafting mouse brains: from neurocarcinogenesis to neurodegeneration. EMBOJ. 1998 Nov 2;17(21):6107-6114 Aguzzi A., Raeber AJ (1998) Transgenic models of neurodegeneration. Neurodegeneration: of(transgenic) mice and men. Brain Pathol 1998 Oct;8(4):695-7

Kapitel 4 - Freie Radikale

1. Fenton HJH. Oxidation of tartaric acid in presence of iron. J Chem Soc 1894;65:899-910.

2. Lloyd RV, Hanna PM, Mason RP. The origin of the hydroxyl radical oxygen in the Fenton reaction. Free Radical Biol Med 1997;22:885-888

3. Gomberg M. An instance of trivalent carbon: Triphenylmethyl. J Am Chem Soc 1900;22:757-771.

4. Hine J. Physical Organic Chemistry. New York: McGraw-Hill; 1956:377.

5. Slater TF. Necrogenic action of carbon tetrachloride in the rat: A speculative mechanism based on activation. Nature 1966;209:36-40.

6. Cheeseman KH, Albano E, Tomasi A, Slater TF. Biochemical studies on the metabolic activation of haloalkanes. Environ Health Perspect 1985;64:85-101.

7. Slater TF. Free radical mechanisms in tissue injury. Biochem J 1984;222:1-15.

8. Rauckman EJ, Rosen GM, Cavagnaro J. Norcocaine nitroxide: A potential hepatotoxic metabolite of cocaine. Mol Pharmacol 1982;21:458-463.

9. Kloss MW, Rosen GM, Rauckman EJ. Evidence of enhanced in vivo lipid peroxidation after acute cocaine administration. Toxicol Lett 1983;15:65-70.

10. Wendel A, Feuerstein S, Konz K-H. Acute paracetamol intoxication of starved mice leads to lipid peroxidation in vivo. J Chem Toxicol 1979;28:2051-2055.

11. Yasaka S, Ohya I, Matsumoto J, Shiramizu T, Sasaguri Y. Acceleration of lipid peroxidation in human paraquat poisoning. Arch Intern Med 1981;141:1169 1171.

12. Knight JA, Pieper RK, Smith SE, Crockett HH. Increased urinary lipoperoxides in drug abusers. Ann Clin Lab Sci 1988;18:374-377.

13. Trotman, C.N.A., Gieseg, S.P., Pirie, R.S. and Tate, W.P., (1987), Abnormal development in Artemia: Defective emergence of the prenauplius with bicarbonate deficiency, Journal of Experimental Zoology, 67, 225-232.

14. Gieseg, S.P. and Carne, A., (1988), Characterization of ovine pancreatic lipase, Proc Univ Otago Med. Sch., 66, 51-52.

15. Gieseg, S.P., Forrester, I.T. and Carne, A., (1991), The purification of ovine pancreatic lipase that is free of colipase using an improved delipidation method, Pancreas, 7, 45-51.

16. Gieseg, S.P., Grigor, M.R. and Carne, A., (1991), Sequence and immunological characterization of ovine pancreatic lipase, Biochemistry International, 23, 949-957.

17. Simpson, J., Narita, S., Gieseg, S.P., Gebicki, S., Gebicki, J. and Dean, R.T., (1992), Long-lived reactive species on free radical-damaged proteins, Biochemical Journal, 282, 621-624.

18. Jessup, W., Mohr, D., Gieseg, S.P., Dean, R.T. and Stocker, R., (1992), The participation of nitric oxide in cell-free and macrophage-mediated oxidation of low-density lipoprotein, Biochemica et Biophysica Acta, 1180, 73-82.

19. Dean, R.T., Gebicki, J., Gieseg, S.P., Grant, A.J. and Simpson, J.A., (1992), Hypothesis: A damaging role in aging for reactive protein oxidation products?, Mutation Research, 275, 387-393.

20. Simpson, J.A., Gieseg, S.P. and Dean, R.T., (1993), Radical and enzymatic mechanisms for the generation of protein bound reducing moieties, Biochemica et Biophysica Acta, 1156, 190-196.

21. Gieseg, S.P., Simpson, J.A., Charlton, T., Duncan, M. and Dean R.T., (1993), Protein bound DOPA is a major reductant formed during hydroxyl radical damage to proteins, Biochemistry, 32(18), 4780-4786.

22. O'Connell, A., Gieseg, S.P. and Stanley, K.K., (1993), Hypochlorite oxidation of Lp(a) and LDL causes cross-linking into a highly atherogenic form, Biochemica et Biophysica Acta, 1225, 180-186.

23. Dean, R.T., Gieseg, S.P., Davies, M.J., (1993) Reactive species and their accumulation on radical-damaged proteins, Trends in Biological Science, 18(11), 437-441.

24. Gieseg, S.P., Esterbauer, H., (1994), Low density lipoprotein is saturable by pro-oxidant copper, FEBS letters, 343, 188-194.

25. Gieseg S.P., Reibnegger, G., Wachter, H., and Esterbauer, H., (1995), 7,8-Dihydroneopterin inhibits low density lipoprotein oxidation in vitro. Evidence that this macrophage secreted pteridine is an antioxidant. Free Radical Research, 23(2), 123-136.

26. Ramous P., Gieseg, S.P., Schuster, B. and Esterbauer, H., (1995), Temperature dependence of low density lipoprotein copper-mediated oxidation, J. Lipid Res. 36, 2113-2128.

27. Ziouzenkova, O., Gieseg, S.P., Ramous, P., Esterbauer, H., (1996), Factors affecting resistance of low density lipoproteins to oxidation, Lipids, 31 (Suppl.) S71-S76.

28. Forster, M.E.; Davison, W.; Axelsson, M.; Sundin, L.; Franklin, C.E.; Gieseg, S.; (1998) Heat stress and catacholamines in two antarctic nototheniid fishes, Journal of Comparative Physiology and Biochemistry, 168, 345-352.

29. Gieseg, S.P., Cuddihy, S., Hill, J., and Davison, W., (2000), A comparison of plasma vitamin C and E levels in two antarctic fish to two temperate water fish, Comparative Physiology & Biochemistry, In Press.

30. Steven P. Gieseg, Ghassan Maghzal and Dylan Glubb (2000) Inhibition of haemolysis by the macrophage synthesized antioxidant, 7,8-dihydroneopterin. Redox Report, (In Press).

31. Gebicki JM, Collins J, Gay C, Duggan S & Gieseg S. (2000) The dissection of oxidative changes in human blood serum and U937 cells exposed to free radicals. Redox Report (In press).

32. Steven Gieseg and Sarah Baird (1998), Comparison of antioxidant assays for flavanoid containing supplements. Free Radicals Biology and Medicine, 25, Supplement 1, pg S104 Proceding of Oxygen 98 in Washington D.C.

33. Steven Gieseg, Tomas Cruz, Dylan Glubb, Ghassan Muzghal and Jacqueline Whybrow (1998) 7,8 dihydroneopterin can protect cells from free radical mediated damage, Free Radicals Biology and Medicine, 25, Supplement 1, pg S32 Proceding of Oxygen 98 in Washington D.C.

34. Sean Duggan and Steven Gieseg (1999) Protection from oxidative damage to U937 cells by 7,8NP, an endogenous antioxidant, New Zealand Medical Journal, Proceedings of the Christchurch Medical Research Society Spring Meeting, Christchurch, New Zealand.

35. Luo, X.P. and Lehotay, D.C. Determination of hydroxyl radicals using salicylate as a trapping agent by gas chromatography-mass spectrometry. Clin Biochem. 30: 41-46, 1997.

36. Luo, X.P., Yazdanpanah, M., Bhooi, N. and Lehotay, D.C., Determination of aldehydes and other lipid peroxidation products in biological samples by gas chromatography-mass spectrometry, Analyt Biochem., 228:294-298, 1995.

37. Luo, X.P., Evrovsky, Y., Cole, D., Trines, J., Benson, L.N. and Lehotay, D.C. Doxorubicin-induced acute changes in cytotoxic aldehydes, antioxidant status and cardiac function in the rat. Biochim Biophys Acta, 1360:45-52, 1997.

38. Luo, X.P., Reichetzer, B., Trines, J., Benson, L.N. and Lehotay, D.C. L-carnitine attenuates doxorubicin induced lipid peroxidation in rats. Free Radical Biol Med. 1998 (in press).

39. Luo, X.P., Pitkanen, S, Kassovska-Bratinova, S., Robinson, B.H. and Lehotay, D.C. Excessive Formation of Hydroxyl Radicals and Aldehydic Lipid Peroxidation Products in Cultured, Skin Fibroblasts from Patients with Complex I Deficiency. J Clin Invest., 99:2877-2882,1997.

40. Ekert, P., MacLusky, N., Luo X.P., Lehotay D.C., Smith B., Post M. and Tanswell K. Dexamethasone prevents apoptosis in a neonatal model of hypoxic-ischemic encephalopathy (HIE) by a reactive oxygen species-independent mechanism. Brain Res. 747: 9-17, 1997.

41. Da Silva, Ricardo et. al. "Radical Scavenger Capacity of Different Procyanidins from Grape Seeds." Presented at a symposium "Free Radicals in Biotechnology and Medicine." Royal Society of Chemistry, London January 1990, pp. 79-80.

42. Bauman, Joachim Wurm, Gotthard Bruchhausen, Franz 'Hemmung der Prostagladinsynthetase durch Flavonoide und Phenolderivate im Vergleich mit deren 02 Radikalfangereigenschaften" Arch. Pharm. (Weinheim) 313 (1980) pp. 330-337. Proven Safety.

43. Richard A. Passwater, Ph.D., Edited by Jean Barilla, M.S.; Jeffery Bland, Ph.D.; Jack Challem; Len Mervyn, Ph.D. "The Nutrition Superbook - Volume One - The Antioxidants," Keats Publishing.

44. James F. Balch, M.D., "The Super Antioxidants - Why They Will Change The Face of Healthcare in the 21st Century" M. Evans and Company, Inc. (1998).

45. Dr. Jay Lombard, Board Certified Neurologist, Carl Germano, RD, CNS, LDN, "The Brain Wellness Plan - Breakthrough Medical, Nutritional and Immune-Boosting Therapies to Prevent and Treat: Depression, Alzheimer's Disease, Chronic Fatigue Syndrome, Attention Deficit Disorder, Multiple Sclerosis, Parkinson's Disease, Lou Gehrig's Disease", Kensington Publishing Corp. (1998).

46. Praticò, D., Barry, O. P., Lawson, J. A., et al., IPF2a-I: An index of lipid peroxidation in humans. Proceedings of the National Academy of Sciences USA 95:3449-3454, 1998.

47. Praticò, D., Lee, V. M.-Y., Trojanowski, J. Q., et al., Increased F2-isoprostanes in Alzheimer's disease: Evidence for enhanced lipid peroxidation in vivo. FASEB Journal 12:1777-1783, 1998.

48. Praticò, D., Tangirala, R. K., Rader, D. J., et al., Vitamin E suppresses isoprostane generation in vivo and reduces atheroslerosis in ApoE-deficient mice. Nature Medicine 4:1189-1192, 1998.

49. Transition metals as catalysts of "autoxidation" reactions. Miller DM; Buettner GR; Aust SD. Department of Chemistry and Biochemistry, Utah State University, Logan 84322-0300.

50. Surface reactivity in the pathogenic response to particulates. Fubini B UniversitÄa di Torino, FacoltÄa di Farmacia, Dipartimento di Chimica Inorganica, Italy. Environ Health Perspect, 1997 Sep, 105 Suppl 5:, 1013-2.

51. Free radical generation by selenium compounds and their prooxidant toxicity. Spallholz JE. Texas Technology University, Lubbock 79404, USA. Biomed Environ Sci, 1997 Sep, 10:2-3, 260-70.

52. Oxygen toxicity: an introduction. Bostek CC. AANA J, 1989 Jun, 57:3, 231-7.

53. Use of iron chelators in preventing hydroxyl radical damage: adult respiratory distress syndrome as an experimental model for the pathophysiology and treatment of oxygen-radical-mediated tissue damage. Marx JJ; van Asbeck BS. Department of Internal Medicine, University Hospital Utrecht, The Netherlands. Acta Haematol, 1996, 95:1, 49-62.

54. Metal ion-catalyzed oxidation of proteins: biochemical mechanism and biological consequences [published erratum appears in Free Radic Biol Med 1991;10(3-4):249] Stadtman ER Laboratory of Biochemistry, National Heart, Lung, and Blood Institute, National Institutes of Health, Bethesda, MD 20892. Free Radic Biol Med, 1990, 9:4, 315-25.

55. Involvement of iron and iron-catalyzed free radical production in ethanol metabolism and toxicity. Nordmann R; Ribière C; Rouach H. Enzyme, 1987, 37:1-2, 57-69.

56. Free radicals and environmental toxins. Thomas CE; Aust SD. Ann Emerg Med, 1986 Sep, 15:9, 1075-83.

57. Radiation and aging: free radical damage, biological response and possible antioxidant intervention. Greenstock CL. Radiation Biology Branch, AECL Research, Chalk River, Ontario, Canada. Med Hypotheses, 1993 Nov, 41:5, 473-82.

58. Role of oxygen free radicals in carcinogenesis and brain ischemia. Floyd RA. Molecular Toxicology Research Group, Oklahoma Medical Research Foundation, Oklahoma City 73104. FASEB J, 1990 Jun, 4:9, 2587-97.

59. Protein glycation and oxidative stress in diabetes mellitus and ageing. Wolff SP; Jiang ZY; Hunt JV. Department of Clinical Pharmacology, University College London, UK. Free Radic Biol Med, 1991, 10:5, 339-52.

60. The role of iron in oxygen-mediated toxicities. Ryan TP; Aust SD. Biotechnology Center, Utah State University, Logan 84322-4705. Crit Rev Toxicol, 1992, 22:2, 119-41.

61. Oxidative stress: a role in the pathogenesis of Parkinson's disease. Götz ME; Freyberger A; Riederer P. Klinische Neurochemie, Universitäts-Nervenklinik Würzburg, Federal Republic of Germany. J Neural Transm Suppl, 1990, 29:, 241-9.

62. Ferritin and ceruloplasmin in oxidative damage: review and recent findings. de Silva DM; Aust SD. Biotechnology Center, Utah State University, Logan 84322-4705. Can J Physiol Pharmacol, 1993 Sep, 71:9, 715-20.

63. Ferritin as a source of iron for oxidative damage [see comments] Reif DW Biology Department, Fisons Pharmaceuticals, Rochester, NY 14603. Free Radic Biol Med, 1992, 12:5, 417-27.

64. Molecular and genetic epidemiology of hepatocellular carcinoma: studies in China and Senegal. London WT; Evans AA; Buetow K; Litwin S; McGlynn K; Zhou T; Clapper M; Ross E; Wild C; Shen FM; et al. Division of Population Science, Fox Chase Cancer Center, Philadelphia, Pennsylvania 19111, USA. Princess Takamatsu Symp, 1995, 25:, 51-60.

65. DNA lesions, inducible DNA repair, and cell division: three key factors in mutagenesis and carcinogenesis. Ames BN; Shigenaga MK; Gold LS. Division of Biochemistry and Molecular Biology, University of California, Berkeley 94720. Environ Health Perspect, 1993 Dec, 101 Suppl 5:, 35-44.

Kapitel 5 - Oxidativer Stress

1. Ho CT (1994) Food Phytochemicals for Cancer Prevention II, ACS Symposium Series, 547. American Chemical Society, Washington DC

2. Bertram B, Scholz E (1995) Camellia sinensis (L.) O. Kuntze, Der Teestrauch. Zeitschrift für Phytotherapie 17:235-250

3. Kondo K, et al. (1999) Mechanistic Studies of Catechins as Antioxidants against Radical Oxidation. Arch Biochem Biophys 362:79-86

4. Kono S, et al. (1992) Green tea consumption and serum lipid profiles: a crosssectionalstudy in northern Kyushu, Japan. Jpn Prev Med 21:526-531

5. Imai K, et al. (1995) Cross sectional study of effects of drinking tea on cardiovascular and liver diseases. Brit Med J 310:693-696

6. Klaunig JE, et al. (1999) The effect of tea consumption on oxidative stress in smokers and nonsmokers. Proc Soc Exp Biol Med 220:249-254

7. Kostyuk VA, et al. (2000) Protective effects of green tea catechins against Asbestos-induced cell injury. Planta Med 66:762-764

8. Khang SG, et al. (1992) Enhancement of antioxidant and phase II enzymes by oral feeding of green tea polyphenols in drinking water to SKH-1 hairless mice: possible role in cancer chemoprevention. Canc Res 52:4050-4052

9. Benzie IFF, et al. (1999) Consumption of green tea causes rapid increase in plasmaantioxidant power in humans. Nutr Canc 34(1):83-87

10. Beyer RE The role of ascorbate in antioxidant protection of biomembranes: interaction with vitamin E and coenzyme Q. J Bioenerg Biomembr 26: 349-58, 1994

11. Böhm H, Boeing H, Hempel J et al. Flavonole, Flavone und Anthocyane als natürliche Antioxidantien der Nahrung und ihre mögliche Rolle bei der Prävention chronischer Erkrankungen. Z Ernährungswiss 37: 147-63, 1998

12. Britton G Structure and properities of carotenoids in relation to function. FASEB 9: 1551-8, 1995

14. Eberhardt MV, Lee CY, Liu RH Antioxidative activity of fresh apples. Nature 405: 903-4, 2000

15. Frei B Ascorbic acid protects lipids in human plasma and low-density lipoprotein against oxidative damage. Am J Clin Nutr 54, Supplement 6: 1113S-8S, 1991

16. Gotz ME, Kunig G, Riederer P et al. Oxidative stress: free radical production in neural degeneration. Pharmacol Ther 1994, 63: 37-122

17. Palozza PA, Calviello GAB, Bartoli M. Prooxidant activity of ß-carotene under 100% oxygen pressare in rat liver microsomes. Free Radical Biology&Medicine, 1995, Vol.19:.887-892

18. Podmore ID, Griffiths HR, Herbert KE et al. Vitamin C exhibits pro-oxidant properities. Nature 1998, 392: 559

19. Rock CL, Jacob RA, Bowen PE Update on the biological characteristics of the antioxidant micronutrients: vitamin C, vitamin E, and the carotenoids. J Am Diet Assoc 1996, 96: 693-702

20. Thomas JA Oxidative stress and oxidant defense. In: Shils ME, Olson JA, Shike M, Ross AC: Modern nutrition in health and disease Williams & Wilkins, 9th ed., Baltimore 1999: 751-60

21. Wiseman H Dietary influences on membrane function: Importance in protection against oxidative damage and disease (Review) J Nutr Biochem 1996, 7: 2-15

22. Bishop GM et al. Iron: A Pathological Mediator of Alzheimer Disease? Dev Neurosci 2002, 24: 184-187

23. Ischiropoulos H, Beckman JS Oxidative stress and nitration in neurodegeneration: Cause, effect, or association? J Clin Invest 2003, 111: 163-169

24. Jenner P Oxidative Stress in Parkinson´s Disease Ann Neurol 2003, 53(suppl 3): S26-S38

25. Mattson MP Oxidative stress, perturbed calcium homeostasis, and immune dysfunction in Alzheimer´s disease. J Neurovirol 2002, 8(6): 539-50

26. Perry G et al. Is oxidative damage the fundamental pathogenic mechanism of Alzheimer´s and other neurodegenerative diseases? Free Radic Biol Med 2002, 33(11): 1475-9

27. Rao AV, Balachandran B Role of oxidative stress and antioxidants in neurodegenerative diseases. Nutr Neurosci 2002, 5(5): 291-309

28. Williams LR Oxidative stress, age-related neurodegeneration, and the potential for neurotropic treatment. Cerebrovasc Brain Metab Rev 1995, 7: 55-73

29. Bender CJ A hypothetical mechanism for toxic cataract due to oxidative damage to the lens epithelial membrane. Med Hypotheses 43: 307-11, 1994

30. Bunce GE Nutrition and eye disease of the elderly. J Nutr Biochem 5: 66-77, 1994

31. Christen WG et al. Antioxidants and Age-Related Eye Disease. Current and Future Perspectives. Ann Epidemiol 1996, 6: 60-66

32. Taylor A Associations between Nutrition and Cataract Nutr Rev 1989, 47(8): 225-232

33. Taylor A, Nowell T Oxidative stress and antioxidant function in relation to risk for cataract. Adv in Pharm 1997, 38: 515-536

34. Wynn M, Wynn A Can improved diet contribute to the prevention of cataract? Nutrition and Health 1996, 11: 87-104

35. Adam O et al. Anti-inflammatory effects of a low arachindonic acid diet and fish oil in patients with rheumatoid arthritis. Rheumatol Int 2003, 23: 27-36

36. Adam O, Krämer K Antioxidanzientherapie bei chronischer Polyarthritis. Med Klin 90, Supplement 1: 27-31, 1995

37. Heinle K, Adam A, Gradl M et al. Selenkonzentration in den Erythrozyten bei Patienten mit rheumatoider Arthritis. Med Klin 1997, 92, Supplement 3: 29-31

38. Michet C Update in the epidemiology of the rheumatic diseases. Current Opinion in Rheumatology 1998, 10: 129-135

39. Winyard PG, Blake DR Antioxidants, redox-regulated transcription factors, and inflammation. Adv in Pharm 1997, 38: 403-21

40. Albanes DE, Heinonen P,Taylor R, VIRTAMO JA Alpha-Tocopherol and ß-Carotene Supplements and Lung Cancer Incidence in the Alpha-Tocopherol, Beta-carotene Cancer Prevention Study:Effects of Base-line Characteristics and Study Compliance J Natl Cancer Inst 88: 1560-1570, 1996

41. Blot J, LI J-Y, Taylor R, Guo WA Nutrition Intervention Trials in Linxian, China: Supplementation with Specific Vitamin/Mineral Combinations, Cancer Incidence, and Disease-Spesific mortality in the General Population: J Cancer Inst 85: 1820-90, 1993

42. Correa P The role of antioxidants in gastric carcinogenesis. Crit Rev Food Sci Nutr 35: 59-64, 1995

43. Das S Vitamin E in the genesis and prevention of cancer. A review.
Acta Oncol 33: 615-9, 1994

44. Greenwald P Antioxidant vitamins and cancer risk. Nutrition 1994, 10: 433-4

45. Handelman J, Packer LE, Cross E Destruction of tocopherols, carotenoids, and retinal in human plasma by cigarette smoke.
Am J Clin Nutr 1996;63:559-65

46. Hennekens H, Buring E, Manson E Lack of effect of long-term supplementation with ß-carotene on the incidence of malignant neoplasms and cardiovascular disease. N Engl J Med 1996, 334: 1145-1149

47. Knekt P, Järvinen R, Seppänen R et al. Dietary flavonoids and the risk of lung cancer and other malignant neoplasm. Am J Epidemiol 1997, 146: 223-30

48. Koretz RL Antioxidants and colonic neoplasia: an absence of ACE inhibition.
Gastroenterology. 1995, 108: 1322-4

49. Krämer K, Look MP, Chrissafidou A et al. Selen und Tumorerkrankungen. Akt Ernähr-Med 1996, 21: 103-13 Malvy DJ, Arnaud J, Burtschy B et al. Assessment of serum antioxidant micronutrients and biochemical indicators of nutritional status in children with cancer in search of prognostic factors. Int J Vitam Nutr Res 1997, 67: 267-71

50. Mayne ST, Janerich T, Greenwald P Dietary ß-carotene and lung cancer risk in U.S. nonsmokers. J Nutr Cancer Inst 1994, 86: 33-38

51. Mayne Su TA, Graham SA, Zheng TO Dietary retinol: prevention or promotion of carcinogenesis in humans? Cancer Causes and Control, 1991, 2: 443-450

52. Narbonne JF, Bani MH, Maziere S Protective effects of fat-soluble vitamins: cancer and immunity. Int J Vit Nutr Res 1996, 66: 289-91

53. Omenn GS, Goodman GE, Thornquist MD et al. Effects of a combination of ß-carotene and Vitamin A on lung cancer and cardiovascular disease. N Engl Med 1996, 334: 1150-1155

54. Omenn GS, Goodman GE, Thornquist MD, Balmes J Risk Factors for Lung Cancer and for Intervention Effects in CARET, Beta-Carotene and Retinol Efficacy Trial.
J Natl Cancer Inst 1996, 88: 1150-1559

55. Rautalahi M, Huttunen J Antioxidants and carcinogenesis. Ann Med 1994, 26: 435-41 Shklar G Mechanism of cancer inhibition by antioxidant nutrients. Oral Oncol 1998, 34: 24-9

56. Slaga TJ Inhibition of skin tumor initiation, promotion, and progression by antioxidants and related compounds. Crit Rev Food Sci Nutr 1995, 35: 51-7

57. Stone WL, Papas AM Tocopherols and the etiology of colon cancer. J Natl Cancer Inst 1997, 89: 1006-14

58. The Alpha-Tocopherol, Beta Carotene Cancer Prevention Study Group The effect of vitamin E and beta-carotene on the incidence of lung cancer and other cancer in male smokers. N Engl J Med 1994, 330: 1029-35

59. The ATBC Cancer Prevention Study Group The alpha-tocopherol, Beta-Carotene Lung Cancer Prevention Study:Design, Methods, Participant Characteristics, and Compliance AEP 1994, 4: 1-10

60. Ziegler G, Mayne TA, Swanson CA Nutrition and lung cancer Cancer Causes and Control 1996, 7: 157-177

61. Davies, K. J. A. (1999): The broad spectrum of responses to oxidants in proliferating cells: a new paradigm for oxidative stress. Free Radic. Biol. Med. 29, 323-333

62. Ginsburg, I., Gibbs, D. F., Tarapchak, S. und Varani, I. (1995): A novel approach to the assessmentof the toxicity of hexachlorocyclohehane (lindane) and of certain organic solvents: killing of cells and release of arachidonic acid by synergism among H2O2, membrane-damaging agents histone and trypsin. In Vitro Toxicol. 9, 305-313

63. Ginsburg I. und Kohen R. (1995): Synergistic effects among oxidants, membrane-damaging agents, fatty acids, proteinases and xenobiotics:killing of epithelial cells and release of arachidonic acid. Inflammation 19, 101-118

64. Klein, G. (1987): The approaching era of the tumor suppressor genes. Science 238, 1539-1545

65. Lueken A. und Witte I. (eingereicht): Synergistic DNA damage by oxidative stress (induced by H2O2) and 8 nongenotoxic environmental chemicals in human fibroblasts Marnett, L. J. (2000): oxyradicals and DNA damage. Carcinogenesis 21, 361-379

66. Witte, I., Jacobi, H. und Juhl-Strauss, U. (2000): Krebsrisiken durch Gemische aus Umweltchemikalien und erbgutschädigenden Stoffen. BMBF Vorhaben 07 GTX 03/6 73 Seiten

Kapitel 6 - Antioxidiantien

1. Fenton HJH. Oxidation of tartaric acid in presence of iron (J.chem.soc 1894, 65: 899-910).

2. Lunec J, Griffits HR, Jones AF, protein fluroscence and its relationship to free radical activity. In: Rice Evans C ed Free radicals, oxidant stressund drag Action London: Richelieu Press 1987:151-167.

3. Lunec J Oxygen radicals: Their measurement and role in major disease JIFCC 1992. 4:58-63.

4. Chinery R. Brockmen JA, Peeler MO et al. Antioxidants enhance the cytotoxicity of chemoterapeutics agents in colorectal cancer: Ap53- independent induction of p21 WAF 1 /CIP 1 via C/ EBP beta. Nature Medicine 1997: 3: 1233-1241.

5. Knight JA. Reactive oxygen species and the neurodegenerative disorders. Ann Clin.Lab. Sci 1997:27:11-25.

6. Shigenaga MK., Gimeno Cj Ames BN . Urinary 8-hydroxy-2 deoxygunosine as biological markerof in vivo oxidative DNA damage Proc. Natl Acad Sci USA 1989;86:9697-9701.

7. Cerutti PA Oxy radicals and cancer, Lancet 1994;344:862-863.

8. Frdricson M., Axelson O., Sun XF et all. A pilot stady on risk factors and p53 gene expression in colorectal cancer. Br J. Cancer 1996;73:1428-1430.

9. Weitzman SA, Gordon Ll. Inflamation and cancer: Role of phagocyte-generated oxidants incarcenogenesis blood 1990;76:655-663.

10. Ames BN, Shigenaga MK, Hagen Tm. Oxidants, antioxidants and degenerative disease of aging. Proc Natl Acad Sci USA 1993;90:7915-7922.

11. Cerutti PA. Oxidant stress and cancerogenesis, Eur.J.Clin. Invest. 1991 21:1-5.

12. Beckman KB, Ames BN. Oxydative decay of DNA J.Biol.Chem. 1997;272:19633-19636.

13. Block G., Patterson B., Subar A. Fruits, vegetables and cancer prevention. A rewiev of the epidemiologic evidence. Nutr.Cancer. 1992;18:1-29.

14. Fearon ER. Human cancer syndromes: Clues to the origen and tha nature of cancer. Science. 1997;278:1043-1050.

15. Vogelstein B, Fearon ER, Kern SE, et all. Allelotype of colorectal carcinomas. Science 1989;244:207-211.

16. Lynch HT, Smyrk T, Hereditary nonpoliposis colorectal cancer. An update rewiev. Cancer 1996;78:1149-1167.

17. Tang ZC, Shivapurkar N, Frost A. Alabster O. The effect of dietary fat on the promotion of mammary end colon cancer in a dual-organ rat carcenogenesis model. Nutr.cancer 1996;25:151-159.

18. Heinonen OP, Alnabes D, Virtamo J, at al. Prostate cancer and supplementation with alpha-tocopherol and beta carotene: Incidence and mortality in a controlled study. Jnatl Cancer Ists 1998;90:440-446.

19. Yong L-C, Brown CC, Schatzkin A, et al. Intake of vitamins E,C and A and risks of lung cancer. Am J Epidemiol 1997; 146:231-243.

20. Ames BN, Shigenaga MK, Hagen TM. Oxidants, antioxidants, and the degenerative diseases of aging. Proc Natl Acad Sci USA 1993;90:7915-7922.

21. Pavelic & coworkers, 2000.

22. Beck MA. The influence of antioxidant nutrients on viral infection. Nutr Rev 1998;56:S140 - S146.

23. Frei B, England L, Ames BN. Ascorbate is an outstanding antioxidant in human blood plasma. Proc Natl Acad Sci USA 1991;88:11003-11006.

24. Palozza P, Krinsky NI. Antioxidant effects of carotenoids in vivo and in vitro: an overview. In: Packer L, ed. Methods in enzymology, Carotenoids. San Diego, CA: Academic Press; 1992:105-128.

25. Umeki S, Sumi M, Niki Y, Soejima R. Concentrations of superoxide dismutase and superoxide anion in blood of patients with respiratory infection and compromised immune system. Clin Chem 1987;33:2230-2233.

26. Ceballos-Picot I, Trivier J-M, Nicole A, et al. Age-correlated modifications of copper-zinc superoxide dismutase and glutathione-related enzyme activities in human erythrocytes. Clin Chem 1992;38:66-70.

27. Roebothan BV, Chandra RK. Relationship between nutritional status and immune function of elderly people. Age Ageing 1994;23:49-57.

28. Keil JE, Sutherland SE, Knapp RG, et al. Mortality rates and risk factorsfor coronary disease in black as compared with white men and women. N Engl J Med 1993;329:73-78.

29. Yarnell JWG, Baker IA, Sweetnam PM, et al. Fibrinogen, viscosity and white blood cell count are major risk factors for ischemic heart disease: The Caerphilly and Speedwell Collaborative Heart Disease studies. Circulation 1991;83:836-844.

30. Knight JA. Laboratory Medicine and the Aging Process. Chicago: ASCP Press;1996:112.

31. Libby P. Atheroma: More than mush. Lancet 1996;348:S4-S7.

32. Dandona P, Thusu K, Cook S, et al. Oxidative damage to DANN in diabetes mellitus. Lancet 1996;347:444-445.

33. Maxwell SR, Thomason H, Sandler D, et al. Antioxidant status in patients with uncomplicated insulin-dependent and non-insulindependent diabetes mellitus. EUR J Clin Invest 1997;27:484-490.

34. Mol MJ, deRijke YB, Demacker PN, Stalenhoef AF. Plasma levels of lipid and cholesterol oxidation products and cytokines in diabetes mellitus and cigarette smoking: Effects of vitamin E treatment. Atherosclerosis 1997;129:169-176.

35. Fuller CJ, Chandalia M, Garg A, et al. RRR-Alpha-tocopheryl acetate supplementation at pharmacologic doses decreases low-density-lipoprotein oxidative susceptibility but not protein glycation in patients with dibetes mellitus. Am J Clin Nutr 1996;63:753-759.

36. Low PA, Nickander KK, Tritschler HJ. The Roles of oxidative stress and antioxidant treatment in experimental diabetic neuropathy. Diabetes 1997;46(suppl.2):S38-S42.

37. Slonim AE, Surber ME, Page DE, et al. Modification of chemically induced diabetes in rats by vitamin E: Supplementation minimizes and depletion enhances developmental diabetes. J Clin Invest 1983;71:1282-1288.

38. Fisher J, Hamburger SA. Inhibition of alloxan action in isolated pancreatic islets by superoxide dismutase, catalase, and a metal chelator. Diabetes 1980;29:213-216.

39. Matkovics B, Kotorman M, Varga IS, et al. Oxidative stress in experimental diabetes induced by streptozotocin. Acta Physiol Hung 1997-98;85:29-38.

40. Palmer AM, Thomas CR, Gopaul N, et al. Dietary antioxidant supplementation reduces lipid peroxidation but impairs vascular function in small meseneric arteries of the streptozotocin-diabetic rat. Diabetologia 1998;41:148-156.

41. Nishigaki I, Hagihara M, Tsunekawa H, et al. Lipid peroxide levels of serum lipoprotein fractions of diabetic patients. Biochem Med 1978;25:373-378.

42. Sato Y, Hotta N, Sakamoto N, et al. Lipid peroxide levels of plasma of diabetic patients. Biochem Med 1979;21:104-107.

43. Collier A, Rumley A, Rumley AG, et al. Free radical activity and hemostatic factors in NIDDM patients with and without microalbuminuria. Diabetes 1992;41:909-913.

44. Uzel N, Sivas A, Uysal M, OzH. Erythrocyte lipid peroxidation and glutathione peroxidase activities in patients with diabetes mellitus. Horn Metab Res 1987;19:89-90.

45. Brownlee M, Cerami A, Vlassara H. Advanced glycosylation: Chemistry, biology, and implications for diabetes and aging. Adv Pharmacol 1992;23:1-33.

46. Sell DR, Monnier VM. Structure elucidation of a lysine-arginine crosslink from aging human extracellular matrix: Implication of ribose in the aging process. J Biol Chem 1989;264:21597-21602.

47. Fu MX, Knecht KJW, Thrope SR, Baynes JW. Role of oxygen in crosslinking and chemical modification of collagen by glucose. Diabetes 1992;41(suppl 2):42-48.

48. Fu MX, Knecht KJW, Blackledge JA, et al. Glycation, glycoxidation and crosslinking of collagen by glucose. Kinetics, mechanisms, and inhibition of late stages of the Maillard reaction. Diabetes 1994;43:676-683.

49. Sajithlal GB, Chithra P, Chandrakasan G. The role of metal-catalyzed oxidation in the formation of advanced glycation end products: An in vitro study on collagen. Free Radical Biol Med 1998;25:265-269.

50. Knight JA, Voorhees RP, Martin L, Anstall H. Lipid peroxidation in stored red cells. Transfusion 1992;32:354-357.

51. Knight JA, Blaylock RC, Searles DA. The effect of vitamins C and E on lipid peroxidation in stored erythrocytes. Ann Clin Lab Sci 1993;23:51-56.

52. Knight JA, Blaylock RC, Searles DA. Lipid peroxidation in platelet concentrates: Effects of irradiation and metal chelators. Ann Clin Lab Sci 1993:23:333-339.

53. Knight JA, Searles DA, Blaylock RC. Lipid peroxiodation in platelet concentrates: Effects of leukocyte removal by filtration. Ann Clin Lab Sci 1994;24:69-75.

54. Simmonds NJ, Allen RE, Stevens TRJ, et al. Chemiluminescense assay of mucosal reactiveoxygen metabolites in inflammatory bowel disease. Gastroenterology 1992;103:186-196.

55. Iqbal M, Rezazadeh H, Ansar S, Athar M. alpha-Tocopherol (vitamin E) ameliorates ferric nitrilotriacetate (Fe-NTA)-dependent renal proliferative response and toxicity: Diminution of oxidative stress. Hum Exp Toxicol 1998;17:163-171.

56. Athar M, Iqbal M. Ferric nitrilotriacetate promotes N-diethylnitrosamine-induced renal tumorigenesis in the rat: Implication for the involvement of oxidative stress. Carcinogenesis 1998;19:1133-1139.

57. Lunec J, Blake DR, McCleary SJ, et al. Self-perpetuating mechanisms of immunoglobulin G aggregation in rhematoid inflammation. J Clin Invest 1985;76:2084-2090.

58. Chapman ML, Rubin BR, Gracy RW. Increased carbonyl content in proteins in synovial fluid from patients with rheumatoid arthritis. J Rheumatol 1989;16:15-18.

59. Eye Disease Case-Control Study Group. Antioxidant status and neovascular age-related macular degeneration. Arch Ophthalmol 1993;111:104-109.

60. Spector A. Oxidative stress-induced cataract: Mechanism of action. FASEB J 1995;9:1173-1182.

61. Eaton JW. Is the lens canned? Free Radical Biol Med 1991;11:207-213.

Kapitel 6 - Lycopen

1. Stahl W, Heinrich U, Wiseman et al. Dietary tomato past protects against ultraviolet light-induced erythema in humans. J Nutr 2001;131:1449-51.

2. Ribaya-Mercado JD, Garmyn M, Gilchrest BA, Russell RM. Skin lycopene is destroyed prefere over beta-carotene during ultraviolett irradiation in humans. J Nutr 1995;125:1854-9.

3. Rao AV, Waseem Z, Agarwal S. Lycopene contents of tomatoes and tomato products and their contribution to dietary lycopene. Food Res Intl 1999;31:737-41.

4. Djuric Z, Powell LC. Antioxidant capacity of lycopene containing foods. Intl J Food Sci Nutr 2001;52:143-9.

5. Duke JA. Handbook of Phytochemical Constituents of GRAS Herbs and Other Economic Plants. CRC Press, Boca Raton, FL, 1992, pp 345-9.

6. Rao AV, Agarwal S. Role of antioxidant lycopene in cancer and heart disease. J Am Coll Nutr 2000;19:563-9.

7. Colditz GA, Branch LG, Lipnic RJ. Increased green and yellow vegetable intake and lowered cancer death in an elderly population. Am J Clin Nutr 1985;41:32-6.

8. Giovannucci E. Tomatoes, tomato-based products, lycopene, and cancer: review of the epidemiologic literature. J Natl Can Inst 1999;91:317-31.

9. Arab L, Steck S. Lycopene and cardiovascular disease. Am J Clin Nutr 2000;71(Suppl):1691-5S.

10. Giovannucci E, Ascherio A, Rimm EB, Stampfer MG, Colditz GA, Willett WC. Intake of carotinoids and retinol in relationship to risk of prostate cancer. J Natl Cancer Inst 1995;87:1767-76.

11. Kohlmeier L, Kark JD, Gomez-Garcia E, et al. Lycopene and myocardial infarction risk in the EURAMIC study. Am J Epidemiol 1997;146:618-26.

12. Agarwal S, Rao V. Tomato lycopene and low-density lipoprotein oxidation: a human dietary intervention study. Lipids 1998;33:981-4.

Kapitel 6 - OPC

1. Laperra, J., Michaud, J., Masquelier, J. Etude Pharmacoccinetique des olitgomeres flavanoliques ; Plates medcinales et phytotherapie, 1977, Bd. XL

2. Schwitters, B. ; Masquelier, J. OPC in Practice, Alpha Omega Editrice, Rom, Italien 1995

3. Packer, L., Rimbach, G., Virgili, F. Antioxidant activity and biologic properties of a procyanidin rich extract from pine (Pine mariime) bark, pycnogenol. Free Rad Biol Med, Sept. 1999

4. Blazso, G., Gabor, M., Rohdewald, P. Antiinflammatory activities of procyanidins containing extracts from Pinus pinaster Ait. after oral and cutaneous application. Pharmazie, 1997

5. Thebaut, J.F., Thebaut, P. , Vin, F. Study of Endotelon in funktional manifestations of peripheral venous insufficiency.Gazette Medicale 1985

6. Blazso, G., Gaspar, R., Gabor, M. et al. ACE inhibition and hypotensive effects of a procyanidins containing extrct from the bark of pinus pinaster Sol. Pharm Pharmacol Lett 1996, 6

Kapitel 6 - Polyphenole

1. Yokozawa, T., Dong, E., Nakagawa, T., Kashiwagi, H., Nakagawa, H., Takeuchi, S., Chung, H.Y. 1998. In Vitro and in vivo Studies on the Radical-Scavenging, Activity of Tea. J. Agric. Food Chem. 46:2143-2150.

2. Gutteridge, J.M., and Halliwell, B. 2000. Free radicals and antioxidants in the year 2000. A historical look to the future. Ann N Y Acad Sci 899:136-147.

3. Halliwell, B., and Gutteridge, J.M. 1990. Role of free radicals and catalytic metal ions in human disease: an overview. Methods Enzymol 186:1-85.

4. Sanz, M.J., Ferrandiz, M.L., Cejudo, M., Terencio, M.C., Gil, B., Bustos, G., Ubeda, A., Gunasegaran, R., and Alcaraz, M.J. 1994. Influence of a series of natural flavonoids on free radical generating systems and oxidative stress. Xenobiotica 24:689-699.

5. Hertog, M.G., Feskens, E.J., and Kromhout, D. 1997. Antioxidant flavonols and coronary heart disease risk. Lancet 349:699.

6. Rimm, E.B., Katan, M.B., Ascherio, A., Stampfer, M.J., and Willett, W.C. 1996. Relation between intake of flavonoids and risk for coronary heart disease in male health professionals. Ann Intern Med 125:384-389.

7. Hollman, P.C., Hertog, M.G., and Katan, M.B. 1996. Role of dietary flavonoidsin protection against cancer and coronary heart disease. Biochem Soc Trans 24:785-789.

8. Stensvold, I., Tverdal, A., Solvoll, K., and Foss, O.P. 1992. Tea consumption. relationship to cholesterol, blood pressure, and coronary and total mortality. Prev Med 21:546-553.

9. Brown, C.A., Bolton-Smith, C., Woodward, M., and Tunstall-Pedoe, H. 1993. Coffee and tea consumption and the prevalence of coronary heart disease in men and women: results from the Scottish Heart Health Study. J Epidemiol Community Health 47:171-175.

10. Benzie, I.F., Szeto, Y.T., Strain, J.J., and Tomlinson, B. 1999. Consumption of green tea causes rapid increase in plasma antioxidant power in humans. Nutr Cancer 34:83-87.

11. Leenen, R., Roodenburg, A.J., Tijburg, L.B., and Wiseman, S.A. 2000. A single dose of tea with or without milk increases plasma antioxidant activity in humans. Eur J Clin Nutr 54:87-92.

12. Langley-Evans, S.C. 2000. Consumption of black tea elicits an increase in plasma antioxidant potential in humans. Int J Food Sci Nutr 51:309-315.

13. Sung, H., Nah, J., Chun, S., Park, H., Yang, S.E., and Min, W.K. 2000. In vivo antioxidant effect of green tea. Eur J Clin Nutr 54:527-529.

14. Pietta, P., Simonetti, P., Gardana, C., Brusamolino, A., Morazzoni, P., and Bombardelli, E. 1998. Relationship between rate and extent of catechin absorption and plasma antioxidant status. Biochem Mol Biol Int 46:895-903.

15. Pietta, P.G., Simonetti, P., Gardana, C., Brusamolino, A., Morazzoni, P., and Bombardelli, E. 1998. Catechin metabolites after intake of green tea infusions. Biofactors 8:111-118.

16. Klaunig, J.E., Xu, Y., Han, C., Kamendulis, L.M., Chen, J., Heiser, C., Gordon, M.S., and Mohler, E.R., 3rd. 1999. The effect of tea consumption on oxidative stress in smokers and nonsmokers. Proc Soc Exp Biol Med 220:249-254.

17. Lean, M.E., Noroozi, M., Kelly, I., Burns, J., Talwar, D., Sattar, N., and Crozier, A. 1999. Dietary flavonols protect diabetic human lymphocytes against oxidative damage to DNA. Diabetes 48:176-181.

18. Hertog, M.G., Feskens, E.J., Hollman, P.C., Katan, M.B., and Kromhout, D. 1993. Dietary antioxidant flavonoids and risk of coronary heart disease: the Zutphen Elderly Study. Lancet 342:1007-1011.

19. Hertog, M.G., Sweetnam, P.M., Fehily, A.M., Elwood, P.C., and Kromhout, D. 1997. Antioxidant flavonols and ischemic heart disease in a Welsh population of men: the Caerphilly Study. Am J Clin Nutr 65:1489-1494.

20. Sesso, H.D., Gaziano, J.M., Buring, J.E., and Hennekens, C.H. 1999. Coffee and tea intake and the risk of myocardial infarction. Am J Epidemiol 149:162-167.

21. Haberland, M.E., Fong, D., and Cheng, L. 1990. Malondialdehyde, modified lipoproteins, and atherosclerosis. Eur Heart J 11 Suppl E:100-104.

22. Haberland, M.E., Fong, D., and Cheng, L. 1988. Malondialdehyde-altered protein occurs in atheroma of Watanabe heritable hyperlipidemic rabbits. Science 241:215-218.

23. Stanton, L.W., White, R.T., Bryant, C.M., Protter, A.A., and Endemann, G. 1992. A macrophage Fc receptor for IgG is also a receptor for oxidized low density lipoprotein. J Biol Chem 267:22446-22451.

24. de Whalley, C.V., Rankin, S.M., Hoult, J.R., Jessup, W., and Leake, D.S. 1990. Flavonoids inhibit the oxidative modification of low density lipoproteins by macrophages. Biochem Pharmacol 39:1743-1750.

25. Miura, S., Watanabe, J., Tomita, T., Sano, M., and Tomita, I. 1994. The inhibitory effects of tea polyphenols (flavan-3-ol derivatives) on Cu2+ mediated oxidative modification of low density lipoprotein. Biol Pharm Bull 17:1567-1572.

26. Frankel, E.N., Kanner, J., German, J.B., Parks, E., and Kinsella, J.E. 1993. Inhibition of oxidation of human low-density lipoprotein by phenolic substances in red wine. Lancet 341:454-457.

27. Frankel, E.N., Bosanek, C.A., Meyer A.S., Silliman K. and Kirks, L.L. 1998. Commercial Grape Juices Inhibit the In Vitro Oxidation of Human Low-density Lipoproteins. J. Agr. Food Chem. 46:834-838.

28. Osakabe, N., Baba, S., Yasuda, A., Iwamoto, T., Kamiyama, M., Takizawa, T., Itakura, H., and Kondo, K. 2001. Daily cocoa intake reduces the susceptibility of low-density lipoprotein to oxidation as demonstrated in healthy human volunteers. Free Radic Res 34:93-99.

29. van het Hof, K.H., Wiseman, S.A., Yang, C.S., and Tijburg, L.B. 1999. Plasma and lipoprotein levels of tea catechins following repeated tea consumption. Proc Soc Exp Biol Med 220:203-209.

30. Pearson, D.A., Frankel, E.N., Aeschbach, R. and German, J.B. 1998. Inhibition of Endothelial Cell Mediated Lowdensity Lipoprotein Oxidation by Green Tea Extracts. J. Agr. Food Chem. 46:1445-1449.

31. Luo, M., Kannar, K., Wahlqvist, M.L., and O'Brien, R.C. 1997. Inhibition of LDL oxidation by green tea extract. Lancet 349:360-361.

32. Scalbert, A., and Williamson, G. 2000. Dietary intake and bioavailability of polyphenols. J Nutr 130:2073S-2085S.

33. Li, C., Lee, M.J., Sheng, S., Meng, X., Prabhu, S., Winnik, B., Huang, B., Chung, J.Y., Yan, S., Ho, C.T., et al. 2000. Structural identification of two metabolites of catechins and their kinetics in human urine and blood after tea ingestion. Chem Res Toxicol 13:177-184.

34. Arts, I.C., van De Putte, B., and Hollman, P.C. 2000. Catechin contents of foods commonly consumed in The Netherlands. 2. Tea, wine, fruit juices, and chocolate milk. J Agric Food Chem 48:1752-1757.

35. Arts, I.C., van de Putte, B., and Hollman, P.C. 2000. Catechin contents of foods commonly consumed in The Netherlands. 1. Fruits, vegetables, staple foods, and processed foods. J Agric Food Chem 48:1746-1751.

36. Rietveld, A., 2002. Dietary phytochemicals and human health. Salamanca April 18-20 2002.

37. Khokhar, S., and Magnusdottir, S.G. 2002. Total phenol, catechin, and caffeine contents of teas commonly consumed in the United kingdom. J Agric Food Chem 50:565-570.

38. Scholz, E., Bertram, B., Camellia sinensis (L.) O. Kuntze. Der Teestrauch. Z. Phytotherap. 17 (1995) 235 - 250.

39. Prior, R. L., Cao, G., Antioxidant capacity and polyphenolic components of teas: implications for altering in vivo antioxidant status. Proc. Soc. Exp. Biol. Med. 220 (1999) 255 - 261.

40. Haqqi, T. M., et al., Prevention of collagen-indu-ced arthritis in mice by a polyphenolic fraction from green tea. Proc. Natl. Acad. Sci. 96 (1999) 4524 - 4529.

41. Ahmad, N., Mukhtar, H., Green tea polyphenols and cancer: biologic mechanisms and practical impli-cations. Nutr. Rev. 57 (1999) 78 - 83.

42. Greenwell, I., Green tea. Part I: Anti-carcinogenic properties of green tea. Life Extension 1999, 22 - 27.

43. Greenwell, I., Green tea. Part II: Cardioprotective properties of green tea. Life Extension 1999, 28 - 34.

44. Fujiki, H., Two stages of cancer prevention with green tea. J. Canc. Res. Clin. Oncol. 125 (1999) 589 - 597.

45. Keli, S. O., et al., Dietary flavonoids, antioxidant vitamins, and incidence of stroke. Arch. Intern. Med. 156 (1996) 637 - 642.

Index

A

B

C

D

E

F

G

H

I

K

V

W

Z

Ihre Notizen

Ihre Notizen

Das Blatt passt ausgeschnitten und an der Markierung gefalzt in einen Fensterbriefumschlag

Rückantwort per Fax: **+49 (0) 39401 632 399**

oder per **Post**

ASTRA H&D GmbH
Leserservice Oxidativer Stress
Neue Straße 2a

D-38838 Schlanstedt
Germany

Für Postversand bitte hier falzen

Ihre Meinung ist uns wichtig

Oxidativer Stress - Risikofaktor Nr. 1 für Ihre Gesundheit, 1. Auflage

Haben Sie Anregungen, Fragen oder Kritiken zu diesem Buch? Füllen Sie einfach dieses Formular nach Möglichkeit vollständig aus und senden Sie es per Fax oder Post zurück.

1. Persönliche Angaben

Titel / akademischer Grad ______ Vorname ______

Name ______

Landeskürzel ______ Postleitzahl ______ Ort ______

E-Mail Adresse ______

2. Tätigkeit oder Branche

- ☐ Arzt / Ärztin
- ☐ Gesundheits- / Ernährungsberater(-in)
- ☐ Medizinstudent(-in)
- ☐ medizinischer Fachberuf
- ☐ Apotheker(-in)
- ☐ Fachhandel Gesundheit- / Wellness
- ☐ Gesundheitswesen / Versicherung
- ☐ Trainer / Therapeut
- ☐ interessierter Leser
- ☐ sonstiges, bitte angeben ______

3. sportliche Aktivitäten

- ☐ Leistungssportler
- ☐ Freizeitsportler
- ☐ Gelegenheitssportler
- ☐ keine Angabe

4. Über das Buch

Bewerten Sie bitte die nachfolgenden Punkte auf einer Skala von 1 (sehr gut) bis 5 (ungenügend):

	1	2	3	4	5
Informationsgehalt	☐	☐	☐	☐	☐
Informationsstruktur (Themenreihenfolge)	☐	☐	☐	☐	☐
Übersichtlichkeit, Gestaltung	☐	☐	☐	☐	☐
Zusammenhang Titel und Inhalt	☐	☐	☐	☐	☐
Preis-Leistungsverhältnis	☐	☐	☐	☐	☐
Hat das Buch Ihre Erwartungen erfüllt?	☐	☐	☐	☐	☐
Wie beurteilen Sie die Verständlichkeit des Schreibstils?	☐	☐	☐	☐	☐
Wie verständlich sind Fachbegriffe im Textzusammenhang?	☐	☐	☐	☐	☐

Würden Sie eine neue, erweiterte Auflage des Buches kaufen? ☐ **ja** ☐ **nein**

Würden Sie das Buch weiterempfehlen? ☐ **ja** ☐ **nein**

Platz für Ihre Anregungen, Fragen oder Kritiken (gern auch auf zusätzlichem Blatt):

______

______

______

______

______

Das Blatt passt ausgeschnitten und an der vorseitigen Markierung gefalzt in einen Fensterbriefumschlag